道善人与经典文库

道德经通讲

刘君祖 著
林子尧 整理

北京联合出版公司
Beijing United Publishing Co.,Ltd.

图书在版编目（CIP）数据

道德经通讲 / 刘君祖著；林子尧整理 . -- 北京：北京联合出版公司 , 2025.5. -- ISBN 978-7-5596-8291-8

Ⅰ . B223.15

中国国家版本馆 CIP 数据核字第 2025MY9534 号

北京市版权局著作权合同登记 图字：01-2025-1230

道德经通讲

作　　者：刘君祖
整 理 者：林子尧
出 品 人：赵红仕
责任编辑：牛炜征
封面设计：丛 众己·设计 | 微信：orange_pencil
内文排版：马　然

北京联合出版公司出版
(北京市西城区德外大街 83 号楼 9 层　100088)
北京联合天畅文化传播公司发行
固安兰星球彩色印刷有限公司印刷　新华书店经销
字数 221 千字　710 毫米 ×1000 毫米　1/16　25 印张
2025 年 5 月第 1 版　2025 年 5 月第 1 次印刷
ISBN 978-7-5596-8291-8
定价：69.80 元

版权所有，侵权必究
未经许可，不得以任何方式复制或抄袭本书部分或全部内容
本书若有质量问题，请与本公司图书销售中心联系调换。电话：010-64258472-800

自序 滔滔乱世的天籁元音

《老子》(《道德经》)是我青年时期折节读书所接触的第一部子书，当时涉世未深，却一读就非常喜爱，而今忽忽四十多年过去，人情冷暖，沧桑历尽，一再重读与讲述，更是点滴在心体会日深。后来由理工背景转向人文探索，追随先师爱新觉罗·毓鋆揭橥的奉元理念，遍读群经诸子，因缘际会又以易学名家开馆授徒以后，多次尝试以《易》通老，更有许多惊喜的发现。

《易》为群经之首，大道之源，华夏思想文化的战略制高点，诸子百家几乎都受其深广启发与影响，儒、道两大家亦然。《易》始《乾》《坤》，以孔子为首的儒家思想刚健中正、自强不息，正体现《乾》卦积极进取的精神；而以老子为主的道家思想柔和含蓄，厚德包容，又是《坤》卦智慧的高度发扬。乾、坤合德生生万物，儒、道两家刚柔互济，撑起整个中华文明的框架。

《乾》《坤》为天地之本，有父母卦之称，《复》卦为天地立心，象征人为万物之灵的核心创造性，称小父母卦。孔门高弟颜渊"克己复礼为仁"，夫子称许他为"一元复始"精神的表率，孔庙中陪祀称"复圣"。老子主张归真返璞，《道德经》中屡见"复性"的主张："致虚极，守静笃。万物并作，吾以观复。夫物芸芸，各复归其根。归根曰静，静曰复命。复命曰常，知常曰明。不知常，妄作凶"（第十六章），"绝仁弃义，民复孝慈"（第十九章），"常德不离，复归于婴儿……常德不忒，复归于无极……常德乃足，复归于朴"（第二十八章），"用其光，复归其明"（第五十二章），"学不学，复众人之所过"（第六十四章）。

六十四卦中，卦爻全吉的为《谦》卦，谦让不争必然获益而得善终。这也是老子极力宣扬的处世态度，贯彻整部《道德经》："上善若水，水善利万物而不争，处众人之所恶，故几于道……夫唯不争，故无尤"（第八章），"不自见，故明；不自是，故彰；不自伐，故有功；不自矜，故能长"（第二十二章），"以其不争，故天下莫能与之争"（第六十六章），"善用人者，为之下，是谓不争之德"（第六十八章），"天之道，不争而善胜"（第七十三章），"圣人之道，为而不争"（第八十一章）。

世人私欲多习气重，故嗜争夺，造成世乱不已。《易经》的损益观不同流俗，《损卦·大象传》称"惩忿窒欲"，《益卦·大象传》称"迁善改过"，从人情弱点下手，节制过度的欲望，才有长远获益的机会。先损后益，有时吃亏就是占便宜。《系辞传》称："损，德之修也；益，德之裕也……损,先难而后易;益,长裕而不设……损以远害,益以兴利。"人生在世,必须减损嗜欲才可远离颠倒梦想的祸害,而获身心真正的自在,刚开始修炼时很难,久而久之则成自然。"为学日益,为道日损。损之又损,以至于无为,无为而无不为"(第四十八章),无妄念造作,即可做许多利益群生的大事。"无为之益,天下希及之"(第四十三章),"故物或损之而益,或益之而损"(第四十二章),"天之道,损有余而补不足。人之道则不然,损不足以奉有余。孰能有余以奉天下?唯有道者"(第七十七章),"圣人不积,既以为人己愈有,既以与人己愈多"(第八十一章),言之谆谆,将损益的道理讲得好透!

《益》既称"长裕而不设",不斗机心,能获长久宽裕富裕,表示老子看宇宙人生皆持长远观点,不争一时得失,而获千古令誉,这与《大易》恒卦之理相通。《道德经》第七章称:"天长地久。天地所以能长且久者,以其不自生,故能长生。""天乃道,道乃久,没身不殆"(第十六章),"不失其所者久,死而不亡者寿"(第三十三章),"知止不殆,可以长久"(第四十四章),"有国之母,可以长久。是谓深根固柢,长生久视之道"(第五十九章)。

《易》为忧患之书,主张"吉凶与民同患",《系辞下传》第七章还精心选了九个卦,作为君子处乱世时对治忧患之用。《谦》《复》《恒》《损》《益》即为其中五个卦,若深入研究这五卦的丰富义理，大可增长智慧以应世变而不忧不惧。老子生当世衰道微的春秋末季，五千言中充满悲天悯人的情怀，也深刻反思而提出了不少警世箴言。以《易》通老，处处可相印证，既知其源，亦晓其用，值得向世之好学君子极力推荐。

《易经》排序第十三、第十四的《同人》《大有》二卦，论述的正是世界大同的境界，刀兵尽入库，国族间讲信修睦和平往来。排序第七、第八的《师》《比》二卦，则是国际交兵与合纵连横的外交活动。显然昭示世人由霸道往王道进化的程序，最好有足以称霸的强大实力，却不选择称霸，而坚定推动天下一家、济弱扶倾的王道理想。儒家最高经典的《易经》与《春秋》主旨在此，而道家最高思想的《道德经》能给我们什么启发与帮助呢？

首先，老子清静无为的主张并非无所作为，而是化解私欲后道心坚固的无不可为，五千言中关切政治的表述甚多。例如："治大国，若烹小鲜"（第六十章），"受国之垢，是谓社稷主；受国不祥，是谓天下王"（第七十八章），"以正治国，以奇用兵，以无事取天下"（第五十七章），"爱民治国，能无为乎"（第十章），"正善治，事善能，动善时"（第八章）。这些皆非空话，而于治国平天下的政事有深刻洞识。

政治必擅谋略，《道德经》一书中亦多心术深沉之语：

"古之善为道者，微妙玄通，深不可识"（第十五章），"善行无辙迹，善言无瑕谪，善数不用筹策，善闭无关楗而不可开，善结无绳约而不可解"（第二十七章），"将欲歙之，必固张之；将欲弱之，必固强之；将欲废之，必固兴之；将欲取之，必固与之。是谓微明。柔弱胜刚强。鱼不可脱于渊，国之利器不可以示人"（第三十六章），"善建者不拔，善抱者不脱"（第五十四章）。事功中人职场历练，于此当有会心。集法家道术大成的韩非，其《韩非子》中有《解老》《喻老》二篇，见猎心喜，发而为文，实非偶然。

现今国际博弈加剧，大国与小国间的矛盾冲突不断，《老子》第六十一章全文所述，仍然值得主政者参考："大国者下流，天下之牝，天下之交。牝常以静胜牡，以静为下。故大国以下小国，则取小国；小国以下大国，则取大国。故或下以取，或下而取。大国不过欲兼畜人，小国不过欲入事人。夫两者各得其所欲，大者宜为下。"孟子生当战国时期，感同身受，见齐宣王时所称"仁者以大事小，智者以小事大"，应受老子启发，其实更深的源头在《易经》，排序第九的小畜卦申述甚明。

国际纷争难免，最好还是以外交谈判协商，动武为下下策。

老子也明确反战，五千言中多次表态："以道佐人主者，不以兵强天下，其事好还。师之所处，荆棘生焉。大军之后，必有凶年"（第三十章），"夫兵者，不祥之器，物或恶之，故有道者不处……兵者不祥之器，非君子之器，不得已而用之……乐杀人者，则不可得志于天下矣"（第三十一章）。

为政者面对种种难题，当有预测决断与贯彻执行的能力，《道德经》第六十三、六十四章详述此义："图难于其易，为大于其细""其安易持，其未兆易谋……为之于未有，治之于未乱……民之从事，常于几成而败之。慎终如始，则无败事"。这与《大易》的核心智慧全然相合。

本书出版，要感谢多方面门生故旧的尽心协助。世象纷乱，潜心经典汲引智慧，永远让人宁定，勇敢面对一切。

于己亥年春

目 录

道经上篇

第一章 /003
第二章 /012
第三章 /019
第四章 /025
第五章 /035
第六章 /040
第七章 /043
第八章 /049
第九章 /059
第十章 /064
第十一章 /071
第十二章 /075
第十三章 /079
第十四章 /084
第十五章 /091
第十六章 /101
第十七章 /108
第十八章 /113

第十九章 /116

第二十章 /119

第二十一章 /127

第二十二章 /131

第二十三章 /136

第二十四章 /140

第二十五章 /142

第二十六章 /148

第二十七章 /152

第二十八章 /158

第二十九章 /166

第三十章 /169

第三十一章 /173

第三十二章 /177

第三十三章 /181

第三十四章 /184

第三十五章 /187

第三十六章 /190

第三十七章 /193

德经下篇

第三十八章 /199

第三十九章 /205

第四十章 /211

第四十一章 /214

第四十二章 /221

第四十三章 /227

第四十四章 /230

第四十五章 /233

第四十六章 /237

第四十七章 /240

第四十八章 /242

第四十九章 /247

第五十章 /253

第五十一章 /258

第五十二章 /261

第五十三章 /267

第五十四章 /271

第五十五章 /275

第五十六章 /279

第五十七章 /282

第五十八章 /287

第五十九章 /292

第六十章 /297

第六十一章 /300

第六十二章 /306

第六十三章 /310

第六十四章 /315

第六十五章 /320

第六十六章 /323

第六十七章 /327

第六十八章 /337

第六十九章 /340

第七十章 /345

第七十一章 /349

第七十二章 /351

第七十三章 /354

第七十四章 /359

第七十五章 /362

第七十六章 /365

第七十七章 /368

第七十八章 /372

第七十九章 /375

第八十章 /378

第八十一章 /380

上篇 道经

第一章

道，可道，非常道；名，可名，非常名。
无，名天地之始；有，名万物之母。
故常无欲，以观其妙；常有欲，以观其徼。
此两者同出而异名，同谓之玄。玄之又玄，众妙之门。

【白话】

可以用言语表达清楚的道，就不是永恒的道；可以用文字确定下来的名，就不是恒久的名。

"无"，称之为天地的创始，"有"，称之为万物的本源。所以，常从无欲中去观照道的妙处；常从有欲中去观照道的边际与归终。

无名跟有名这两者来自同一个地方，但是名称不同，都可以称之为神奇。神奇又神奇，才是一切奥妙的门户。

【讲解】

"道，可道，非常道；名，可名，非常名"，可以用言语表达清楚的道，就不是永恒的道；可以用文字确定下来的名，就不是恒久的名。"常"就是《易经》中恒卦的概念，有永恒的意思。

第一个"道"是指我们平常所说的各种具体事物的道理，包括宇宙真理、自然之道，以及天则、人则。第三个"道"就是老子道家理论上的专有名词，指超越界的道体，也是创造宇宙的动力。第二个"道"字是动词，是明确说出来的意思。说不出来的，就是不落言筌的道理。有时候语言文字确实没有办法把一些真理讲清楚，所以，才有所谓的言语道断。

道体无形无象，它既是一切，又不是一切；既无定在，又无所不在。所有的概念都不可能与之完全对应。孔子说"书不尽言，言不尽意"（《易经·系辞上传》），我们如何去掌握那个"意"呢？《易经》的"象"就是一个重大的发明，远超言词所能表达的意涵。"象"虽然在"形"之前，但它还不是最初的东西。任何一个人在开创事业的时候，都有其创意。而创意没有一定的形，所以对"意"的把握特别难。这是一个非常高的境界，不是有限的语言文字可以描述精确的。可见，"意"是一种无言的境界，甚至是一种"寂然不动，感而遂通"（《易经·系辞下传》）的体悟。正所谓"恰恰无心用，恰恰用心时"。

"名，可名，非常名"中的第一个"名"字指具体事物的名称、名号，第二个"名"是称呼的意思，第三个

"名"则专指老子所讲道体的名称。

"无,名天地之始;有,名万物之母","无",称之为天地的创始;"有",称之为万物的本源。"无""有"是老子哲学中特别重要的范畴。在这里,"名"显然是动词,即给一个名称或者给一个定义。老子说:"天下万物生于有,有生于无。"(《道德经·第四十章》)这句话对上面那句话是一个很好的注解。"天下万物生于有",比较好理解,意思是天下万物都产生于有形有象的东西。但是,"有生于无",生命中还有很多东西是无中生有的。所谓的"无",描述的是天地创始的状态,而不是我们现在看到的这么丰富、浩瀚的宇宙万物。

《易经·乾卦》与《坤》卦的《象传》分别称:"大哉乾元,万物资始,乃统天""至哉坤元,万物资生,乃顺承天"。由此,我们就知道天地生万物,没有天地,万物无从由来。所以,"无"是天地的开始。天地当然在万物之前,"有天地,然后万物生焉"(《易经·序卦传》),乾、坤之后就有屯卦的生命起源等。

"无",在这里是描述"天地之始"的状态。天地产生了万物,万物一定还有一个根源。这个根源就是老子用"无"来表述的道。当然,我们可以想象它是无形无象的,没有办法用一般的语言去掌握它。我们用"无"来形容,因为,你找不到一个具体的东西可以描述"天地之始"是什么。等到由"无"中生"有"之后，慢慢就产生有形有象的东西，包括由小而多、由简而繁，世界变得丰富极了，也就是"有"。

所有的语言文字好像都没办法去描述"天地之始"的状况，如果硬要给它一个名称，好像又把它限制了。《易经·系辞传》说过"书不尽言，言不尽意"，所有的语言文字表达的概念都是有限的。"名"与真实之物之间有很大的差距，因为，真实之物往往是一种形而上的概念，是人们对宇宙真理的一种体悟，没有办法用语言清楚描述。泰戈尔在一首诗里说："小道理说来容易，大道理无言无语无声。"

所以，要去了解圣人之意，就有一点儿困难了。王弼说"得象而忘言"，得到那个象，就得忘掉那些言。象还不是最高的，最高的是"意"，但是要得到那个意，就得忘掉象。这一切需要层层剥除。正如禅宗六祖惠能说"不立文字，直指人心"，意在人心。

"生"是具体有形，"始"只是一个契机。就算有形，也不是那么容易看到的，有时很隐微。生命来自精卵的结合，是父精母血。等到成胎了，绝对是"有"的状态。在未成胎儿之前，根本就看不到人形，那时就叫"无"。小宇宙的生命是这样的，大宇宙的世界也是这样的。所以，老子就用"无"跟"有"来描述"天地之始"与"万物之母"的状况。

"故常无欲,以观其妙","欲",即想要的意思。常从无欲中去观照道的妙处。也就是说,我们要去观照天地人生,包括大宇宙、小宇宙的奥妙。

"常有欲,以观其徼",常从有欲中去观照道的边际与归终。既然"无"生出"有"来了,对于"有",我们就要去接触、了解其形其象。

"徼"跟"妙"是相对照的概念。前人对"徼"的解释有:一、归结、归终;二、窍、空;三、边际。

"以观其妙",我们跟老子学习智慧,目的就是为了要在人生中运用。有时让我们的身心处在无欲的状态,去观察道的奥妙。这个奥妙就跟天地之始有关。"以观其徼",处在有欲的时候,我们要保持好奇心或者动机,才能观察到道的范围与究竟。

道家认为,人的欲望不节制,任其泛滥,就如庄子所言"其耆(嗜)欲深者,其天机浅"(《庄子·大宗师》)。换言之,人的欲望降得越低,其智慧就可能越高,天机也深,可以进入比较高层次的人生境界。否则,天机不深,人怎能悟道呢?

我们学任何东西,最终的目的是运用,既要观其"妙",也要观其"徼"。我们常常会在人生中遭遇很多莫名其妙的事,难免会问自己:为什么自己的贪、嗔、痴、慢、疑等烦恼一直不断呢?有些烦恼可能一辈子都没法消除。有些人老得太快，却明白得太迟。这就是老子所告诉我们的，这些烦恼是因为我们怀着"有"的心而没有让身心处在"无"的状态造成的。

我们要了解过去，掌握现在，预测未来。这都跟"徼"有关。

"常无欲，以观其妙"，常从无欲中去观照道的妙处，能把一个东西的妙处看出来。如果人的心净是欲望，纯粹感情用事，老戴着有色眼镜观察事物，那他绝对没有办法看到"妙"。"旁观者清，当局者迷"，当人嗜欲浅的时候，常常能够看到事物的妙处。但是人往往欲望太多，就看不到那个妙处，相反，还会方寸大乱。

上面提到前人对"徼"字的解释，我们比较偏重其中的两种，即"归终"与"边际"的意思。"归终"，也就是说最后的归宿怎样。任何事物都得经过始（开始）、壮（发展）、究（结束）的阶段。我们就要了解怎么开始的，中间经过怎样的发展和挫折，到最后结果如何。

说到"边际"，任何事物都不可能真的无边无际，总是会发展到一个阶段，再往下发展到边界。就像人的事业怎么开创的，无论怎样发展，最后不管是失败还是成功，总要有结果的。像郭台铭，这些年他的发展也是不容易。他曾认为多少年后，他的企业能做到十万亿新台币的产值。那么十万亿新台币是不是鸿海集团（富士康母公司）的一个"徼"呢？

"此两者同出而异名，同谓之玄"，"无名"和"有名"这两者来自同一个地方，但是名称不同，都可以称之为神奇。你们看，老子的道有多么的深奥，搞了半天还没有入门。没有入门，你就没有办法知道宇宙众生之妙。

最后要进门，我们还得去了解"玄"。仅仅了解一层玄还不行，还得"玄之又玄"。这就跟参禅礼佛一样，有人说："我已经悟到究竟了！"是吗？其实不然。不要执着地认为你悟到的就是玄，一执着，还是没有彻悟。如此抽丝剥茧，就让人感觉到没有止境。个人修到一个阶段觉得不错了，一旦执着于感觉不错，就说明你还没有彻悟。

那么，如何理解"玄"的意义呢？譬如，我们仰望夜空，看到的大部分是黑的，但是黑中带了一点儿星光，那就叫"玄"。可见，"玄"让人觉得很难了解，有点儿神秘莫测。以我们现在宇宙学的知识来说，我们很难确定那些星光的存在与否，因为它离我们实在是太遥远了。我们能看到的星光不知道是来自多少亿光年以前。那个感觉就让你觉得"玄"，离我们所处的地球这一现实太远了。

"有"跟"无"有一个共同的出处，老子就给它一个名字叫"玄"。但是我们不要执着于那个玄，就像佛经里面所说的一样不要执着于"空"。有执着，就有分别。如果你沉溺在"空"里头,那么,五蕴何曾空?所以,佛家劝人要把"空"打破,不要执着。

"玄之又玄,众妙之门",神奇又神奇,是一切奥妙的门户。想要了解宇宙人生众多的奥妙,这是一个必经的门路。

在《易经》的八卦中,《艮》卦代表静止,又有门阙之象,这就告诉人们要闭关修行,即止欲。人在静下来的时候,才可以观照内心的世界,达到老子所谓的"致虚极,守静笃",入众妙之门。看来,了解宇宙天地人的妙,没有那么简单,起码得入门。"门"这一意象是贯穿东西方哲学范畴的,摸到门路和进门,对人来说,都有一种超越感。

当我们的心实际处在艮止的状态时,才能够观自在,窥得众妙之门。人静得住,才能看得清。要是内心浮躁,欲望不止,绝对没法观照事物的本真。宋儒程颢说"万物静观皆自得",说的就是这个理。人到底入门与否,端看你能不能够止欲静观。

这一章探讨的是对宇宙要有一个整体的认识,而且要深入,直达究竟。人如果掌握到"玄之又玄",就能进入"众妙之门"了。那时,既超越了"有",也超越了"无",还超越了"玄"。这就需要以谦和的态度去面对宇宙万物,不要强自为知，动不动就认为自己找到了究竟。人们一般停滞在"有"的阶段，欲望和包袱多得不得了，往往自以为是。先入为主的名词、概念、教条，就给人带来了很多痛苦。

《庄子·内篇》前五篇跟《道德经》前五章几乎完全对应。对于《老子》第一章，如果搞明白了，并且真做到了，就可以进入《庄子·逍遥游》的境界。

《庄子》的第一篇《逍遥游》描述的境界，其实就是在诠释老子《道德经》的第一章，即让人的身心灵达到彻底的自由。对于自由，我们千万不要有分别心，庄子所描述的大鹏鸟"抟扶摇而上者九万里"，确实享受着飞翔的自由，真让人羡慕；但是，小麻雀一飞几十米，它也有它的飞翔自由，同样是逍遥的境界。如果说只有大鹏鸟才逍遥，小麻雀不逍遥，那人生可就太苦了。试问世间有几人能成为大鹏鸟？

所以，我们的身心要想获得自由，千万不要有那个分别心。

第二章

天下皆知美之为美,斯恶已;皆知善之为善,斯不善已。

故有无相生,难易相成,长短相形,高下相倾,音声相和,前后相随。

是以圣人处无为之事,行不言之教。

万物作焉而不辞,生而不有,为而弗恃,功成而不居。夫唯弗居,是以不去。

【白话】

让天下人都知道什么是美好的东西,这就坏了;让人人都知道只有某种善才算是善,这就不好了。

所以,"有"和"无"是相互应对才产生,"难"和"易"是相互看待才形成,"长"和"短"是相互比较才现形,"高"和"低"是相互映衬才明显,"音"和"声"是相互应和才好听,"前"和"后"是相互跟随才会有分辨。

因为这个缘故,悟道的圣人以无为的态度来处理事情，以不发言的方式来教导人民。

万物生发起来了却不多说什么，生养了什么却不去占有，做好了事情却没有仗恃的心态，大功告成却不自居其功。正因为不居功，所以功绩一直不离开它。

【解析】

这一章与《庄子·齐物论》有点类似，讲的是平等观。第一章是让我们对宇宙万物有一个整体的认识。第二章则是要我们破除人间世种种比较的心。比较这一相对的东西，会给人带来无限的纷争以及过度的盲目追求，一旦追求不到，就会产生无尽的痛苦与烦恼。

"天下皆知美之为美，斯恶已"，让天下人都知道什么是美好的东西，这就坏了。

"天下皆知美之为美"，绝对不是一件好事，毕竟不美的东西是多数。如果我们特别标榜少数的美，那不美的还要不要存在？人生天地间，也是一棵草一滴露地滋养，有何分别呢？大家都去崇尚只占极少数比例的所谓的美，这件事本身就变得不美好了。一旦有了分别心，就会激发很多不自量力的人去追求一个别人所认定的美的标准，那不是很苦吗？

"皆知善之为善，斯不善已"，让人人都知道只有某种善才算是善，这就不好了。我们都知道，社会上常常会鼓励一些善行，有时候还推举一些典型。譬如爱国典型、孝顺典型、兄友弟恭模范，等等。这样做的结果就把人落到分别的境界了，也就不平等了。老子认为，大道不是这样的，一定是一视同仁，没有分别心，不会执着于某一端。

我们平时都拘泥于一些相对的观念，往往追求一边，就把另外一边像旧鞋子一样抛弃。如果是这样，那么这个世界一定会失去平衡。大家都想要美，不美的人要去整容；都想要善，不善的人就要去伪装；都说"真"好，不真的人就要去作假。最后，人人都陷在"分别"的执着中。

下面就是老子的结论了。

"故有无相生，难易相成，长短相形，高下相倾"，关于"长短相形"，有的版本是"长短相较"。"有"和"无"是相互应对才产生，"难"和"易"是相互看待才形成，"长"和"短"是相互比较才现形，"高"和"低"是相互映衬才明显。这就是对照。如"高下相倾"，我国退役运动员姚明的身高与个矮的人相比，是不是有点儿人比人气死人？比较的心是很要命的。还有难、易是相对的概念，是相反相成的。长与短也是相互比较的。不然，哪有绝对的长与绝对的短？

"音声相和"，"音"和"声"相互应和才好听。"声"

与"音"是不同的，发出来的响动叫"声"，最后散布到周遭，还余音袅袅的，那就叫"音"。有些动物发出来的只有声，没有音，如兽类，虎啸、狮吼就是如此。有些动物发出来的只有音，没有声，如禽类，莺歌、鹤鸣即是。

"前后相随"，"前"和"后"相互跟随才会有分辨。第一名跟第十名有多大差别？如果没有后面的名次相随，能显出谁是第一名吗？

在我们的日常生活中，随时都可以感觉到区别。老子希望我们把区别之心去掉，不要执着。一件事情是难是易，并非绝对。老子在后续的篇章中说"多易必多难"，明明是一件很难的事情，如果你把它看得太简单了，最后就会变得很难了。可见，所有的判断纯粹是比较而产生的，不但在感官上是相对的，在认识判断上也是相对的。人就是要超越这个相对观，看待任何事物要等量齐观。

"是以圣人处无为之事，行不言之教"，因为这个缘故，悟道的领导者以无为的态度来对待事情，以不发言的方式来教导人民。这是《道德经》本文中第一次出现"无为"的概念。"无为"是指没有妄心的刻意作为，并非什么都不做。"处无为之事"，就是把自己摆在不刻意妄为的心态上，绝不像我们一般人，习惯性地把心放在追求功名、美色、钱财上。老子告诫世人，要持清静无为、少私寡欲的心思，自然作为，不要造作。

等到自己修为高了,希望度众生,就要"行不言之教"。这就像《易经》的不言之象。一切尽在不言中,静悄悄的品质才是最高的。太重视表面的言辞,教的效果会大打折扣。俗话说"言教不如身教",儿女要管好,全靠德行感。《论语·阳货》子曰:"天何言哉?四时行焉,百物生焉,天何言哉?"老天没讲话,却一点儿都没有影响四季的运行和百物的生长发展。所以,"不言"的境界比刻意"言"要高明得多。释迦牟尼佛拈花示众,唯迦叶破颜微笑。当然,我们并不知道迦叶是否真的参透佛的心意,但是这种不言的境界的确高明。有人开玩笑说,禅师要冒充水平高,只需坐上台后,一句话也不讲,过两个小时就走人,这个境界"最高";再不然,到花市买一朵花,拈花微笑。

"万物作焉而不辞",万物生发起来了却不多说什么。"辞"即用言辞解释。大自然做了很多事情,它不认为有什么值得夸口的。有些人为了掩饰自己真正的意图,费尽言辞,其实很假。

"生而不有",生养了什么却不去占有。像爸爸妈妈生了子女,就不能存占有之心,他可不是父母的私有财产。假设你是一家创业公司的领导,最后公司股票上市了,那时你就不要有占有之心。不能认为,一切都是我创造的,我如果不在了,当然也要把它毁灭。这就是私心太盛。老子则不然,他认为人创造了很多东西,但是绝没有占有欲，反而很乐意看到创造的东西自由自在地发展。

"为而弗恃"，做了很多了不起的事情，但是他不仗恃。如果每个人都认为自己做了很多，就仗恃自己劳苦功高，应该受尊崇，应该多一点奖励……其实，有什么好仗恃的呢？所有的东西你都带不走，就算你锁在再安全的保险箱中，仍然不可能是你的。我们都只有暂时的保管权，哪有绝对的所有权？

"功成而不居，夫唯弗居，是以不去"，大功告成却不自居其功，正因为不居功，所以，功绩一直不离开他。这就是"不争之争"，能做到这样的人是超越竞争的。只有这么豁达、真正逍遥的人，才能放弃世俗的占有欲。真正无私无我的人越是不居功、不居德、不居名，反而越拥有这样的东西。越是巧取豪夺、大肆占有，到最后反而什么都没有。

孔子的得意弟子颜回说："愿无伐善，无施劳。"（《论语·公冶长》）这就是不居名利。这个境界与《易经·谦卦》第三爻"劳谦君子，有终，吉"所说的境界一样。在《系辞传》中，孔子说"劳而不伐，有功而不德，厚之至也"，越不想要的，最后那个东西还非是他的不可；越要抢的，越要争的，最后就不会是他的。这就有趣了。最初大家参与争的，最后都争不到，自然的结果就是不争的人得到了。

这一章所讲的，是《庄子·齐物论》的"《老子》版"。《齐物论》里面就有一个"得其环中，以应无穷"的观点，我们站在"无欲"的立场，去观察事物的奥妙，才能超越相对的区分，因为它们都在一个整体里面，是相反而相成的。

第三章

不尚贤,使民不争;不贵难得之货,使民不为盗;不见可欲,使民心不乱。

是以圣人之治,虚其心,实其腹;弱其志,强其骨。

常使民无知无欲,使夫知者不敢为也。为无为,则无不治。

【白话】

不标榜人的才德杰出,使民众不心生竞争;不特别看重珍贵少有的物品,使民众不会起偷盗的心;不显现可以欲求的东西,使民众的心不被扰乱。

因此,悟道的领导者施政于民的方针是:放空他们的心灵,充实他们的肚皮;弱化他们的志向,增强他们的体质。

总要让民众没有不该了解的知识,也没有不正当的欲望,并且让智巧的人不敢擅自妄为。实施不刻意妄为的做法,就没有什么不被管理得井井有条的。

【解析】

第三章就谈养生了，就像《庄子》的《养生主》。有了第一章与第二章的基础，让人的偏执有一个超越、化解之后，下面就是第三章的养生。我们活在这个世界上，怎样生活是一个大问题，这就涉及养生的范畴。在《易经》中，第二十七卦《颐》卦就讲养生要"慎言语，节饮食"。"慎言语、节饮食"，才可颐养天年。《颐》卦也告诉我们，我们追求的绝对不是初爻的境界："舍尔灵龟，观我朵颐，凶。"也不是四爻的境界："虎视眈眈，其欲逐逐。"我们要追求的是《颐》卦上爻的境界："由颐，厉吉，利涉大川。"这就是《庄子·养生主》所说的顺自然养生。我们常说要自由，自由的"由"字，其字形就是田中的作物顺着自然的规律往上生长。揠苗助长则伤害其自然发展。如果你掌握了顺自然法则的养生，即使遭遇再大的风险，都是吉的，可以克服大险大难。"由"也是缘的意思，《庄子·养生主》云"缘督以为经"，我们身上的气是怎么来的？就是顺着身体自然的经脉，尤其是主控全身的督脉流通全身的。"经"就是所有气血流通的管道，中医针灸就是通过经络起作用的。

现代人在开创事业的时候，拼命赚钱，常常会忽略养生。等到钱赚得差不多了，想要坐下来休息的时候，发现身体出状况了，有钱都没法享受。要知道，人的身体折旧率超高，你不注意保养，就违反了自然的原则。

"不尚贤，使民不争"，不标榜人的才德杰出，使民众不心生竞争。既然主政者特别标榜一些东西，特别夸赞一些东西，民众就不管自己合适不合适，都拼力往那方面去挤、去争。因为那样他才可能得到好处。在现实社会中，贤的人多，还是不贤的人多？当然是不贤的人多。最后争的结果，人的心态不全乱掉了吗？这个社会就变畸形了。所以，老子为从根源上避免此类问题，就说干脆就不要去标榜最突出的，使大家都不起争心，就安了。那时，民众就能量才适性，各得其所。

"不贵难得之货，使民不为盗"，不特别看重珍贵少有的物品，使民众不起偷盗的心。一些宝物，尤其是特别稀有的东西，像过去的连城璧、和氏璧等。珍稀物品难得，有钱、有势的人就会拼力搜集。"盗"，就是掠夺本来不属于自己的东西。社会既然标榜了"难得之货"，那么人人都想要。有人要不到，没有正当渠道取得，就会滋生抢劫、偷盗的行为。欺名盗世、大盗盗国，都是如此。争和盗就是这么来的。源头就在于主政者树立了标准，强调了难得之货的价值，才会让人有争心、盗心。

《易经·需卦》第三爻称"需于泥，致寇至"，人的欲望一旦完全陷入泥沼，想满足自己的需求，一时又满足不了，那就又苦又迷惑，最后就"致寇至"，偷盗之心就油然而生了。所以，我们要正本清源，老子一开头就主张从根源上消弭这种弊端，不要标榜"难得之货"。按照第一章、第二章的说法，"难得之货"跟"非难得之货"是平等的、齐物的，没有什么分别。人若从无欲、无名的角度来看，西施与东施有什么差别？

"不见可欲，使民心不乱"，不显现可以欲求的东西，使民众的心不被扰乱。我们不要特别显露某个东西是可以想办法争取来的。不该显露给人看的，你却给他看了，他看了心里就怪痒痒的。心痒难耐，就手痒、脚痒，就想要，甚至不择手段地要。所以，不管是名、是利，还是别的什么，我们完全不要对这种可欲的东西过度标榜。老子完全是站在一个教化的立场说这些的，他的对象都是民。一般老百姓没有那么高的修为，上面越夸张强调，下面就跟着走。可以欲求的东西，最好让它永远"潜龙勿用"，不要让它"见龙在田"，一旦显露，什么是非都来了。人一旦看到可以欲求的东西，动了贪念，他的心肯定是乱的，如同"憧憧往来，朋从尔思"（《易经·咸卦》）一样整日里胡思乱想。

如果不这样，那为政者要怎么办呢？

"是以圣人之治，虚其心，实其腹；弱其志，强其骨"，因此，悟道的领导者施政于民的方针是：放空他们的心灵，充实他们的肚皮；弱化他们的志向，增强他们的体质。让老百姓"虚其心"，是指去除他们心中的成见与妄念，他们才能够吸收新东西。"实其腹"，对老百姓来说，没有比吃饱饭更重要的。

"弱其志"，是指不要让他们天天想着做大事、立大业。一般人标榜的这种志向，往往是向外追求的，不见得是什么好事。老子的意思要让它弱化，最好自然一点儿。

"常使民无知无欲，使夫知者不敢为也"，总要让民众保持在没有不该了解的知识，也没有不正当的欲望，并且让智巧的人不敢擅自妄为。这句话很多人认为，会带来后遗症，说老子主张愚民政策。但是，我们如果通篇去看《老子》，他并没有这个意思。因为欲求与思考是人类的基本功能，而且这两者之间又互为作用。老子的意思是，如果人的知识有偏差，思考就会有偏差，结果欲望就会不正当。

"使夫知者不敢为也"，这个"知者"是指善用智巧而自作聪明的人，喜欢挑起社会纷争的，不是那种悟道之后的大智慧。领导人不要让这些耍小聪明的人在那边搞乱，净灌输给老百姓不正确的知，挑动他们不正当的欲，否则，这个社会就很难管理。

我的老师毓鋆先生，1947年的时候就来台湾地区了。他说那个时候台湾地区的老百姓纯朴到极点。现在我们看看，还有这个现象吗？纯朴的人太少了。

"为无为，则无不治"，实施不刻意妄为的做法，就没有啥不被管理得井井有条的。这个就是《易经·颐卦》所说的"圣人养贤以及万民",既养身体这个小宇宙,又养万众百姓。

第四章

道冲而用之或不盈。
渊兮似万物之宗。
挫其锐，解其纷，和其光，同其尘。
湛兮似或存。
吾不知其谁之子，象帝之先。

【白话】

道体虚空，但或许有用之不竭的样子。

它深奥啊，万物好像都是从这里产生的。

磨钝自己的锐气，消除与别人的纷争，调和自己的光芒，混同周遭的尘俗。

神秘又深沉啊！像是若有若无地永存着。

我不知道谁产生了它，好像在天帝之前就存有了。

【解析】

这一章写得很精练，但意蕴很深。《老子》前三章与

《庄子》前三篇，就是告诉人要学会自由、平等、养生，让身心灵都充满了正能量，我们就可以投入到人间世好好生活了。在人间世，人就要面对生老病死、忧悲喜乐、离合悲欢、爱恨情仇。人与人有时候和好了，有时候又反目了；有时候赔了，有时候赚了；有时候你伤害别人，有时候你被别人所伤……人就是这样一直在折腾。老子在第四章则告诉我们，只要体悟了"道"，并去主动效法"道"的作为，就可以在人生中应对自如。

可是，人间世一定是充满纷争的，没有争夺，就不叫人间世。动物世界原本就是弱肉强食的丛林法则。人类有时比动物世界还复杂，花样更多，更不好应付，一不小心就遍体鳞伤。不过，人会思考，如果从道体去思考的话，对于很多事情，可能就不会那么计较了。从道的角度来看，任何事物都是平等和自由的。人如果体会到这一点，他的心灵就超越了，面对一切事物时都觉得是可喜的，再也没有那么多苦恼了。

好，我们来看老子在这一章是如何告诉我们道的体与用的。

"道冲而用之或不盈"，"冲"，虚空；"盈"，满、穷尽。道体虚空，却或许有用之不竭的样子。道体虚空，是因为万物是"负阴而抱阳，冲气以为和"（《道德经·第四十二章》）的。

万事万物都有阴阳两面，太极图就是负阴而抱阳。一面有阳刚的，一面有阴柔的，偏重哪一个都不太好。能够让刚柔相济、阴阳和合为最好，就不会有"过"跟"不及"的情形。那种中和的状态，刚柔并济所产生的新状态，就是"冲"所代表的虚空。

《易经·睽卦·象传》说："天地睽而其事同也，男女睽而其志通也，万物睽而其事类也。"正因为天地、男女、万物的睽异、冲突，自然界才能生生不息。所以，人不要怕有冲突，只有不一样的东西结合起来，才可相生，解决诸多问题。那么，我们就要想办法让阴与阳达到"冲气以为和"的状态。如此，就有和气了，而不是你死我活或两败俱伤了。

道以"无"为体，并不是实在的物质。如果是实在的物质，就必有用尽的一天。在第四十五章，老子说"大盈若冲，其用不穷"，悟道的人要懂得运用道体，就要先明白冲的状态和结果，这样他才可能创造"和"。然后，就保守住"或不盈"的状态，而不会像"亢龙有悔"（《易经·乾卦》）般，很快就山穷水尽了。

《易经·坎卦》称："习坎，重险也。水流而不盈，行险而不失其信。"人生就是要在社会的"深渊"之中去打拼的。你所面对的事情，可能是一波未平，一波又起。有时经历重大的打击时，随时可能面临灭顶之灾。这时，端看你如何淬炼自己，利用坎（大挫折），习坎（习惯挫折）。水是流动的，不是安静的。安静的水，要使之不盈，比较简单。要使水流动着，还不泛滥成灾，就需要功夫了。在动荡的环境中，面对接连不断的冲击考验，你如果还能够维持心态的平衡，不骄不躁，那你就会如坎卦的第五爻所说的"坎不盈，祗既平，无咎"。坎如果不盈了，就代表风平浪静了。当然，并不代表没有对立与冲突，但是，你可以与之和平共存，维持一个动态的平衡。如果能做到"坎不盈，祗既平"，人生就无咎了。"水流而不盈，行险而不失其信"，最后，人就能成功脱险。人有时候之所以"亢龙有悔"，就因为"盈不可久也"，所以"盈"对人来说不是好事。人千万不要骄傲自满或者刚愎自用，那都是失败的根苗。这就是老子要人效法"道"体不盈的功用。

"渊兮似万物之宗"，"渊"，深奥的意思。道体深奥啊，万物好像都是从这里面产生的。这里的"宗"代表根本的意思。"宗"字上面是宝盖头，是孕育生命的母亲子宫的象。下面是"示"，字形即供桌上面摆块肉，代表祭祀祖先。所以，我们说道家思想基本上就是坤卦的意象。老子不说"似万物之祖"，而说"似万物之宗"，因为"宗"代表阴性的、柔性的，也代表含孕万物。"万物之宗"，实际就是无极老母。人走了就归"宗"，就回归老母的怀抱了。故《庄子》第六篇是《大宗师》而不叫《大祖师》。

"挫其锐，解其纷，和其光，同其尘"，磨钝自己的锐气，消除与别人的纷争，调和自己的光芒，混同周遭的尘俗。这里的"其"，表示从自己到与之交往的群众及环境。这一段是道体展现在人间世的具体运用。一言以蔽之，行走在人间世，即使你不愿意，也必然要让自己慢慢往这方面磨炼。那就是，既要让自己内心协调，同时也要协调好同其他人的关系。

"挫其锐"的"挫"，就像用锉刀把锐利的器物磨钝、磨圆滑一点儿，以使之不那么有棱角。因为，道"生而不有，为而不恃"就是"挫其锐"的特性。同样，一个人如果锐气太盛，既伤人，又伤己。

"解其纷"，即消除纷争。人事的纷争与纠纷好麻烦，如乱麻、乱丝一样。即使你一个人独处，不跟任何人接触，有时还会自寻烦恼。道有自然无为、虚静无私的特点，这就是道体的"解其纷"的功能。人生的纷扰、纷争与纠结不消除掉，那人生就没有幸福可言。

"和其光"，即调好自己的光芒。老子在第五十八章说，道"光而不耀"，所以，人要"和其光"。一个有才华的人，本身就是个发光体。如果他发出的光太耀眼的话，就会"刺伤"别人。周围那些没法发光的人就嫉妒他，觉得他很刺眼。所以，有时候也许你自己都不知道，你的光芒已经带来莫大的麻烦。这样一来，你还是光芒四射的话，那你的敌人就不知道有多少了。因此，既然发光不能挡住，就要想办法让发出的光温暖一点儿，以创造人际的和谐，而不是对立冲突。"和"字的造字，真是太美了。人有时候为什么会无法心平气和，与人家和平相处，用句玩笑话来说，大概是肚子没吃饱饭。因为"和"是"禾""口"相组合而成，代表要让人的口中有粮食，冲突就不会那么多。和平无价，和平红利是最值得珍惜的。与人斗争太苦了，最后不会有真正的赢家。人要想办法与别人和，就像光自然而然发出来，又不让人家感觉到讨厌，相反让人觉得很温暖。《易经·乾卦》称"乾道变化，各正性命，保合太和，乃利贞"，《履》卦也强调"和"，《系辞传》说"履以和行""履，和而至"，就是要和平解决困难，渡过凶险。《谦》卦更是强调"和"，不仅强调人与人要"和"，人跟动物之间要"和"，而且，人与天地、鬼神都要能够和。

"同其尘"，"同"就是《易经·同人卦》中"同人于野"的"同"，即要跟乡野之人，也能交成朋友。老子在第四十一章说"大白若辱"，这也是"同其尘"。道家最重视坤卦思维，要人能"厚德载物"，跟群众打成一片，还能够发动群众、创造形势。如果这个都做不到，跟群众的隔阂太大，还能做成什么事呢？当然，"同其尘"，也不是说让自己变得很俗气。外面虽然与别人打成一片，可是内心依然保持着本真，就像孔子说的"涅而不缁"（《论语·阳货》)。这个境界就是外化而内不化。同人卦讲"唯君子为能通天下之志",如果你觉得自己很清高,人家都很浊俗,你还能通什么天下之志?所以,人绝对不可以有架子,故意摆出虚骄的身段,那是没用的。

人如果做到了"挫其锐",自然就容易"解其纷",做到了"和其光",个性再怎么发扬,也不影响你与群体的相处,就能"同其尘"了。老子这一章讲得更实际了。只要你不嫌世俗"脏",完全不凸显自己,也不会觉得自己高高在上,就能和任何人都打成一片了,绝不至于像伯夷、叔齐一样,一尘不染,难以在社会上发挥作用,最后只能饿死在首阳山。

"湛兮似或存",神秘又深沉啊!像是若有若无地永存着。老子这句话和《易经》的一些卦爻辞的笔法都很像。譬如,《乾》卦第四爻"或跃在渊",《坤》卦第三爻"或从王事,无成有终",《离》卦第五爻"出涕沱若""戚嗟若"。老子好像是个老滑头,用很多疑似词如"或、若、似、似或、象"来描述"道",让人感到恍恍惚惚。这也说明了,老子之"道"的展现是灵活变通的。

这里的"存"字,颇有意味。我曾经在讲《易经》的时候,提到"存"和"在"的区别。"在"是讲当下发生的事情。"存"则要放眼于未来了,有永恒的意思。譬如,我们现在不需要用钱,可是为子孙将来忧,就给他先"存"点钱。《易经·系辞传》就说"成性存存,道义之门"。人最好能做到在自己"在"的时候,完全在当下干得很欢实,即活在当下;当将来离开人世之后,即"不在"之后,还能够有"永存"的意义,这就很圆满了。

"湛"是神秘而深沉的意思。这里用来形容处人间世时,人秉持逍遥、齐物、养生三种境界之后展现的新境界。有了这种境界的人,深不可测,但是,他很自在,不会自寻烦恼。

"吾不知其谁之子,象帝之先",我不知道谁产生了它,好像在天帝之前就存有了。这句话的意思是说,谁把"道体"产生出来的呢?谁让"道用"发挥出来的呢?简单来说,可以用《庄子·大宗师》里的一段话来说明:"夫道……自本自根,未有天地,自古以固存;神鬼神帝,生天生地。"意思是说:道是自己为本,自己为根,在没有天地之前,自古以来一直存在;造就了鬼神,造就了上帝,产生了天,产生了地。

老子此处的"帝"是天帝,把天与古代的造物主上帝合在一起了。中国古代所讲的"帝",就是宇宙的主宰。《易经·豫卦·大象传》称"先王以作乐崇德,殷荐之上帝,以配祖考"。《说卦传》说"帝出乎震",震为《易经》八卦之一,象征宇宙的主宰,也是众生的主宰,所以"万物也出乎震",万事万物都是从震所象征的最高的主宰上帝生出来的。震所代表的主宰"帝"太重要了。人没有主宰就会随波逐流，不知所措。

当然，《易传》讲的这个帝，并非基督教的"上帝"，而是代表主宰。整个自然界与人类不可能没有主宰、没有秩序，否则早就崩毁了。道应该肯定还在帝之先就已经存有了，并不是任何东西所创造的，但道又是所有一切的创造者，所以，道是一切的根源。

读了《老子》的人，会觉得他的思想对后人影响很深。如你领悟了"挫其锐，解其纷，和其光，同其尘"的智慧，你就不会觉得人生太苦，面对纷争也是周旋无亏。在金庸小说《神雕侠侣》中，儒家式的侠士像郭靖，古道热肠，为了国家和民族敢于献身，如死守襄阳城，最后夫妻双双殉难。而道家式的人物则与世无争，如杨过和小龙女最后双栖活死人墓，不理人间纷争。可见，儒家人物古道热肠，放不下世人。像杜甫，就是儒家派古道热肠的诗人，他关怀社会，心系民间疾苦。在他的诗中随处可见对社会民间的关注，譬如其《赠卫八处士》一诗就说："人生不相见，动如参与商。今夕复何夕，共此灯烛光！少壮能几时？鬓发各已苍！访旧半为鬼，惊呼热中肠……十觞亦不醉，感子故意长。明日隔山岳，世事两茫茫。"道家在世俗的应用上则是冷静应对。道与儒，一冷一热。说句玩笑话，如果你修完儒家，再来修道家，可能就得

"打摆子",小心冷热失调。所以,对于一般人来说,最好就是儒道思想兼而有之,两者互补,这就是《易经·系辞传》所说的"一阴一阳之谓道""刚柔相推而生变化"。

第五章

天地不仁，以万物为刍狗；圣人不仁，以百姓为刍狗。
天地之间，其犹橐龠乎！虚而不屈，动而愈出。
多言数穷，不如守中。

【白话】

天地不刻意表现仁爱之心，对万物一视同仁，把万物当作草扎的狗一样，任其荣枯；圣人也不特别偏爱谁，把百姓当作草扎的狗一样，任其自行兴亡。

天与地之间，就像一个大风箱啊！里面虽然虚空，却使用不完；拉动起来，风却能源源不断。

过多言说，反而会让定数走到尽头，还不如守住虚空的状态。

【解析】

"天地不仁，以万物为刍狗；圣人不仁，以百姓为刍狗"，"刍狗"，指用草扎成的狗，是古人祭祀时所用的道具。使用的时候，刍狗备受重视；用完之后，刍狗随即被丢弃。《庄子·天运》有一段生动的描写："夫刍狗之未陈也，盛以箧衍，巾以文绣，尸祝齐（斋）戒以将之。及其已陈也，行者践其首脊，苏者取而爨之而已。"刍狗还没开始用来祭祀时，装在竹筐里，盖着锦绣缎巾，主持祭祀的人还要先斋戒，再接送它。等到祭祀过后，路上行人踩踏它的头与背，捡拾的人把它拿去当柴烧了。"不仁"，指无心于仁爱，既没有喜爱，也没有憎恨。这两句话说明，天地不刻意表现仁爱之心，把万物当作草扎的狗一样任其荣枯；圣人也是如此，并没有特别偏爱谁，把百姓当作草扎的狗一样任其兴亡。

这就不像儒家特别强调"仁"这个概念，儒家的观念中，一个人对其他人的爱是有等差的。从人之常情的角度来讲，这很正常。人行仁道，就像《大学》"八条目"（格物、致知、诚意、正心、修身、齐家、治国、平天下）一样。如果最近的一层关系没做到位，下一步的行仁，就容易落空。譬如一个人连自己最亲近的父母、兄弟都不爱，他怎么可能去爱一般世人呢？人的爱是有由近到远的等差次第的，他对每个人的爱，不可能一视同仁。

可是，从老子的角度来思考"仁"的话，他就会认为儒家所强调的"仁"可能是有问题的。因为，天地可以超脱人间的亲子之爱、夫妇之情，以及众人之爱。有了天地就能生养万物。万物，也包括人、事、物在内。

天地就把这些万物当成"刍狗"一样看待，祭拜完毕，就把刍狗丢掉，烧了。换句话说，刍狗就是过渡，只在某一个时段内有效。某个时段过去了，人就不必恋栈了。过去了，就过去了，没什么好留恋的。

从整个宇宙的演变来看，天地间的万物都是过客，哪有什么东西最后留下来了？人眷恋某物或某人，再怎么舍不得，到最后一切都得放手。可见，天地看待万物就没有那个区别与留恋。任何东西消失了，天地没有那个感觉，无偏无私，一切纯任自然。曾经消亡的东西就都是"刍狗"，只是走个过场。整个宇宙的自然之道，就是每一刹那都在创新，每一刹那都在毁灭。旧的不去，新的不来，后浪推前浪，前浪就死在沙滩上。人生旅途也是一样，天地一逆旅，百代成过客。每个人都是地球上的过客。

所以，圣人要效法天地，要效法大道，就要去掉刻意区分的框框，去掉眷恋。悟道的圣人是要治理百姓的，他必须把众民也当作"刍狗"，不要刻意偏私某些人。作为一个悟道的统治者，不要一天到晚标榜自己爱民。从历史上看来，那些标榜爱民如子的政治家有真正爱过民吗？他们忙着贪污都来不及呢。

悟道的统治者真的能够爱护所有人吗？恐怕也很难。依此推论，可以说"男人不仁，以情人为刍狗；女人不仁，以男人为刍狗"。这样，人就想得开了，对不对？当你尽到了阶段性的义务之后，一切都不必再挂怀在心了。

《黄帝阴符经》说，天看似无情，其实大有情，即"天之无恩而大恩生"。可见，天道没有说特别要照顾谁，完全是自然而然。虽然，有的人倒霉，有的人成功，但这本身就是一种公正。没有特别区别的态度，反而是造化对人最大的恩德。我们常讲"政心无情"，搞政治的人不能那么多愁善感。如果搞政治的人太有情了，他一定撞得自己满头包。

《道德经》后面这些章节，都建构在前面的逍遥、齐物、养生、人间世的基础上。人如果做到了这些，才有这样的一个境界，不会自寻烦恼，一切就都超越了。

为什么《易经》要讲那么多"时大矣哉"？譬如"时用大矣哉""时义大矣哉""时大矣哉"。因为，"时"过去了，一切就不同了。"时"已经过去了，人要是还拘泥于过去，当然会感到痛苦了。《金刚经》说"过去心不可得"，人就要有这种大智慧，把一切看作"刍狗"。

老子提出"刍狗"这一名词，就是想让人的心灵有一种正面的超脱。人生在世，只是暂时拥有身体、拥有学历、拥有人脉等，当人离世的时候，这些不也会成为"刍狗"吗？谁还永远记得你呀，对不对？

所以，我们要有这种过客的意识，一切俱往矣！连秦皇、汉武都俱往矣了，你还有什么可恋栈的呢？

"天地之间，其犹橐龠乎！虚而不屈，动而愈出"，"橐龠"，指风箱。在过去，冶铁的炉子需要鼓风的风箱，家里烧饭也需要风箱。风箱的里面是空的，但是拉动起来，就会生风不已。如果风箱是实心的，反而无法送风。这两句话说，天与地之间，就像一个大风箱，里面虽然虚空，却使用不完，拉动起来的风源源不断。

老子的这两句话提示我们，人的心量要大，必须像风箱一样，保持源源不绝的原创力。否则，你怎么超越呢？如果一直活在过去，你就不见得有未来的开创了。学过道家之后，如果今后有人问你，过去都做过什么？你就回答：啥也没做过。这就说明你已经有境界了。

"多言数穷，不如守中"，"数"是定数的数。过多言说，反而会让定数走到尽头，还不如守住虚空的状态。

了解老子的这个告诫，人就要少说废话。世人喜欢妄言、夸耀自己或者乱批评，结果让人觉得此人废话太多、太爱表现。这在老子看来，是很好笑、很滑稽的。

《易经》中让人止欲修行的《艮》卦，第五爻就叫人不要多言："艮其辅，言有序，悔亡。"意思是，控制好你说话的嘴巴，说出的话要有条理，就没有什么可后悔的了。人多言，有时也是冲动引起的，故《易经·颐卦》告诫人"慎言语，节饮食"，管好自己说话和吃饭的嘴。多言绝不是好事。我们学了那么多经典，不少先哲都在提醒人们要慎言。

第六章

谷神不死，是谓玄牝。
玄牝之门，是谓天地根。
绵绵若存，用之不勤。

【白话】

虚谷神奇而永不枯竭，这就是玄妙的创生母体。

玄妙母体的出口，就是天地的根源。

它的创生能力连绵不断，像是永存着。作用起来，却从不劳倦。

【解析】

"谷神不死，是谓玄牝"，虚谷神奇而永不枯竭，这就是玄妙的创生母体。

"谷"，本指大山里面幽深而又低洼的地方，也叫山谷，是泉水汇聚的地方。"谷"也有"谦"的意涵，因为谷地处低下，而且藏得很深。这里，老子用"谷"来比喻道体的空虚。我们常说空谷幽兰、虚怀若谷。老子在下篇《德经》中，讲"得一"的概念时说："天得一以清，地得一以宁，神得一以灵，谷得一以盈。""谷"因为里面虚空，才能够装得下东西。"神"，指神奇莫测。形容道体的创生能力。"不死"，代表长存，永不枯竭。"牝"是雌性，相当于"母"。此处的"牝"还不是《易经》中所说的守中道的柔，而是神秘不可测的创生万物的本源，可以说是"无极老母"了。代表那种最高级、最纯净的精神状态，可以应对一切世间变化，虽不可测，但它也是不死的，是超越时空而存在。

"玄牝之门，是为天地根"，玄妙母体的出口，就是天地的根源。"玄牝之门"是一个出入通畅的概念。我们看参天巨树，再怎么枝繁叶茂，它一定是从根成长起来的。

"绵绵若存，用之不勤"，"勤"，指辛劳地做事，"不勤"就是不劳倦。这句话说，谷神的创生能力连绵不断，像是永存着，作用起来从不劳倦。这就如道家练气，气一直不停，源源不断，像风箱一样，"虚而不屈，动而愈出"。

为什么道体会有这么高的表现？甚至可以突破一般的生死规律？因为道体是虚空的。"用之不勤"就提示人们，不要随便消耗自己的精力，总要留一些余地。人不像道那样是无生命的抽象体，千万不要把自己所有的精力都倾注完，否则造成精力透支，就容易早衰。可见，人如果"勤"过头了，生命力不能长久维持。如孙中山为国为民，"用之勤"，六十岁就去世了；曾国藩"用之勤"，六十二岁中风而坐逝；诸葛亮食少事繁，又勤政，五十四岁就鞠躬尽瘁。

如果从道法自然来讲，不管是养生还是治国，一定不要走违背自然的路子，"绵绵若存"，才"用之不勤"。中国历史上，受道家熏陶的"老贼"特别多，"先烈"多为受儒家熏陶的人。黄花岗七十二烈士里面有几个老头？大部分都是十几岁、二十几岁的青年。有些参加"革命"的老滑头静观革命是否成功。若成功了，他们就赶快回国，说自己曾经是第几期的同盟会会员。若没成功，他们就去国外避难，等待机会做"革命元老"。这样一来，很多时候，有些先烈的血就白流了，便宜了一些所谓的"元老"。

第七章

天长地久。

天地所以能长且久者,以其不自生,故能长生。

是以圣人后其身而身先,外其身而身存。

非以其无私邪?故能成其私。

【白话】

天地存在得既长且久。

天地之所以能够那么长久,是因为它们都不为了自己才生养万物,所以能够长久存在下去。

所以,悟道的圣人处处让自己谦让退后,结果反而得到人家的拥戴;事事不计较利害得失,损己利人,结果反而身受其益。

不正是因为自己没有私心吗?因此,结果反而成全了自己。

【解析】

"天长地久",天地存在得既长且久。生长在天地间的万物,包括人的生命,为什么这么短暂呢?所以,研究天地这个特点,对于圣人治国与百姓个人养生都很有启发。

"天地所以能长且久者,以其不自生,故能长生",天地之所以能那么长久,是因为它们都不为了自己才生养万物,所以能够长久存在下去。天与地都是自然而然,不会刻意去想为了生养万物而求回报。换句话说,天地生养万物,只是为了生养而生养,没有任何私心。这说明,人越是放得开,越是不计较,越活得长。如果我们一天到晚都想拼命养生,以求活得长、活得好,结果往往不见得能达到目的。我们一辈子拼了老命去跟人家争来争去,希望为自己将来创造一个好的营生。老子告诉我们,有这样的私心念头,注定不能长久。

大多数人一天到晚都在想,如何让自己活得长、活得健康、活得快乐,甚至自己死后能给子孙留些什么。于是,人们争相买各种各样的保险,希望把人生所有的风险降到最低。但是,天地从来没有动过这样的脑筋,完全是随顺自然。绝大多数人为了对自己好,拼命去经营算计,结果反而越不能长久。有时候,人越怕的东西,就越会来到。可见,人越有非分之想,就越没有办法达到目的。老子在此提示我们,人生想要长久与永恒,必须效法天道。像孔子、佛祖一直活在人们心中，就因为他们都是无私的。

老子的"天长地久"也变成了中国人追求爱情和友谊的一个美好愿望。小两口结婚也希望天长地久，两心海枯石烂永不变。其实怎么能做到呢？要知道，一日心为"恒"，在现实人生中，能过好当下每一天，就是不错的了。

《易经》中有一卦名《恒》卦，所谈的就是长久，但是千万不要误会恒卦真的会长久，因为《恒》卦所处的环境高度动荡，一不小心就粉身碎骨。这个卦是由"雷"和"风"构成的，说明天天都是风云变色、惊天动地的考验，可是最后还能够如如不动。这是因为在《恒》卦的环境中不会偏离原则，即"立不易方"。所以，人如果有那种一日心的定力，就会珍惜当下的资源，然后善用；不会去贪求，不会到处去找长生不老药。有些人就希望青春永驻，找种种的药方，尝试使用各种美容手段。这都是典型的过度"自生"的做法。在这种心态情况下，他能够长生、安宁吗？这等于是缘木求鱼。

《易经》中的《益》卦称"长裕而不设"。在《益》卦阶段，我们的资源有余裕，手头的钱够用。在道家来讲，只要觉得自己满足了，才会觉得有余裕，这就叫"知足者富"。如果你欲壑难填，怎样都不会满足，就没有"裕"的感觉。"长裕而不设"的"长"，就是天长地久的"长"，

"不设"就是"不自生"。人一天到晚都为自己设想，如何才能够让自己更好一点儿，而到处去找灵丹妙药，这就叫"设"。这些做法完全是刻意为之的，而且还巧用机关，占尽别人的便宜。长久富裕却还不巧用心思，这才是利益众生的益卦境界。不仅对自己好，对别人好，也对天地、鬼神好。

所以，要想实现《益》卦"长裕而不设"的结果，要先达到其前一卦损卦的要求，即"惩忿窒欲"。也就是说，《益》卦的"长裕而不设"，不是拼命算计来的，而是惩忿窒欲。"自生"就是算计，"自生"就不能"长生"，最后可能还是一场空。

"是以圣人后其身而身先，外其身而身存"，所以，悟道的圣人处处让自己谦让退后，结果反而得到人家的拥戴；事事不计较利害得失，损己利人，结果反而身受其益。一般人都是争先恐后，拼命争夺。如果大家都那样做，而你却愿意居后，到最后，就像老子说的反而是你最领先。这也是老子在第六十七章所说的"不敢为天下先"的观念。"不敢为天下先"，就是"后其身"，越卑越尊，越不争的，最后反而超越了竞争的。先前争的人，最后都搞得头破血流，不争的人反而保全、受益了。我们一般都讲凡事要跑在前头，教育小孩时总说要赢在起跑线上。其实，如果你揠苗助长，违反了教育之道，你就让孩子"死"在了起跑线上。

"外其身而身存",当人把自己的肉身忘掉了,把私人的利益忘掉了,最后你的"身"反而能够得到长存,你的利益也能达成。老子的这些观念,看起来很吊诡,其实是最高明的。我们体会到这个法则之后,凡事做到居后,不敢为天下先,反而会得到好处。

我们看人是看其是否能笑到最后,而不是看前面怎样威风。如果前面一段你威风八面,后面却不得善终,那样的人生就更悲凉了。

"非以其无私邪?故能成其私",不正是因为自己没有私心吗?因此,结果反而成全了自己。"后其身"与"外其身"都属于无私。圣人做到了,因为他不自私,他能取法天地的长久之道,秉持天下为公,最后反而成就了他的"私"。

这样的效果最妙了。因为圣人的无私,最后才达成他的"私"。每个人都有想长久的盼望,但是最后往往都不能达成愿望。反而是不以这个为追求的人,好像他没有私心,到最后他反而长久了。《黄帝阴符经》就说:"天之至私,用之至公。"天地为什么能够长生呢?"以其不自生,故能长生",看着天根本不理你,也不给你施恩,但是它最后总体的表现是天下为公的,公道到了极点,"用之至公"。也就是说,"天之至私",不刻意去照顾谁,其实是"用之至公"。我们要超脱,就要学天道,不要偏执,不要背那么重的包袱。如果人做事的动机就是出于私心，而且不择手段，最后往往不会得到想要的结果。

这一章，老子讲"长生"，讲"天长地久"，就影响到后来信道的人追求长生的养生思想，包括炼丹、持咒、画符等。如果一个人自私自利，一心想要追求活得长、享受多，恐怕就不能长生了。按照老子的思想，想要长生，反而是要清心寡欲，而且不能自私自利，嗜欲要浅。嗜欲深，一切为自己，就是"自生"。秦皇、汉武他们的权力达到巅峰时，就面临人生的限制，于是渴望长生不老，想尽办法利用他的权势，派人找长生不老药。这种做法就违背了大道。刻意求"自生"的人，想尽办法满足自己无穷欲望的人，到最后怎么可能长生呢？我们一般人也是一样，只有当你不"自生"，把刻意之心拿掉了，随顺着宇宙的大化自然而然，最后，反而有机会"长生"。

可见，一切以自私为出发点，甚至为达目的不择手段，结果反而没有办法达到目的。越是放开，越是天下为公，反而有可能成就自己的愿望。所以我们在人生中，不能要求每一步、每一件事物都要对自己有利。一个人在面对任何事物时，心里的第一个念头就想：这对我有什么好处。老子告诉我们，这样想、这样做，结果反而没有办法达到自己的目的。常言道"有心栽花花不发，无心插柳柳成荫"，就是这个道理。

第八章

上善若水。

水善利万物而不争,处众人之所恶,故几于道。

居善地,心善渊,与善仁,言善信,正善治,事善能,动善时。

夫唯不争,故无尤。

【白话】

最高的善就像水。

水善于帮万物获利却不与之相争,居处在大家都厌恶的地方,所以很接近道的功用。

固守道善于选择地方,心思善于深沉静默,与人交往时善于表现爱人之心,言谈善于守信,为政善于处理事情,做事善于达到效果,行动善于把握时机。

只有不相与争,所以才没有怨尤。

【解析】

"上善若水",最高的善就像水。兵法也说:"兵形象水。"(《孙子兵法·虚实篇》)水没有固定的形状,入方则方,入圆则圆。老子在这一章告诉我们,人要修水的德行。水有"利万物""不争"与"就下"三大特性。而"不争",是其他两个特性的基础。人若能效法水的不争,就能产生"利万物"与"谦下"的效果。

苏辙的《道德真经注》注解本章时说:

> (水)避高趋下,未尝有所逆,善地也;空虚静默,深不可测,善渊也;利泽万物,施而不求报,善仁也;圆必旋,方必折,塞必止,决必流,善信也;洗涤群秽,平准高下,善治也;遇物赋形,而不留于一,善能也;冬凝春泮,涸溢不失节,善时也。有善而不免于人非者,以其争也。水唯不争,故兼七善而无尤。

可见,水很能启发人的深思,能给人以德行方面的教诲。

我们这个星球上,绝大部分都被水所覆盖,可以说十分之七以上的面积都是水。我们的身体里面,绝大部分成分也是由水构成的。水对人来说,太重要了。

"水善利万物而不争，处众人之所恶，故几于道"，水善于帮万物获利却不与之相争，居处在大家都厌恶的地方，所以很接近道的功用。常言道"人往高处走，水往低处流"，一般人都希望高高在上，地位显赫，可是水向最低的地方流，大海是海拔最低的，大江大河都要汇入大海那边去；而且大海还可以消化一切、包容一切。大道也像水一样，善于就下，"处众人之所恶"。所以，人要悟道，就要效法水的"就下"特性。

老子所讲的"上善"，即最高的善，就像《易经》中"元亨利贞"的"元"，因为"元"是善之长。最高的善就是人的核心创造力，即孔子所说的"仁"。人只要保存好了自己的"仁"，在任何状况下都可以不用怕，因为"仁"会不断地扩充与创造，并且生生不息。"君子体仁，足以长人"（《易经·乾卦·文言》）。《大学》开篇就说："大学之道，在明明德，在亲民，在止于至善。""明德"就是人的"仁"。一言以蔽之，就是自觉觉人。光你一个人能够成就的事情很少，要希望大家都能够提升，都能够觉悟。最后大家一起提升了，就"止于至善"了。"止"，不是停到一个固定的地方；如果停住了，不再发展了，那就不是至善了。所以，我们要常常这样想，以今日之我跟昨日之我挑战，还要不断突破自己过去成就的境界。水一旦流下来，就一直停不下来。大江东去，奔流到海，永远不会止息。故子在川上曰："逝者如斯夫，不舍昼夜。"

(《论语·子罕》)水一路曲曲折折地流着,遇到阻碍,可以冲过去或者绕过去,最后奔流到大海之中。

《易经·乾卦·文言》称:"能以美利利天下,不言所利大矣哉!"一个人做了很多事,人家还不知道是他做的,他更不会经常夸耀自己做了什么,这才是伟大的境界。"不言所利大矣哉",就是"水善利万物而不争"的精神。所以,水的"利万物"与"不争"的特质与效用,很值得人去效法。

"处众人之所恶",是说明水"就下"的特性。在《论语》中,子贡曰:"纣之不善,不如是之甚也。是以君子恶居下流,天下之恶皆归焉。"子贡说,商纣没有那么坏吧,后来之所以被人传得那么坏,是因为人们把天下的坏事都归到他头上了,所以,君子要憎恶处在下流的位子上。大海就处在下游,所有上游来的垃圾,大海都要承受。就像以前台湾地区戒严时期,警察有时候逮到一个嫌疑犯,就对他说:这样吧,你反正得死,其他那些还没破的案,你就也承认了吧,我们会对你的后人好一些。嫌犯一想,一次枪毙也是枪毙,十次枪毙也是枪毙,最后就都认了。对警察来说,很多案子就因此而结案了。可见,君子之所以恶居下流,因为人一旦居了下流,其他很多人的恶,就都归到这个处下流的人身上了。这在社会上就构成了一个"阴沟效应"。你看,我们人生很多阴暗面不都是这样产生的吗?有时候,我们有一些东西本来已经够脏了，可是一想，即使再脏一点也没关系吧。有的人认为，反正自己已经犯错了，那就继续错下去吧。抹黑一次是脏，抹黑十次还是脏。弗洛伊德说"很多人因为罪恶感而犯罪"，就是这个意思。

为什么地藏王菩萨要去地狱度人？因为他认为地狱的众生太苦了，更需要服务。哪里肮脏，哪里龌龊，哪里残酷，他就去哪里服务。所以，他的做法也像水一样，很接近道的标准了。

下面，老子一连讲了水的七个善，这让我们对老子有一点儿刮目相看了。说明老子不只有冷智，还有热肠，他在一些地方还是很积极，也强调要掌握时机、时势。我们几乎都要以为他是儒家了，绝不存在任何消极无为的态度。

"居善地"，"居"是固守之意。固守自己所悟的道，善于选择地方。固守大道，是为了遏恶扬善。这句话的主语，就是从水的特性里领悟道的人。人生要行善，一定要找一个地方去施展，即要建立起一个自己的平台。人的自性，本是"不生不灭，不垢不净，不增不减"（《心经》）；无丧亦无得，行善要有地方，因为水从高处趋下，一般人认为污秽或污浊的地方，反而正是一个人可以施善行的地方。你看很多志愿者到医院去服务，天天看到的都是人生最悲惨的事情。我们有时在那种地方待几分钟,都待不下去。志愿者为什么能够天天待在那里,且始终心平气和地服务?因为对他们来说,那里就是"善地"。

"心善渊",心思善于深沉静默。"渊",指深不可测。社会也是一个万丈深渊,是罪恶的渊薮。有些人城府好深,说明他的心像"渊"一样无法测度。老子在第四章已经讲过:"渊兮,似万物之宗。"人的心绝没有那么简单。我们常说,要让自己的心处于渊深静默状态,就是指当人在考虑事情时,要能够想得很深入。人不要动不动自以为是,对于每个人来说,修心是人生必修的功课。为了修得清净心,让自己面临事情时沉得住气,就要少思寡欲。

"与善仁",与人交往时,善于表现爱人之心。"与"也是布施的概念,有与人交往的意思。施比受有福。"仁"就是爱人,即人最初的真心。"君子体仁,足以长人",不然人怎么会愿意布施呢?帮别人忙不一定要用钱,很多方式都可以,譬如法施、无畏施,那都叫"与"。这就是不为了私利,且有具体利人的效果,就像水一样。

"言善信",言谈要善于守信。"人言"为"信","信则人任焉"(《论语·阳货》),儒家也特别强调信。从小信到大信,说话都要算数。"言"是非常正式的讲话,一定要想着能够兑现。人一旦有诚信,就能够深孚众望,你就可以创造很多的价值。即使你眼前没有任何东西,人家也会帮助你，因为别人相信你有未来。所以，领导人尤其要慎言，因为你讲了，就要兑现的；不兑现的话，就会让曾经支持你的人们失望。

"正善治"，为政善于处理事情。"政者，正也"（《论语·颜渊》），"治"就是治国平天下的"治"，有"平"的意思。水怎么晃荡，如果没有外界干扰因素，就一直是平的。所以，人们测量什么地方平不平，就使用水平尺这种工具。人管理事情也要公平，所以说是治国平天下。"政者，正也"，搞政治的领导人，自己就是一个标杆。名正了就言顺，言顺了就事成，你正己，就可以正人。做事情公平，你就是一个指标。

"事善能"，做事善于达到效果。能够做事的人，是一个能者，有本领的。"能"就是《易经·坤卦》的概念。《易经·系辞上传》说"乾以易知，坤以简能"，乾是无所不知，坤是无所不能。"能"，《说文解字》称："熊属，足似鹿，从肉，㠯声。能兽坚中，故称贤能；而强壮，称能杰也。"可见，"能"本来是一种像熊的动物，为了练到钢筋铁骨，什么都可以承受。我们说一个人很有能耐，代表有坤卦那种功夫。"事善能"，一般人大概不会想到这是道家的想法。不仅不消极，还很精进。在道家看来，做事情，能力不行是不可以的。半吊子水平，怎么能在社会上混呢？而且同样的人，高手处理问题，解决那种特别难的问题，两三下就迎刃而解了，像庖丁解牛。所以，你要是不能，千万别逞能。

"动善时"，行动善于把握时机。在采取任何行动的时候，要辨识时机、时势。时机没有成熟之前，如果你擅动了，就是死路一条；而如果错过时机，你才行动，也是死路一条。

从水的七个善说明老子是积极任事的。前面的"居善地，心善渊"，告诉我们内心修为要够，考虑任何问题，不要考虑得那么肤浅，还要"与善仁"，即有爱心。"言善信，正善治"，由内而外，老子这一套，也可以用于治国平天下了。

"夫唯不争，故无尤"，"尤"就是怨恨、指责之意。"不争"，这又是《易经·谦卦》的概念，即谦让不争，最后得善终。可见，对于谦德的呼唤，一直在《道德经》中不断出现。人生就是要修谦德，端看你怎么做，才能修得到。人要是有"谦"德，其结果一定是天地人鬼神都能实现吉祥。

人经过前面的修为实践，最后就可以做到不争，也真可以得善终。所以，老子最后笃定地说："夫唯不争，故无尤。"人人都希望自己处在无怨无尤的心态下，既不怨尤人，也不被人怨尤，这多令人满意。实际上，这是很难做到的。因为有争执，就会产生"尤"，人一旦争不过别人，不会怪自己不行，而是生别人的气。人一生气，就怨天尤人。有人参加球赛输了，不承认自己技艺不精，就怪手脚受伤、天气不好等，什么理由都来了。这就叫"尤"，一副咬牙切齿的样子，什么都归罪于别人或别的原因，就是不肯自己承担过错。人一旦有"尤"，对于人生的胜负，就更有竞争之心了。如果这一次没争赢，下一次就加倍努力奉陪，所以，人心的"尤"是很可怕的。

另外，"尤"还含有一种任何人不能避免的嫉妒心，这是人性的"八恶"之一。人对于某些天生的"尤物"，对于别人某方面特别出色的才能，如果自己做不到，他就嫉妒。某位女生怎么可以长得这么漂亮？某位男生怎么可以如此杰出？人一旦产生这种"尤"的念头，他的心就掉进地狱了。等哪一天你发现，你的某些特质让很多人"尤"了，你应该感到"高兴"，因为，不招人嫉是庸才。但是，这个"尤"，就是人际无尽风波与争执的来源。

人在职场、官场、商场，都要好好修行。人到了高位，千万不要因为你的尤、你的怨，就随便树敌。如果那样，等到将来你退休了，你就完了。所以，为了实现人生最后的"无尤"，当你还在掌权的时候，千万不要树敌；虽然在位时人家动不了你，一旦你退位，人家就可能要整你了。

对于"尤"，当然还有深一层的意思。当你在职场志得意满时，你的光芒不要太灼人，要"挫其锐，解其纷，和其光，同其尘"，否则，你会成为被打压的对象。不仅没有办法正面影响这个社会，还可能成为众矢之的。有时候，即使你比人家高明，也必须修谦德，才不被人家"怨尤"。如果你成就比人家大，太太也比人家漂亮，钱也比人家多，位置也比人家高，还天天招摇，这不是招打吗？所以，得了便宜不要卖乖，要保有谦德，收敛自己的锋芒，不然，你所招致的"尤"，不知道有多可怕！

"夫唯不争，故无尤"，只有不相与争，所以才没有怨尤。这是老子的结论，告诉人们要心胸开阔，想得远，要学会调节自己怨尤的情绪。

第九章

持而盈之,不如其已。揣而锐之,不可长保。
金玉满堂,莫之能守。富贵而骄,自遗其咎。
功成身退,天之道。

【白话】

持守太多,进一步就过满了,不如满之前,赶快停止。器具锤击,打磨得太锐利了,容易折断,反而不易长保锋利。

金银财宝堆满家中,没办法守得住。富贵了还以此骄人,就自己遗留祸患了。

大功告成,急流勇退,这才合乎自然的道理。

【解析】

"持而盈之,不如其已","持",持守;"盈",满溢。持守太多,进一步就过满了,不如满之前,赶快停止。这里老子是以盛水做比喻,说明任何事情持盈保泰很难,由泰极到否来反而来得快。依常理来说，当人已经拥有某些东西时，他会想办法持守住，希望永远维持，不希望得而复失。而且，我们往往担心自己拥有的东西太少，期望拥有更多，这就容易"盈"。人心也是一样，像骄傲就是一种心态上的"盈"。为什么《易经》说"亢龙有悔"？因为"盈不可久也"。东西已经装那么满了，还要再往上加，不就爆掉了吗？人心不足蛇吞象。所以，《易经》说"莫益之，或击之"，不要一心想为自己获益，否则打击从哪里来都不知道。一个人一辈子该得到的名和利，可能都是有定数的。如果超过了，就会倾覆，最后连本带利都丢掉。老子说"不如其已"，就是警告这些人，赶快停下来。千万不要让贪心的欲望膨胀，恰到好处就行。

"揣而锐之，不可长保"，"揣"，锤击。器具锤击打磨得太锐利了，容易折断，反而不易长保锋利。这两句是以打磨器具作比喻。我们要打磨一个利器，都想使之更尖、更锋利。实际上，更尖、更脆弱，很难保持锋利。

"揣而锐之"就是"挫其锐"的反面。但是，人往往不愿意"挫其锐"。人的欲望，往往是获得了，还要更多，赚了钱，还想赚更多的钱。想办尽法，让自己更有锋芒、更犀利，结果给自己带来了灭亡。像秦朝丞相李斯被腰斩前，对他儿子说："吾欲与若复牵黄犬俱出上蔡东门逐狡兔，岂可得乎？"（《史记·李斯列传》）

"金玉满堂，莫之能守"，金银财宝堆满家中，没办法守得住。人拥有的金银财宝太多了，一方面会遭到他人的觊觎，另一方面，自己也会因为生活奢靡，以致最后败光。所以，一个人拥有再多的财富，也不能一直保有。常常是创业者留下金山银山，守业者就败光光。

"富贵而骄，自遗其咎"，富是有钱，贵是有势。富贵了还以此骄人，就是给自己遗留祸患。如果人富贵了还骄傲，不仅是给自己，甚至还会给自己的亲人留下无穷的祸患。这完全不能怪别人，是自找的，就像《易经·解卦》所说的"负且乘，致寇至""自我致戎，又谁咎也"？你要怪谁呢？"咎"还会传下去的，遗祸无穷。你的富贵已经让人羡慕了，而你还在夸耀，那就是找死了。我的老师常常说"肉要埋在饭底下吃"，这样才香。不要得了便宜且卖乖。

"功成身退，天之道"，大功告成，急流勇退，这才合乎自然的道理。这就像四季循环一样，夏天不会赖到秋、冬，该退就退。"功成身退"，又有《易经·遁卦》的概念，人如懂得"遁之时义大矣哉"，功成了就会退隐山林，不再自惹麻烦。

老子这一章是劝告世人莫贪财宝、莫恋富贵，要学会功成身退。这个阶段结束了，就要带动下一个阶段的开始，或者下一代接着再跑，不要让自己的欲望无限膨胀，或者恋栈。要认识到，不管离开谁，地球都照转，不是什么事都非你不可。同时还要因为自己的带动，能够启发下一代，甚至比你做得还好。你的阶段终了，启动了下一阶段的开始，这个是无私。然而在现实中，很多人自己这一圈跑完了，他不会想让下面的人开始，或者不想让出位置，给下面的人机会，还想再跑第二棒。他心里大概在想，我结束了，大家都应该结束了，下面的人不会再比我干得精彩了。

从《易经》的角度来说，《说卦传》有一段话说得很有道理：

帝出乎震，齐乎巽，相见乎离，致役乎坤，说言乎兑，战乎乾，劳乎坎，成言乎艮。

"帝出乎震"，开始跑；"齐乎巽"，然后发光了；"相见乎离"，你不是一个人干；然后"致役乎坤"，你卷起袖子，也跑下去，为大家服务。"齐乎巽"，就是提示你不要太标榜、凸显自己，不要变成别人的"尤"，要跟大家一样。参加团体，绝对没有特殊化。"齐"有"平等"之意，"巽"有无形低调之意，这样才能合作更加顺畅；下面你就"相见乎离"，这个世界不是只有你，离卦代表网络，大家都在网中，都要发光的；"致役乎坤"，大家都来服务；然后是"说言乎兑，战乎乾，劳乎坎"；最后要收了，就叫"成言乎艮"。这就是"终万物，始万物"，推陈出新。"艮"代表退，只有退才能让下面的往前发展得更好，才能够再"帝出乎震"。乐曲终了曰"成"，已经曲终了，要收了，就要换一个调子了，让下一支新曲谱出来。

第十章

载营魄抱一，能无离乎？
专气致柔，能如婴儿乎？
涤除玄览，能无疵乎？
爱民治国，能无为乎？
天门开阖，能为雌乎？
明白四达，能无知乎？
生之，畜之。生而不有，为而不恃，长而不宰，是为玄德。

【白话】

人承载着精神与形体，抱守住道，能够不离开吗？
听任精气尽力达到柔弱，能够像婴儿那样吗？
洗涤心灵，消除杂念而明澈如镜，能够做到没有瑕疵吗？
爱护国家，治理百姓，能够无所作为吗？
天赋的感官开开合合，能够守住安静柔弱吗？

明白通达事情，能够不用智巧吗？

道生长万物，养育万物。生长万物却不占有，养育万物却不仗恃己力，让它自然生长却不主宰，这就是最高的德。

【解析】

"载营魄抱一，能无离乎"，人承载着精神与形体，抱守住道，能够不离开吗？"载"，装载、抱守；"一"，就是道，而道具有整体性。我们人短短几十年的生命，不就是装载着灵魂与形体往前行吗？"魄"，指我们的身体、形体，即我们的肉身；"营"，指灵魂。魄是比较偏重体魄，指物方面的，肉身方面的；魂，比较偏精神方面的。可见，"魂"跟"魄"的概念不一样，我们常说一个人失魂落魄，可以说是形神俱散。

人既有精神，又有肉身。从小到大，我们就带着"营"跟"魄"，即精神跟肉体，去闯天下。那么，我们平常就要注意重视让精神与肉体相统一，即让身心和谐。但是，多数人的精神与身体容易分开。譬如，精神上有时候还有一些良知，告诫自己这个不可以做，那个不要动，由于受欲望驱使，肉身却不听话，明知是错的，偏偏还去做。这就让人陷于挣扎和苦恼中，精神与形体就分裂了，时间久了，就有"病"了。当然，人也不要过分重视精神层面的东西，而不重视身体，长此以往，身体也会出状况，何来的精神呢？

所以，老子希望我们的身心能够"抱一"。我们把持住，按照道家的修为，让身心成为一个整体，千万不要分离，尽量保持和谐。要知道，我们一生下来就负担着魂、魄往前行。只是一般人没有办法让精神与肉体完全合一，很多时候有分离的倾向。精神离开肉体或者肉体离开精神，都很可怕。有时候肉体的病痛，会造成精神的不舒服；有时候精神的不振，绝对会让你身体生病。现代医学上，有所谓的身心疾病这一概念，即身体的病症，往往是因为心理或精神的疾病引起的。

在这一章一开始，我们好像在走进道家鼻祖老子的健康诊所，他先让你填一个问卷。第一个问卷是："载营魄抱一，能无离乎？"即你的身与心灵，有没有经常不能合在一起而各行其是啊？各行其是就是离。"载营魄抱一"，意味着整个人生过程中，都始终保持身心灵的平衡，我们才有一个健康快乐的人生。但是，多数人在人生的很多阶段，营、魄不能合一，常常充满了天人交战的不和谐状态。有时候，我们的身体已经非常疲倦了，可是还要打游戏、玩手机，不肯休息，搞得很累。其实这就是在折磨肉体的同时，同样也在损耗你的精神。可见，道是一个整体，抱守住道，从道来看一切，就不会有偏差的想法，营、魄能抱一，就可以避免很多与别人、与自己的"交战"了。

"专气致柔，能如婴儿乎"，听任精气尽力达到柔弱，能够像婴儿那样吗？"专"，有听任的意思；"气"，指精气、血气。"致柔"，是说一般的柔还不行，还要把这个顺势用柔发挥到极致，达到柔克至刚，天下无敌。"能如婴儿乎"，婴儿是一个具体而微的、最好的柔弱状态，具备纯朴、无知、柔软等特性。老子很喜欢用婴儿比喻悟道者的表现，有原始纯朴、柔顺的意象。例如，在第二十章有"我独泊兮，其未兆。沌沌兮，如婴儿之未孩"，在第二十八章有"常德不离，复归于婴儿"。

像我们成人，一般身体都很僵硬，平时脸部表情都绷得很紧，精神面貌方面，一副咬牙切齿、苦大仇深的样子。婴儿表情绝不这样。所以，老子要我们如婴儿般返璞归真。其实，不光道家，很多人都向往婴儿的意象，因为那是人最痛快、最无忧无虑的境界。老子特别重视柔弱，柔弱是道的效用，柔弱胜刚强，柔弱才长生。婴儿童真无邪，没有私心，两只眼睛透明透亮，看得成人都有一点自惭形秽。

"涤除玄览，能无疵乎"，洗涤心灵，消除杂念，明澈如镜，能够做到没有瑕疵吗？"玄览"，是指心体玄妙，能察知万物，在此，比喻心灵明澈如镜。"疵"，就是瑕疵、漏洞之意。"览"就是观察的意思，就是我们怎么看世界、看人更清楚。要怎么样才能达到"玄览"呢？即看事情跟别人不一样，看得透明透亮，抓到那个核心的真相。那你一定要把欲望、习气、成见洗涤、消除干净。即"致虚极，守静笃"，清心寡欲，修到清净心。我们的身心灵一直受到污染，把它洗干净，把坏的毛病消除掉，才有可能"玄览"。但是，这个功夫做得不一定精纯，也有些人还不能够完全做到，表示还有破绽、瑕疵。

"爱国治民，能无为乎"，爱护国家，治理百姓，能够无所作为吗？你看老子又把修身之道从内圣推到外王方面了，他似乎不是不关心政治的。少犯错，不要做一些无聊无谓的动作，那你就可以做很多充满了创意的大有作为的事情。

"天门开阖，能为雌乎"，天赋的感官开开合合，能够守住安静柔弱吗？"天门"，指耳目口鼻等感官。耳是声音的门，目是色的门，口是饮食言语的门，鼻是气味的门。道家重柔，即"利牝马（母马）之贞"。不要争雄，反而要居后、包容。一般人不甘雌伏，总是希望雄起。雄起之后，可能也是一场空。

"雌"，原指母性，这里比喻安静柔弱，就是柔顺的表现，而不是阳刚的表现。老子说过"知其白，守其黑"，这里就要你"知其雄，守其雌"。阴阳两仪之中，你要懂得用柔的方式，我们做不做得到，是否扮演得好呢？如果扮演得好，够柔顺、够包容、够柔软，你就会让你的天门该开就开、该合就合。

"明白四达，能无知乎"，明白通达事理，能够不用智巧吗？人要四处通达，可不是靠我们一般的知识，甚至是自以为是的智慧，就能做到的。道家就强调"无"、强调"虚"，意在提醒人，当你有了什么东西，你要是执着、仗恃那个东西，就会变成你往高层次精进的障碍。有知识，就有所障，学什么被什么卡死，你看婴儿是无知吧？也没有那么多机巧的东西，可是，他就有那么精妙的表现，像有特异功能似的。所以，老子强调人不用智巧，去掉成见，消除自以为是，才能够明白四达。如果一天到晚有知识的傲慢，看不起一般人，你就什么都不知道，因为你根本不认识自己。

庄子很明确地表示要我们抛掉"知"，他说："吾生也有涯，而知也无涯。以有涯随无涯，殆已。"（《庄子·养生主》）《易经·系辞上传》称"易简而天下之理得"，婴儿就够"易简"，有修为的人就够"易简"。化简为繁的人，就不易简，结果什么也没懂。

"明白四达"，不管是从精神，从身心，从各方面讲，都是一样四通八达，这个不是靠我们世俗的知识与聪明就能实现的。一般人是聪明反被聪明误。佛教批评一般世间的小聪明，就叫"世智辨聪"，不属于生命的大智慧。

"生之，畜之。生而不有，为而不恃，长而不宰，是谓玄德"，道生长万物，养育万物。生长万物却不占有，养育万物却不仗恃己力，让它自然生长却不主宰，这就是最高的德。

"畜"，有养育的意思。道家最伟大的理想在这里就展现出来了。一般人的心理，是自己花了那么多精力、财力，去"生之，畜之"，当然要占有、控制。

"长而不宰"，譬如养育孩子，从幼小阶段慢慢悉心呵护，让他长大，不要用自己的意志去主宰、影响他。老子这是要人把心放宽，"生之，畜之"是我们的责任。但是，一定要做到"生而不有，为而不恃，长而不宰"。孙中山先生创立了中华民国，但他没有要去占有，"总统"职位可以让出来。这样的德行一定是超凡脱俗了，哪一个人做得到？但是，人就是爱控制、爱主宰。生了，就想占有，甚至，不按照自己的意志办，还要把它毁灭。

这一章的智慧，大可以运用到治国、平天下，小可以养生、养心、养灵、养气。养生和治国在某种程度上来说是一个道理，只是小宇宙与大宇宙的区别。

第十一章

三十辐共一毂,当其无,有车之用。
埏埴以为器,当其无,有器之用。
凿户牖以为室,当其无,有室之用。
故有之以为利,无之以为用。

【白话】

三十根辐条都汇聚在车毂上,因车毂空虚得当,才产生车子的作用。

糅合黏土做成各种器具,恰恰因为器具中间的空无,才能形成器具的效用。

开凿门窗,造成房屋,恰恰因为房屋中间是空的,才有居室的用途。

由此可知,"有"带给人的是便利,"无"带给人的是发挥作用。

【解析】

"三十辐共一毂,当其无,有车之用",三十根辐条都汇聚在车毂上,就因车毂空虚得当,才产生车子的作用。"辐",是车轮中连接轴心和轮圈的木条。"毂"是指车轮中间的圆孔,即车轴,从那里辐射出三十根辐条到车圈上。"当",有刚刚好、恰当的意思。"当其无",即"无"得恰到好处。

整个车子,最主要就是辐、毂构成的轮子,中间的毂是空心的,这样辐条才可以插进来,装到里头。如果毂本身都不能接榫辐条,就没办法形成车圈。这就是道家标榜的虚空与无形的妙用。领导人的内心,也要像"毂"那样虚空,不要一天到晚做这个、做那个,任何一个边缘的信息传过来,都要虚心承纳,还要接上整个运转的中枢,才不会"舆说(脱)辐"(《易经·小畜卦》)。

"埏埴以为器,当其无,有器之用",糅合黏土做成各种器具,恰恰因为器具中间的空无,才能形成器具的效用。"埴"指黏土,"埏"指和泥土。譬如,用泥烧制的碗、罐、缶、缸,中间都是空的,这样才可以装水、装食物等。如果中间不空,啥也不能装。所以,老子还是强调那个"无"的用处要比"有"大得多。

"凿户牖以为室,当其无,有室之用","户牖"指门窗。开凿门窗，造成房屋，恰恰因为房屋中间是空的，才有居室的用途。"凿"指开凿。因为古代北方造的房子就像窑洞，把里面挖空了，才能形成居室，门窗都是开凿出来的。有时候，想想我们在都市中，花了几百万买的房子，里面不都是空的吗？开发商其实就是卖空间给我们，如此才有居住的功能。

可见，老子发现很多东西都是因为"无"才会产生"有"的用，就形而上的"道"而言，"无"是体，"有"是用。

"故有之以为利，无之以为用"，由此可知，"有"带给人的是便利，"无"带给人的是效用。"利"字，就是"禾""刀"组合而成。秋天到了，人拿着镰刀去割取禾苗长成的谷物，这就叫获"利"。就形而下的"器"而言，"有之以为利"是末，"无之以为用"才是根本。那个"用"字的造字，就是一个网状脉络的象。"有"是从"无"中来的，没有那个"无"，就不可能有这个"有"。

我们讲"用"的含义，是指用柔，因为跟"无"有关。"利"的内涵，是指你自己有多少资源，就直接拿去用，不要跟别人借，赚了都是你的。

"有之以为利"，我们所看到表象的东西，都是有之以为利，像有钱。如果哪个国家所印的钞票没有那个"无之以为用"的信用作为保障，那根本就是纸。可是，诞

第十一章 | 073

生"有之以为利"的，恰恰是"无之以为用"。

这些道理一般人是都懂的，问题是做到不容易。我们读它的时候，边读边点头，一到做的时候，比谁都糊涂。碰到"有"的层次，就短视得不得了。我们说，道家思想可以用于养生与治国，《易经·颐卦》就可以涵括。我们看，《颐》卦的象，中间不就是空的象吗？假定中间都满了，那就离死不远了，就该是大过卦了。

第十二章

　　五色令人目盲；五音令人耳聋；五味令人口爽；驰骋畋猎，令人心发狂；难得之货，令人行妨。
　　是以圣人为腹不为目，故去彼取此。

【白话】

　　过多的颜色让人视觉不明；过多的音调让人听觉不灵；多种味道让人味觉丧失；纵情于骑马狩猎，会让人内心狂乱；珍稀的货品让人心生挂碍。
　　因此，悟道的人只求吃饱就好了，不求官能享受，所以摒弃物欲诱惑，重视内在满足。

【解析】

　　"五色令人目盲"，过多的颜色让人视觉不明。"五色"，指红、黄、蓝、白、黑，代表多种颜色，再多的色也是由五色变化而来的，总之是视觉的呈现。这里的"目盲"，不是说让眼睛真的看不见了，意思是看不明白、看花眼了。孔子说过"视思明"(《论语·季氏》),即看东西,就是要看得明白,能看到细微处,能看到细小处,甚至是见微知著才叫"明"。"有眼不识泰山",就代表人的心思迟钝了,看人非常表面。所以,色相本来不迷人,是人自迷,就没有办法了。太多的色彩让你眼花缭乱,反而没有办法让人真正去分辨,岂不是瞎了一样?

"五音令人耳聋",过多的音调,让人听觉不灵。"五音",指宫、商、角、徵、羽,引申为多种音调,再多的音也是这五种音调变化而来的。孔子说过"听思聪"(《论语·季氏》),听就要听得灵敏,相反,心思麻木,只能听而不闻了,因为已经分辨不出构成音调元素的差别了,跟聋人一样。这都是由于人的心思一直往外追求感官刺激的缘故,像"虎视眈眈,其欲逐逐"(《易经·颐卦》)一样,而失去人与生俱来的灵性。

"五味令人口爽",多种味道让人味觉丧失。"五味",酸、甜、苦、辣、咸,代表多种美味。再多的口味,也是这五种味道变化而来的。"爽",差失;"口爽",就是指口感有偏差了,也代表味觉迟钝了。因为太爱刺激性口味,最后食而不知其味,没有办法分辨味道的细微差别。西晋时期有一位开国元勋何曾,特别讲究馔肴的味道,每日不惜花费万金,孜孜以求美食。即便如此,他仍然感到味道不佳,说无下箸处。其实,真正的味道,是需要用舌头与心灵去品味的,正如孔子说:"人莫不饮食也,

鲜能知味也。"(《中庸》)

"驰骋畋猎，令人心发狂"，纵情于骑马狩猎，会让人内心狂乱。"畋"，打猎。现代社会的汽车拉力赛，就类似古代的"驰骋畋猎"，赛车手追求的也是那种疾速的快感，同样令人心发狂。电影《速度与激情》中的一个演员，就是年轻的赛车手，后来不就是因为赛车而死掉了吗？上帝欲让人死亡，必先令其疯狂。心发狂，就会放荡，终至没药可救。

"难得之货，令人行妨"，珍稀的货品让人心生挂碍。"难得之货"，可能是古董、珠宝等，总之是世间少有。有些人还要追求倾城倾国的美女，这也叫"难得之货"，有一个专有名词，就称之为"尤物"。在很多情况下，人都有求不到的"难得之货"，那是不是就有佛家所谓的"求不得苦"？这让我们人生的行事一点儿也不自在。《心经》说："心无挂碍，无挂碍故，无有恐怖，远离颠倒梦想，究竟涅槃。"由于对那个难得之货的贪求，我们心里的挂碍就多得不得了。其实，即使你求到了之后，等到你不在人世时，这一切还会是你的吗？"令人行妨"，难得之货确实让我们的行事不自在，给自己制造了很多的挂碍。

人生不就是这样吗？从人的眼、耳、鼻、舌、身、意来谈，"五色令人目盲；五音令人耳聋；五味令人口爽；驰骋畋猎，令人心发狂；难得之货，令人行妨"，都指过分追逐欲望而不知节制，最后都会适得其反。

我们看《孟子》一书中，孟子见齐宣王那一段，齐宣王向孟子坦承"寡人好色、寡人好勇、寡人好货"。孟子就说，如果你好那些的话，要知道一般小老百姓也好那些，所以你既然是王者，就不要太自私，只想着自己爽，你应该让"内无怨女，外无旷夫"，还要开放王室动物园，让老百姓都可以游玩。总之，要与民同乐才对。人的欲望不就是这些吗？声、色、犬、马、难得之货。

"是以圣人为腹不为目，故去彼取此"，所以，老子了解到人这么多欲望以后，就给我们一个衷心的谏言，要效法悟道的圣人"为腹不为目"，即只求吃饱就好了，不求官能享受。所以，人要摒弃物欲诱惑，重视内在的满足。吃饱肚子比较实惠，别想那么多。"腹"，也比喻内在；"目"，就是外求。"彼"指那种往外追逐的欲望。要把那种"虎视眈眈，其欲逐逐"的念头打消，因为人永远不会真正满足。人生不要贪心、不知足，不要想很多花样来折腾。重视内在的生活与身心的自在最实际，这才是老子的清心寡欲、质朴宁静的思想。

说起"难得之货，令人行妨"，总统大位也是"难得之货"，不少人为了那个大位，魑魅魍魉、牛鬼蛇神，一起出动，心中都牵挂着这个位子。《金刚经》说："若以色见我，以音声求我，是人行邪道，不能见如来。"所以，人要超越这个色、音、声，那就可以做到"无眼耳鼻舌身意，无色声香味触法"（《心经》）。

第十三章

宠辱若惊,贵大患若身。

何谓宠辱若惊?宠为下,得之若惊,失之若惊,是谓宠辱若惊。

何谓贵大患若身?吾所以有大患者,为吾有身;及吾无身,吾有何患?

故贵以身为天下,若可寄天下;爱以身为天下,若可托天下。

【白话】

得宠与受辱身惊,因畏惧而重视大祸患也身惊。

为什么得宠与受辱都让人受惊呢?因为,得宠也不好,得到荣宠像是受到了惊吓,失去时也像是受到了惊吓,这就叫得宠与受辱都身惊。

为什么重视大祸患也身惊呢?我们之所以有大的祸患,是因为我们拥有这个身体;等到我们没有了自我的执着,我们还有什么祸患呢?

所以，能够重视为了天下人来奉献自我的人，才可以把天下交付给他；能够为了慈爱天下人来奉献自我的人，才可以把天下托付给他。

【解析】

"宠辱若惊，贵大患若身"，这两句是老子引用的古语。即得宠与受辱都身惊，因畏惧而重视大祸患也身惊。"宠"，荣宠、尊崇，这里指得宠。"辱"，羞辱、屈辱，这里指受辱。"若"有"乃"的意思，相当于口语中的"就"。"若身"，就像觉得直接就上身了，感觉非常逼真。由于"大患"对人的侵扰，所以人都很重视避开，希望跟它保持距离，希望这一辈子安安乐乐，不要碰到这些事情。

"贵"，有畏惧之意，这里有因畏惧而重视的意思。越没有自信的人，就越在乎人家的看法，越在意别人的批评与褒奖。有信心的人，根本不在乎这一套。要知道这个惊吓会让人死多少脑细胞，你看《儒林外史》中，范进中举，差一点儿成了精神病。

老子发挥他的人生经验的看法，说人怎么会这么没有出息呢？人家尊宠你、羞辱你，你就失去平衡了，怎么没有一点儿定力呢？孟子说"赵孟能贵之，赵孟能贱之"，你的荣与辱都是别人给的，没有自主性，很靠不住。范仲淹在《岳阳楼记》里就说"宠辱偕忘"，他又说"居庙堂之高则忧其民,处江湖之远则忧其君",你在朝堂居高位,好好干;你在基层民间,照样好好干。

得宠与受辱,是困扰人一辈子的苦痛。佛教讲修菩萨行,还要修忍辱,忍辱才能精进。包羞、忍辱才是男儿。"包羞",这是《易经·否卦》第三爻,是老子所说的"宠辱若惊"的"辱",到了一个相当难堪的地步了。

一般人小患都受不了了,大患更是很难以忍受。因此我们都怕遭遇大患,希望趋吉避凶,所以,我们把大患看得很重。没有特殊修为的一般人,大患对他的身心会产生很大妨碍;对于抗压性弱的人,甚至会影响到他的精神健康。我们一生中一直小心翼翼,希望自身不要沾惹上大患。过马路,坐飞机,参与人群种种活动,都不希望某个大患发生在自己身上。这种心态就是"宠辱若惊",人家宠我们,人家辱我们,我们在意得不得了。总之,人始终在意的都是自己小小的身。佛教讲财布施、法布施,还讲无畏施,可是人生种种的恐惧,多得不得了,贯穿我们的一生。有些人还忧谗畏讥,有人说自己坏话,有人讥刺自己,就在意得要死。

"何谓宠辱若惊?宠为下,得之若惊,失之若惊,是谓宠辱若惊",为什么得宠与受辱都让人受惊呢?因为,得宠也不好,得到荣宠像是受到了惊吓,失去时也像是受到了惊吓,这就叫得宠与受辱都会身惊。为什么人得宠时也不好呢？因为，得宠像是来自别人的赏赐，可能是因为别人欣赏你，也可能因为别人同情你。对于荣宠，人们往往误以为很美，未得之，患不得之；既得之，患失之。老子说，实际上根本不是那么回事。"得之若惊，失之若惊"，一直焦虑不安，那人岂不是要受苦两次吗？

"何谓贵大患若身？吾所以有大患者，为吾有身，及吾无身，吾有何患"，为什么重视大祸患也身惊呢？要知道，我们之所以有大的祸患，是因为我们拥有这个自我，等到我们没有了自我的执着，我们还有什么祸患呢？我们平时太自私，就是因为肉身的挂碍，如果我们连肉身都超越了，就没有这个包袱了，我们怎么还会患得患失呢？人一切的患都是从考虑自身开始的，从生下来到现在，我们都在为自身谋，要健康、要美貌、要高大、要强壮、要满足我们自身的种种欲望。如果没有"自身"，你有什么好烦的呢？《易经》让人止欲修行的卦，就是《艮》卦，其卦辞称"艮其背，不获其身"，就是让自己背对诱惑，远离烦恼之源，最后连自己的肉身都忘了。在《金刚经》中，这就叫"无我相"。可见，老子所说的"大患"，就是因为自身的需要与欲望。"无身"，不是说让你修到身体成为槁木，不食人间烟火了，而是超脱自身，即没有我相、我执。那时，自身已经不再成为烦恼、祸患的来源，没有分别心与执着的痛苦。若是平时为了要维持自身种种欲望的满足，去跟人家争抢，就给自己带来了很多的祸患。

"故贵以身为天下，若可寄天下。爱以身为天下，若可托天下"，所以，能够重视为了天下人来奉献自我的人，才可以把天下交付给他。能够为了慈爱天下人来奉献自我的人，才可以把天下托付给他。这个人可以寄予治国、平天下的重任，是因为这个人不自私，不把他自身的利益、自身的荣宠看得太重，他能够为天下众人服务，为天下人牺牲奋斗，这样，我们就可以把治理天下的重任交给他。

"爱以身为天下，若可托天下"，换句话说，他不拘泥于小我，超越小我，达到了大我。我们把治理天下的重任托付给他，因为这个人不只是在乎自身的利益，而是有服务大众的热诚，由超越肉身的小我而迈向大我。林则徐说"苟利国家生死以，岂因祸福避趋之"，这就叫"贵以身为天下"，他把关怀的对象放大了。

第十四章

视之不见，名曰夷；听之不闻，名曰希；搏之不得，名曰微。此三者不可致诘，故混而为一。

其上不皦，其下不昧，绳绳兮不可名，复归于无物。是谓无状之状，无物之象，是谓惚恍。

迎之不见其首，随之不见其后。

执古之道，以御今之有。

能知古始，是谓道纪。

【白话】

道没有色相，所以看不见，叫作"夷"；没有声音，所以听不到，叫作"希"；没有形体，所以摸不着，叫作"微"。道的这三方面都是无法穷究根底的，所以是浑然一个整体。

它外在显现得不光明，内在隐含得也不昏暗，不绝如缕的样子，没有办法形容，然后又回归于空无一物的状态。这叫作没有形状的形状，没有物象的物象，才称作恍恍惚惚的状态。

迎向它，却看不到它的头，跟随它，却看不到它的尾。

能够了解最早的开始，这称作道体运作的规律。

能够把握亘古已有的道，可以驾驭现在存有的一切。

【解析】

"视之不见，名曰夷"，"夷"，代表事物不凸显，让人看不见。说明道没有色相，所以看不见。

"听之不闻，名曰希"，"希"，表示声音很微弱，第四十一章"大音希声"即是。声音若有若无，所以听不到；或者声音很稀罕，听了也听不懂。

"搏之不得，名曰微"，"微"，表示细微不明显。像《易经·坤卦》称"履霜，坚冰至"，"履霜"就是"微"，显示的就是"坚冰至"的征兆和苗头。《易经·系辞下传》说"微显阐幽"，说的是幽微之处往往为人情所忽略，却可能决定人生的大事成败。"搏之不得"表示用手去捉摸，没有办法抓到。因为你摸不着，所以看不见，也听不懂。

老子用"夷、希、微"来描述道，暗合"道，可道，非常道"之意。人总希望诉诸一般身体官能去感知大道，那是不可能的，只有靠心灵去体悟。老子这是在讲道的不可思议，因为它没有色相、没有声音、没有形体。这一段对于后世的道家学者影响颇大，北宋的道家名士陈抟就被宋太宗赐号"希夷先生"。

"此三者不可致诘，故混而为一"，道的这三方面都是无法穷究根底的，所以是浑然一个整体。

"诘"，诘问、追究。"三者"，指"夷、希、微"。对于道体的"夷、希、微"三个方面，你也没办法打破砂锅问到底了。换句话说，道体是超越人的感觉与思考之外的，要靠人用生命去体悟，不是知识和一般的智慧可以解决的。

可见，很多问题问到最后、究竟的时候，反而无法言说了。因为，能言说的只是"名"，即概念。问上帝、问如来，都一样"不可致诘"，即用言语、概念，统统问不出来。

"混而为一"，"一"就是整体，这是"一"在《道德经》的第二次出现。"一"在此不是量词，是整体不可分割的意思。

"其上不皦，其下不昧，绳绳兮不可名，复归于无物"，它外在显现得不光明，内在隐含得也不昏暗。不绝如缕的样子，没有办法形容，然后又回归于空无一物的状态。

"其上不皦，其下不昧"，"昧"，昏暗的、昏昧的，代表看不清楚。"皦"，跟"昧"正好相反，是光明的意思。

谈到道体的时候，虽然知道没有办法说清楚，但人总要尽量尝试。所以，老子根据他对道的一些体验，大概给我们描述了这个混沌的整体。假定还能勉强分上下的话,那个外显的部分不是光明的,内在的部分也不是昏暗的。说道是光明的也不对,说道是昏昧的,也不对。

《论语·八佾》载孔子对鲁太师乐说:"乐其可知也。始作,翕如也。从之,纯如也,皦如也,绎如也。以成。"孔子这几句话,把音乐的道理讲得很清楚。"皦如",就是指某个交响乐各个不同的声部,不同的合奏里面每一个声部都清楚得很,绝对不会滥竽充数。所以最好合奏,除了要做到"保合太和"外,还要"各正性命"(《易经·乾卦》)。最好的团队,是每一个人的个性在里面都不受压抑,还发挥得好,不妨害群体,就像一首乐曲一样。然后"绎如也",即从头到尾就没断过。"以成",这个乐曲就结束了,就圆满了。

如果演奏某一种乐器,在整个乐团之中可有可无,或者进去之后,为了配合整体,而丧失了自己独有的音色,那都不对。所以要做到和而不流,"八音克谐,无相夺伦"(《尚书·舜典》)。

"绳绳兮不可名","绳绳",不绝如缕的意思。就像孔子讲"绎如也",就是从头到尾是不会断的。"名"是形容的意思。对于道体,人就没有办法给它一个恰当名称,没有办法去形容它。我们说,一个东西超越了形容,即"莫名其妙"。因为你面对的是道体,说它亮也不对,说它暗也不对,可是它就一直这么浩浩荡荡往前延续着。

"复归于无物",然后又回归于空无一物的状态。"无物",不是一无所有,只是不具备具体形象,却实际上又存在罢了。

"是谓无状之状,无物之象,是谓惚恍",这叫作没有形状的形状,没有物象的物象,才称作恍恍惚惚的状态。"惚恍",是在讲人的心理感受,代表模糊不清的状况。

"迎之不见其首,随之不见其后",迎向它,却看不到它的头;跟随它,却看不到它的尾。这里是老子对道体的形容。从时间上看,道体无始无终;从空间上看,它无所不在,无头亦无尾。这就有点像颜渊形容老师孔子的形象了:"瞻之在前,忽焉在后。"(《论语·子罕》)他追随老师多年,总觉得自己学得不错了,等到深入领会以后,发现自己跟老师相比还差得太远,根本是望尘莫及,老师的道已经超过自己所能接受的境界了。

"执古之道,以御今之有","执",把握的意思,"御",驾驭、管控。能够把握亘古已有的道,可以驾驭现在存有的一切。"执古之道,御今之有",有化繁为简、以简驭繁的意思。人一旦掌握到究竟真实的存在了,什么千变万化的具体事物就都没有问题了。因为道永远不变,可以管理得井井有条。这也是《易经》变易、不易、简易的道理。这就叫"执本御末"。"古之道"是本,"今之有"

是末。在这种情况下,没有古今,没有过去、现在、未来,《金刚经》云"过去心不可得,现在心不可得,未来心不可得",时空只是幻象,从整体来讲没有差别。这正如庄子在《齐物论》里面所说,最高的智慧就是"未始有物",即体会到从来没有任何东西存在过。

"能知古始,是谓道纪","纪",纲纪、规律。能够了解最早的开始,这称作道体运作的规律。故一定要追本溯源、原始要终,才能够控制全局。

"纪"也代表对一件纵横交织的事情、一个包罗万象的事物能贯通了解,知晓过去、现在、未来的发展。掌握到"纪",就如同掌握到"则"(法则),你的人生就不会那么杂乱无序。对"道纪"运用得好,什么事情都处理得漂漂亮亮;运用得不好,就会变成我们的包袱,束缚我们的一举一动。

"纪"很重要,在《孙子兵法·用间篇》有一个名词叫"神纪",出神入化,阴阳不测,就是"神纪"。孙子说:"五间俱起,莫知其道,是谓神纪,人君之宝也。"五种间谍(乡间、内间、反间、死间、生间)全部发动,灵活运用,能使敌人摸不清我方的行动规律,这就是使用间谍神妙的道理,也是君主克敌制胜的法宝。

人一旦掌握到"道纪"之后,就能有条不紊地处理事情,要言不烦地阐述问题,不会如一团乱麻般让人摸不着头脑。《易经·系辞下传》说："《易》之为书也，原始要终，以为质也。""原始"才能"要终"，任何事情都是有本末、终始的。

这一章，老子虽然是讲形而上的道理，其实我们可以作形而下的运用。你如果是一个善于解决问题的高手，一出招解决问题，对对手来讲，完全是"夷、希、微"的表现。"视之不见"，这是哪一招？让别人看不懂。等到对手记住你的招式，再去运用，下一次面对你时又变了。《孙子兵法》说"战胜不复"，即战胜对手，绝不用老招。有创造力的人，还会用固定的招式吗？所以，对方背下来也没有用。下一次出新招了，还是把对手撂倒。然后，对方都没有办法研究你的高深程度，因为"不可致诘，故混而为一"，问不到答案，这是一个整体的，如同常山之蛇，"击其首则尾至，击其尾则首至，击其中则首尾俱至"（《孙子兵法·九地》），就这么灵活。你打它任何的局部，都会招致整体反攻。

"其上不皦，其下不昧，绳绳兮不可名"是贯通一气的，不明不暗，不绝如缕。"无状之状，无物之象"，怎么对付？有形的东西才可以对付，无形的东西怎么对付？这就是道家"无物"的厉害，根本无迹可求。"迎之不见其首，随之不见其后"，你要怎么对付这种人？只有头疼了。

第十五章

古之善为道者,微妙玄通,深不可识。夫唯不可识,故强为之容。

豫兮若冬涉川,犹兮若畏四邻,俨兮其若客,涣兮若冰之将释,敦兮其若朴,旷兮其若谷,混兮其若浊。

孰能浊以静之徐清?孰能安以动之徐生?

保此道者不欲盈。夫唯不盈,故能蔽而新成。

【白话】

古代善于践行"道"的人,精微、奥妙、神奇、通达,其深度不是一般人可以理解的。正因为一般人没法理解这么高超的境界,所以勉强把他描述一下。

他小心谨慎啊,就像冬天渡过结冰的大河;他警觉戒备啊,就像防备四邻攻击;他尊敬庄重啊,就像做客人;他自在随意啊,就像冰块缓缓消融;他诚恳厚道啊,就像没有经过雕琢的素材;他胸襟豁达啊,就像幽深的山谷;他浑厚宽容啊,像混浊的水。

谁能透过混浊让它安静下来，慢慢澄清？谁能在安定中行动起来，让它慢慢展现生机？

保有这种"道"的人，不肯自满。正因为他从不自满，所以能够一直去旧存新。

【解析】

"古之善为道者，微妙玄通，深不可识"，古代善于践行"道"的人，精微、奥妙、神奇、通达，其深度不是一般人可以理解的。王弼的版本是"古之善为士者"，士大夫的"士"，指知识分子。"善为道者"，现在指有智慧、有修为的知识分子，也指一个在大道方面修得很好、践行得不错的人。这样有修为的人做事情，绝不会硬碰硬，搞得自己遍体鳞伤。

"夫唯不可识，故强为之容"，"强"，勉强；"容"，描述、形容。正因为一般人没法理解这么高超的境界，所以勉强把他描述一下。修道修得很好的人，给我们一个什么感觉呢？下面就是老子具体描绘的七种状况。

"豫兮若冬涉川"，他小心谨慎啊，就像冬天渡过结冰的大河。"豫"跟后面的"犹"连在一起，有犹豫之意。代表一个人做事情非常审慎，绝不鲁莽冲动。这不是心无定见，而是知道世事多艰难，所以不轻举妄动。如果要行动，一定是先审慎思量，确认立于不败之地之后，才下手。这也是孔子所说的"必也临事而惧，好谋而成"（《论语·述而》）。

"豫"，在古代本来是指大象。河南省简称"豫"，因为在远古时期，黄河中下游地区河流纵横，森林茂密，野象众多，河南被形象地描述为人牵象之地，这就是甲骨文象形字"豫"的根源与河南简称"豫"的由来。大象身躯笨重，在过结了冰的大河时，因河水结冰的厚度不足以支撑大象的体重，所以，大象在过河时有点小心、迟疑，不敢轻易冒险，这就是"犹豫"之意，是从动物的生态演绎而来的。人类受到这个启发，故在做事情的时候，都要先评估风险，审慎考量，以确保立于不败之地。

兵法教我们在打仗之前，也是要做最坏的打算，先评估最大的风险可能是什么，自己的承受能力如何，然后再做好一切预备。要像大象过结冰的大河一样，小心谨慎，不轻易涉险。

"犹兮若畏四邻"，他警觉戒备啊，就像防备四邻攻击。"犹"，是"犬"字边，指犹猢，像猴子，个头比较小，《水经注》称："似猴而短足，好游岩树，一腾百步，或三百丈，顺往倒返，乘空若飞。"在丛林之中，犹猢比较弱小，容易受到威胁，所以，它很审慎，能三百六十度观测风险，看看四面八方有没有敌人来攻击。像狮子与老虎在丛林里，就不一定会有犹豫的动作。所以，对人的立身行事来说，很多事情没正式做之前，一定要评估风险，小心谨慎。

要知道，畏惧本来就是生命的本色。《易经·震卦》就说"君子以恐惧修省"，第六爻《小象传》说："虽凶无咎，畏邻戒也。"这些都在告诫我们，人要常怀畏惧之心，不要胆大妄为，还要研究前车之鉴，不至于犯同样的错。世路难行，坎坷不断，小心虽然不一定行得万年船，起码让我们减少很多麻烦事。大胆狂妄的人，不懂得戒慎恐惧，近忧与后患也会不断。

"豫兮若冬涉川，犹兮若畏四邻"，这就是老子的风格。但这并不是说，面对任何事犹豫不决，不敢前行。而是说，处理事情没有做到恰到好处，不该表态的时候过早表态，该表态的时候又不表态。所以，人预测事情、应对变化时，要审慎考量，不要过犹不及。都说诸葛亮才华盖世，但他实际行事时，特别审慎。《三国演义》所说的空城计是真是假，我们无从得知，不过以他的个性，不会轻易那样冒险。明代思想家李贽说"诸葛一生唯谨慎"，说明诸葛亮为人处世是非常谨慎的，不敢乱来。

人生都有需求，但是人生没有多少光明的事情，不如意事常八九，大部分都是坎坷。如何适应人生的各种坎坷？我们要常持敬慎不败的心态，在坎险中学习如何应对，人生才会顺遂。

"俨兮其若客"，他尊敬庄重啊，就像做客人。"俨兮"同"俨然"，很庄重的样子，代表人很客气，彬彬有礼。"其若客",好像做客人一样。做客,就要懂得礼貌,不要自来熟,以致变成喧宾夺主。孔子说"出门如见大宾"(《论语·颜渊》),不管一个人地位再高,当他做客人时,他都得尊重主人及环境。越有水平的人越客气,越谦卑;越没有内涵的人,越要显摆。

说到客人,我们的人生在某种程度上来说,就是做客。苏东坡诗云:"人生如逆旅,我亦是行人。"人生就是逆旅,我们都是住在旅店里,是地球上的过客。我们什么时候是主人?所有的一切只是暂时拥有,永远不会有真正的所有权,最后什么也留不住。很多人以为只要拥有大把金钱和无上权力,就可以做世界的主人。其实你根本就是"若客",死后都是一场空。

另外,我们不要以为老子说"俨兮其若客",就认为那些有道之士一直都这么客气,其实他们出手抢夺主动权的时候,比谁都快。历史上,在改朝换代时出现的那些道家人物,譬如张良、刘伯温,他们对世事的反应,灵敏得不得了。机运来了,如果你太客气,就什么也得不到。所以,"若客"还是要看情境和对象的,老子特别懂得用柔,但是他的锋芒不会让人感觉到,他会用自己的柔去包装内在的刚,刚性一发动,势不可当。

"涣兮若冰之将释",他自在随意啊,就像冰块缓缓消融。"涣",原意指"涣散",这里有精神自在随意的意思。就是说,得道的人教化人的时候,会让你感觉舒服极了，好像冬天的阳光融化冰块一样。所以，他从"望之俨然"，变成"即之也温"（《论语·子张》子夏曰："君子有三变：望之俨然，即之也温，听其言也厉。"）了。最后，你会发现，这个人和蔼可亲，因为他的自在随意就像温暖的太阳，融化了彼此冰冷的关系。从人际关系上来看，彼此没有那么多利害与算计，他可以用真性情面对你，你也会感受到对方的和蔼可亲。

"敦兮其若朴，旷兮其若谷。"这两句话的意思是：他诚恳厚道啊，就像没有经过雕琢的素材；他胸襟豁达啊，就像幽深的山谷。

"敦"，诚恳厚道；"朴"，指没经雕琢过的原木。这说明，这个得道的人非常质朴，不会矫揉造作，言辞也不会拿腔拿调。不像现在的一些名嘴，言辞刻薄，面目狰狞。"敦"字，也是经典中一再强调的。如《中庸》"大德敦化"，大的德行使万物敦厚纯朴，使人绝没有嫉妒心；《易经》临卦第六爻"敦临"，说明在高位上退下来的人提携后进，没有什么别的目的。《礼记·经解》说《诗经》教人"温柔敦厚而不愚"，虽然为人温柔敦厚了，但不要变成笨蛋而被人骗。

"旷"，空旷，指心胸豁达。"谷"指山谷，"若谷"指心灵要虚怀若谷。"旷兮其若谷"，代表得道的人心胸开阔，没有闭塞不通，没有自以为是的成见、偏见。人修到"虚怀若谷"的境地，既有深度，又很空旷。

"混兮其若浊",他浑厚宽容啊,像混浊的水。"混",就是浑厚的意思。浑厚是精明的反面。"浊",是混浊不清的意思。"若浊",不是真的混浊,而是心里清楚得很,对一些有瑕疵的人或事存有包容心,绝不会刻薄和精明过度。人太精明了,别人都对他有提防,实际上也是一种愚蠢。对于有些事,你看到了,也假装没看到,这就是《易经·明夷卦》所说的"君子以莅众,用晦而明","晦",昏暗、含蓄,也是"混沌"的意思。即对待群众,不能用圣人的标准要求每个人。你可以要求自己,"君子以自昭明德"(《易经·晋卦》)。可是对待群众,能这样要求吗?水至清则无鱼,君子面对普罗大众,就要睁一眼闭一眼,用"晦"才能明。人还是浑厚一点儿好,不要精明过度。在公领域和私领域,谁没有一点儿毛病呢?"混兮其若浊",不是真的浊,而是包容。其实,哪有什么严格的标准去分得了清与浊?

实际上,人间的很多事、很多人往往处于灰色地带。什么是清?什么是浊?就像太极图一样,是清中有浊、浊中有清,还是清极转浊、浊极转清呢?清浊难辨。若再读老子后面的"知其白,守其黑",你就清楚对人要包容,不要有分别心,而且心态要浑厚一些。有些事不是不知道,而是不需要去计较。你可以要求自己一清如水,可没有办法要求其他人都一清如水。莲花生长在污浊的地方,如果是一池清水,说不定还真开不出莲花来。

老子在第七十八章引用圣人之言说:"受国之垢,是谓社稷主;受国不祥,是谓天下王。"你要能受这个国家的"垢"或"不祥",你就是社稷的主或天下之王。要是像伯夷、叔齐那样,如果他们没有饿死,那么这两位能治国吗?要知道,"受"是要把天下社稷治理得左右逢源,老百姓快快乐乐。要把国家的"垢"化为"不垢",把国家的"不祥"化为"祥",这就需要责任心,能与任何人打成一片。

"孰能浊以静之徐清",谁能透过混浊让它安静下来,慢慢澄清?人的外化表现于"浊",其意在于跟所有人打成一片,"浊"不是目的。尘埃落定,由浊转清不可能一下子做到,要慢慢澄清。把混浊变澄清,一定是要先能"静"下来。道家讲静,不能浮躁,否则越搅越乱。在最乱、最污秽的时候,要能静得下来,才可以让那搅浑水的颗粒物都沉淀下来,还原澄清的环境。注意,道家的静,后面还是要动的。即持守"无为"到顶点之后,目的是要"无不为"。所以,老子下面就是"孰能安以动之徐生",谁能在安定中行动起来,让它慢慢展现生机?前面要静,后边又要安。近代学者王国维,字静安,其字大概就是取自老子这两句话。

"浊以静之徐清"之后,老子就要出手了,开始"安以动之徐生",展开下一回合的新创造,即生生不息。这个道理，从练功、养气，到包括做一切事情都是这样。道家最后是要干事的，要显现生机的，要有创造。可是，先前不能急，要慢慢来，由静转动。前面由浊慢慢变清，清了之后就要发动了。这种动静转换，要结合时机，而且要有耐心。黄石公磨炼张良，就是磨炼年轻人的耐心。因为真要做大事，没有耐性是不行的。有了老子以上所描述的这种整合力，社会才不会越来越乱，反而大事化小、小事化无，可以做一点建设性的事情了。

"浊以静之徐清？""安以动之徐生？"老子用了两个反问句，意思是："谁办得到？"也就是前面善于践行"道"的人办得到，一般的人都不行。

"保此道者不欲盈"，保有这种"道"的人，不肯自满。人绝对不能像"亢龙"那样骄傲，"盈"就完了。这一套可是治国平天下的大功夫，也是处人世能够逍遥自在的大功夫。"不欲盈"，即绝不肯骄傲自满。每一个读《易经·乾卦》的人，都知道"亢龙有悔"是怎么回事。"亢龙有悔"的结果，就是"盈不可久"。人家是"浊以静之徐清"，跟你慢慢磨，天长地久。即使真做得漂亮了，也要想办法把骄傲自满的心压下来。

"夫唯不盈，故能蔽而新成"，"而"是能够的意思。"蔽"指破落、破败的东西或者毛病瑕疵。正因为不肯自满，所以能够一直去旧存新。人一旦懂得谦和，不自满，就能去旧存新。其实，这绝对是新成。在第二十二章，老子就说"蔽则新"。"蔽而新成"，是指当事情快要完成的时候，再把它当旧的看待，然后能够有新的创造。"蔽而新成"，也意味着走不一样的路子，结果有新的成功、新的创造。

道家最会这一套了，浊能变清，蔽能变新，能够拨乱反正。就像《黄帝内经》所讲的"上医医国"，能够让阴阳慢慢恢复平衡，化腐朽为神奇。破的东西都没人敢接，有道之士通过慢慢改造，最后都变成新的了，搞得井井有条。一旦改造成功了，就是"蔽而新成"。

第十六章

致虚极，守静笃。

万物并作，吾以观复。

夫物芸芸，各复归其根。

归根曰静，是谓复命。复命曰常，知常曰明。

不知常，妄作凶。

知常容，容乃公，公乃全，全乃天，天乃道，道乃久，没身不殆。

【白话】

追求心的"虚"要达到顶点，持守"静"要完全确实。

万物蓬勃生长又活动，我因此观察到循环反复的道理。

万物繁杂众多，最后总是回归到各自的本源。

返回到本源就叫寂静的状态，寂静的状态就是复归本性了。复归到本性就称作常道，明白了常道就叫作启明。

不明白常道，让妄念作祟，就会有凶险。

明白常道才会包容，包容才会大公无私，大公无私才会周全，普遍周全才符合天意，符合天意才合于大道，合于大道才能永垂不朽，这样终身也不会有任何危险了。

【解析】

这一章里面，有一些哲学命题非常重要，如《易经·复卦》的意涵。这一章出现好几个"复"。"复"是儒、释、道三家共同追求的思想，人要摆脱六道轮回，摆脱人情困扰，唯一要走的就是"复"的路子。开发自性，回归心灵家园，再见到"天地之心"，都是《复》卦的意涵。"天地之心"就是天赋予人的本来真心，也就是孔子的一贯之道——"仁"。儒家讲致良知，佛教讲自性开发，都是回归到"天地之心"，才有生发的能力，历劫不毁。道家则是致虚、守静、知常。

"致虚极，守静笃"，追求虚要达到顶点，持守静要完全确实。"致"，是一定要达到，而且要加把劲达到。"致虚"，先要把自己心中原来的智识虚掉，即消除掉满肚子的成见、偏见、妄念与不合理的信念等。人要真正做到虚心，很不容易。首先要放空自己。由开始让内心一点点的虚，变成内心全部都是虚，最后的实现就是"致虚极"。我们读古书，就是要致用，任何一点智慧都能发挥到至大无碍、淋漓尽致。虚到极处，就是功夫了。《庄子·人间世》说"虚室生白"，空的房间才显得明亮。如果房间里塞满了东西，再亮的光照进来，都有暗影。人的心灵也一样，虚了才能空，空了才能明。在《论语·泰伯》中，曾子说到颜渊时就说："有若无，实若虚，犯而不校，昔者吾友尝从事于斯矣。"虚己的功夫，我们确实要学。在《易经》咸卦中，就说"君子以虚受人"。然后，守静要笃。"笃"，实实在在、确实的意思。《中庸》说"博学之，审问之，慎思之，明辨之"，"学、问、思、辨"之后，最后的功夫就是"笃行之"。所以，不管你用哪一种方法，一定要达到"极"，达到"笃"，一旦厚实了，就禁得住任何困难的考验了。

"万物并作，吾以观复"，万物蓬勃生长又活动，我因此观察到循环反复的道理。"作"字是怎么造出来的？"人乍"立，一个人突然从身边站起来，就叫"作"，这里指万物的生长活动。观察到万事万物循环反复的情形，是从"致虚极，守静笃"之后，才能做到的。待你的内心静到极点之后，就能感受到"万物并作"，由无到有，再由有返回到无。

"吾以观复"，"复"，返也。"观"，"观自在"的观。孔子说"观其所由"，观察它是怎么来的，又会往哪里去。我们要观的"万物"，包括人、事、物。人在虚静的时候，反而要好好运用观自在的功夫，来观想万物的本源。虚是有的本，静是动的根。有生于虚，最后必返回到虚；

动起于静，最后必返回到静。这就是"复"的丰富意涵。所有万事万物的剥极而复、生生不息等现象，是最值得观察、观想的。生老病死、荣枯盛衰，这是必然的现象。我们没有时间去感伤过去，要观所有过去的万物，能不能带来新的生机。这样才永远有希望，永远有生机。

当然，我们要"观复"，不能只看到万物的外壳，一定要洞悉到核心。一般人看到"万物并作"，只看到表象，没有办法掌握到核心，就会感觉任何事物如白驹过隙，万法皆空如梦幻泡影，认为很虚无。会观的人，就能直探万物的核心的生机，观到万物的"复"，这就需要剥的功夫，没有剥不会有复，要看到剥离后的东西，就得"五蕴皆空"，最后看到那个一切真实不虚的"复"，这样你才能够"度一切苦厄"（《心经》"照见五蕴皆空，度一切苦厄"）。

可见，"吾以观复"在老子来说，就是从"万物并作"的这个变动的现象，即变易中去掌握不易（不变的规则），悟到"不易"之后，万事都简易了。然后，人再次面对万事万物的时候，就能化繁为简、以简驭繁了。一般人观到的都不是"复"，而是表面的东西，那个东西变来变去，能持久吗？能有创造力吗？迟早是要过时的。

"夫物芸芸，各复归其根"，万物繁杂众多，但最后总是回归到各自的本源。"芸芸"指草木繁盛的样子，这里有众多的意思。从本到末，像花草果木的种子，由慢慢落地生根发芽，伸枝展叶，到叶落归根，最后回到根源——泥土里面，即"各复归其根"。这是一定的，这也是自然法则。西方哲学家亚里士多德说："循环的圆是最完美的运动，它的终点与起点合而为一。"道理就是如此。

"归根曰静，是谓复命"，返回到本源就叫寂静的状态，寂静的状态就是复归本性了。"归根曰静"，生命的现象都是如此，你真要归根，要有沉静的功夫，才能够体会到。《大学》讲定、静、安、虑、得，也就是说，人只有做到"定、静、安"了之后，才能虑深通敏，最后才能"得"。"是谓复命"，即回归到本性状态。"命"就是性，对人来说，就是回归人的本性。对其他动物来说，也是回归到各自的本然状态。每个人都得复命，得掌握那个核心的生命，即核心的创造力。

"复命曰常，知常曰明"，回归到本性就称作常道，明白了常道就叫作启明。"常"，指常道，也有正常、平常的意思。常道是宇宙万物发展的规律。"知常曰明"，人的智慧，能够体悟天地间的常道了，就不是表面那些生生灭灭的现象了，而是进入到启明的境界。知道常道、常理，才叫明白人。在道家来说，"明"比"智"的境界要高，"智"是辨识人的，"明"是认识自己的。了解自己，称"自知者明"，了解别人则是"知人者智"，是一个智慧的境界。"自知者明"比"知人者智"尤胜一筹。可见，自知更重要。

"不知常，妄作凶"，不明白常道，让妄念作祟，就会有凶险。我们大部分人，往往不明白常道，怎么做都不会成功。《易经·无妄卦》就是如此。刚起心动念，想早一点儿成功了就遭遇无妄之灾，结果精神也出毛病了，然后天灾人祸都来了。《复》卦好比我们偶尔在一个安静的环境中闭关，一时好像接近了"天地之心"，《无妄》卦如同出关，一到红尘浊世，我们的心又乱了。心一乱，我们就妄作、妄求、妄想。《无妄》卦六个爻，有四个爻都是凶的，就是因为妄念作祟。"无妄"，就是要打消你的妄想，让你没有时间想那些乱七八糟的。生活在妄念里，绝不会有好结果。"复"就"知常"，"妄"就永远不知常，一天到晚轻举妄动、痴心妄想，就不断有天灾人祸，那就要受无量苦。

"知常容，容乃公，公乃全"，"容"，包容；"公"，大公无私。明白常道才会包容，包容才会大公无私，大公无私才会周全。人如果不明白人生的常道、常理，就容易偏离"天地之心"，时间久了，就变得心态不正常，那他的人生就太多苦了。为什么现代社会各种心理变态的人那么多？就因为人们多为私欲所蒙蔽，不能做到诚意、正心，看事情就失其正，行事也就失掉了常道。如果你了解了常道,"知常曰明",就能让心灵启明了。换句话说,你就能认识自己了,做事情不会逾越常轨,能包容一切。

"容乃公",人生下来,有的命好,有的命苦,有的弱势,有的强势。有时候不是他自己的罪恶,而是他个性的软弱。这都需要包容。《礼记·礼运》讲"大道之行也,天下为公"就是"容乃公"的演变。最高的智慧,一定是从化私为公,才可能出来的。无私是百智的宗。人嗜欲越深,再怎么机巧,也不会有真正的智慧出来,因为利令智昏。

但是,做到"公"绝对不容易,这要一步一步修的。"公乃全","全",有周全、普遍照顾到的意思。"全"字是一块完整的玉,没有任何瑕疵。做事情很周全,考虑很全面。就像人要达到《易经·谦卦》的修养境界,就很周全了,那时天地人鬼神都能达到最佳的平衡。人做到公平、公正,天下为公,才能把事情处理得普遍周全。各方面事情处理得很好,最后当然就合乎天道了——"全乃天",普遍周全了,才符合天意。

"天乃道,道乃久,没身不殆","没身",终身;"殆",危险。符合天意才合于大道,合于大道才能永垂不朽,这样终身也不会有任何危险了。"道乃久",如果合乎大道,虽然肉身毁了,但精神永存。"不殆",也是兵法的境界,孙子说"百战不殆",必须知彼知己。"不殆",就永远不会有危险。

第十七章

太上,下知有之;其次,亲而誉之;其次,畏之;其次,侮之。

信不足焉,有不信焉。

悠兮其贵言。

功成事遂,百姓皆谓"我自然"。

【白话】

最好的统治者,人民只知道从上之道;其次的统治者,人民亲近他并且称赞他;再次的统治者,人民畏惧他;更次的统治者,人民蔑视他。

自己的诚信不足以服众,人们就不信任他。

最高明的领导者,表现一副闲适从容的样子,自己很少发号施令。

等到大功告成,事情办妥,百姓都说"我们本来就是这样的"。

【解析】

"太上，下知有之"，最高明的领导者，人们仅仅知道有这么个人，只知道从上之道。

"太上"，最高明的领导者。在《左传》里，就讲了"太上有立德，其次有立功，其次有立言"，这就是中国的"三不朽"。最高境界的表现叫"太上"。因此，后来有人封老子为"太上老君"。"下知有之"，表示领导者"处无为之事，行不言之教"。他凡事化繁为简，以简驭繁，做什么事情都井井有条，下面的人根本都感觉不到这个领导人的存在，只知道根据上面的吩咐做事就不会错。实际上，"天下本无事，庸人自扰之"，很多事情都是因为人有私心、欲望，没事才搞出事来的。说不出来的，就是一个好境界；说得出来的，都不是特别好。

"太上，下知有之"，这句话是在讲领导统驭的智慧。最高的领导人无为而治，到了化境。老百姓只是模模糊糊知道，有这么一位领导，也没有感觉到有什么压力，跟着做就好。所以，要赞扬他，好像都不知道怎么赞扬。在《论语》里，孔子赞美尧，说："大哉！尧之为君也！荡荡乎，民无能名焉。"意思是，尧做国君真了不起，很有政绩，但是好像老百姓只知道他好，不知道他什么地方好。老百姓只是模模糊糊地知道有这么一个国家领导人。没有信心的人，才一天到晚要宣传。

"其次，亲而誉之"，其次的统治者，人民亲近他并且称赞他。这种次一等的国家领导人，在孔子的眼中，就是"道之以德，齐之以礼"(《论语·为政》)，实行仁心仁政的国君。"亲而誉之"，在老子的观念中，已经是比较低一等的境界了。因为，这种国家领导人一定要去收买民心，要拿出很多的政绩，得到大家的肯定。这种做法就不见得是自然真诚，但是他至少有政绩拿出来，让百姓觉得他亲民，百姓自然会夸赞他。

"其次，畏之"，再次一等的领导人，人们畏惧他。这种领导者治国实施的是恐怖统治，以严刑峻法治国。这就是孔子所说的"道之以政，齐之以刑，民免而无耻"(《论语·为政》)，靠着国家机器的威权、政令的严苛，来让百姓畏惧。这种情况，以秦朝最明显，是以力服人，非以德服人。

"其次，侮之"，更次的统治者，人民蔑视他。百姓把领导者看作纸老虎，并起来反抗，这种领导人除了昏庸就是无能，故百姓"侮之"。像这样的领导统治，就完全失序了。百姓想办法来侮辱统治者，社会就失序，领导人何谈服众呢？连以力服人都没有了。古今中外那种对政治管理失控的领导人，百姓根本不把他当回事的，下场都很惨。

老子讲了以上四种领导者的境界，他说，其他三种等而下之的，总有一个原因吧。那就是"信不足焉，有不信焉"，自己的诚信不足以服众，人们就不信任他。人的互信、互惠、互爱都是双向的。领导人自己的诚信与威望不足，怎能怪下面的人不信赖你呢？如果你"有孚惠心"，人家就"有孚惠我德"（《易经·益卦》）。你如果自私自利，还压迫别人，人家肯定要造反。所以，《易经·小畜卦》第四爻就说"有孚，血去惕出，无咎"，领导人要与百姓建立互信，不然，就会有流血反抗，两败俱伤，对谁都不好。你的诚信不够，就没有办法强迫人家信你。

"悠兮其贵言"，领导人真的闲适从容啊，自己很少发号施令。这说明讲得再多不如实际让百姓受益。口惠而实不至，没有让人信服的理由，人们便不再信任你。所以，做领导的，还是少讲话。为政不在多言，就看你的实际表现。作为一个领导人，要靠自己实际的作为令百姓满意，这样大家赞美你都还来不及。可见，当领导的不要随便发号施令，要很从容闲适，如谈笑用兵，做起事来就举重若轻。而且领导人一言既出，马上涉及威信的问题，如果行不通，又撤回来，那领导的威信就丧失了。领导人发言的时候一定有充分的准备，不说则已，言必有中，这才是领导的气度。

"功成事遂，百姓皆谓'我自然'"，大功告成，事情办妥，百姓都说"我们本来就是这样的"。"自然"，指的是本来如此的状态,而不是一般人所说的自然界。把事情做成,大家感觉到实惠,功也成了,事也妥了,原定的目标也达到了。老百姓还不觉得是领导有方,反而会说,我们本来就如此。这就是最少的管理即最高的管理。假定让老百姓看出领导怎么做到的,把这么难办的事情做好了,说明你水平还不够高。如果让一些政敌看出道道儿来,可能还会想办法搞破坏或者联合抵制你。

"百姓皆谓'我自然'",这在《庄子·天地》有:"大圣之治天下也,摇荡民心,使之成教易俗,举灭其贼心而皆进其独志,若性之自为,而民不知其所由然。"意思是:伟大的圣人治理天下时,就是放任民心,使他们教化成功、改变风俗,完全消除他们的害人念头,进一步又能促成他们独到的人生目标,就像是自性自动自发这么做的,而他们并不知道自己为什么是这样。这是效法自然的领导人的高招。也是《易经·坤卦》中说的"黄裳元吉",是典型的无为而治。《论语》中,也有谈到无为而治:"无为而治者,其舜也与?夫何为哉?恭己正南面而已矣!"实行无为而治的人那是舜吧?他做了什么呢?只不过让自己很庄重地面南端坐着罢了!你看,舜治国就是"悠兮其贵言","恭己正南面而已"。

另外,值得注意的是,"功成"跟"事遂"并不完全一样,"成"是最后的结果,获得成功还可以开启下一阶段的事业。"遂"只是获利,不一定能做到固守事业的果实。

第十八章

大道废，有仁义；智慧出，有大伪；六亲不和，有孝慈；国家昏乱，有忠臣。

【白话】

大道废弃之后，才有所谓的仁义；智巧小慧出现，才有过分的虚伪；家人之间失了和气，才有所谓的孝慈；国家陷于无道悖乱，才有所谓的忠臣。

【解析】

"大道废，有仁义"，大道废弃之后，才有所谓的仁义。真正的大道，是最后的真实，是无善恶分别的。大道的层次，要比仁义高，老子在第三十八章就说"失道而后德，失德而后仁，失仁而后义"。因为，大道是以自然为宗，以无为为用，而仁义是相对于人际关系而言，讲究有为。因为欠缺，所以强调。绝大多数人没能悟道，反而有分别心，有执着的念头，故特别把仁义标榜出来，作为社会的价值标准。为什么社会上要评选好人好事？就在于当时社会太缺少"好人"。为什么要选模范母亲？因为当时为人母的不少不堪为范。相反，如果大道广泛流行，人人都顺道而行、顺理而为，按照本心为人，就无须特别标榜仁德与义行了。

"智慧出，有大伪"，智巧小慧出现，才有过分的虚伪。这里的"智慧"一词，是指世俗的智慧，并不是大智慧。为了实现自己的私利，人们运用那些世俗的智巧与小慧，实质上就是你斗我、我斗你或者你算计我、我算计你，都是耍诈手段，已经没有人真诚相待了。人的心思越用越坏、越来越不纯朴了。

"六亲不和，有孝慈"，家人之间失了和气，才有所谓的孝慈。"六亲"指父子、兄弟（姐妹）、夫妻。"孝"与"慈"，在人性中基本不太需要特别教导，顺着自然的本性就能做到。上一代永远爱护下一代，照顾下一代不需要任何条件。那下一代对上一代呢？就难说了。《红楼梦》中《好了歌》云："痴心父母古来多，孝顺儿孙谁见了？"现实社会上真是如此。当社会已经走偏了，才要强调这些。如果大家自然而然孝慈，怎么会强调呢？

"国家昏乱，有忠臣"，国家陷于无道悖乱，才有所谓的忠臣。历史上，那些忠臣大多出自昏君当道、国家混乱之时。

老子这些观点虽然让人觉得刺耳，但说得一点儿都没错。当我们看到了标榜忠臣孝子，看到了智慧，看到了仁义的时候，不要太高兴，表示社会已经出问题了。老子并不是否定仁义、智慧、孝慈、忠臣，而是在叙述客观事实。道家反对的是做作和刻意标榜那些道德标准。

第十九章

绝圣弃智,民利百倍;绝仁弃义,民复孝慈;绝巧弃利,盗贼无有。

此三者以为文,不足。故令有所属:见素抱朴,少私寡欲。

【白话】

弃绝聪明与才智,百姓可以得到百倍的利益;弃绝仁德与义行,百姓能回复孝慈的天性;弃绝了机心与财货,盗贼自然就没有了。

这三方面都属于文饰性的,不足以治理天下。所以,要让百姓另有所遵循:表现单纯,持守朴实;减少私心,降低欲望。

【解析】

"绝圣弃智,民利百倍",弃绝聪明与才智,百姓可以得到百倍的利益。"圣"跟"智",都是名词,前者是聪明的意思，后者指才智。从道家的观点来讲，让人回归自然最好，如果崇尚"圣"与"智"，人们就会钩心斗角，进而互相斗争、争夺。"绝圣弃智"一语，在《庄子·胠箧》有："故绝圣弃知（智），大盗乃止；擿玉毁珠，小盗不起。"

"绝仁弃义，民复孝慈"，弃绝仁德与义行，百姓能回复孝慈的天性。老子为什么这样说呢？因为现实社会中，有些人是"色取仁而行违，居之不疑"（《论语·颜渊》），看起来像是一个有仁心的人，行为却违背仁德，还一副坚定不移的样子。久而久之，人都变得虚伪而不自知。所以，老子坚决反对标榜"仁"与"义"，还是"人之生也直"（《论语·雍也》）比较好，百姓才能返璞归真，回归到自然的孝顺父母、慈爱子弟。

"绝巧弃利，盗贼无有"，弃绝了机心与财货，盗贼自然就没有了。老子看到乱世这么多诈伪、机巧现象，认为这都不是一个正常社会的长治久安之策。想要社会好，就不要标榜"智巧"、展现财货的诱惑。宁拙勿巧，反而社会太平。大盗盗国，欺民盗世，都是因为"巧"与"利"产生的。看那种商场、政坛、职场的斗争，不都是为了利吗？用好多智巧的招式，产生的是你死我活的局面。这都是老子深恶痛绝的。

"此三者以为文，不足"，这三方面都属于文饰性的，不足以治理天下。"此三者"，就是圣智、仁义、巧利，它们都是包装、文饰，没有内在的深厚的本质。用来治理天下国家，绝对是不够的。有些人越是内在不足，外面就越文过饰非。有一句说得好：因为欠缺，所以强调。满瓶的水不会动，只有半瓶子的水才会在那边晃荡。按照孔子的观点，文饰的东西也不能说不要，但是，一定不可以让"文"胜过"质"，一定要"文质彬彬，然后君子"（《论语·雍也》），绝对不能名不副实，搞形式、做假象。

"故令有所属：见素抱朴，少私寡欲"，所以，要让百姓有所遵循：表现单纯，持守朴实；减少私心，降低欲望。"见"即"现"，表现的意思。"素"在古代指没有被染色的白丝。"朴"，指没有被雕琢的原木。"见素抱朴"，是自然真诚的性情，很可贵。"少私寡欲"，老子没有说无私，也没有说绝欲，因为对人来说，那是不可能办到的。少一点儿私欲就好了，嗜欲越浅，天机越深；而嗜欲深的，天机一定是浅的。

第二十章

绝学无忧。

唯之与阿,相去几何?美之与恶,相去若何?

人之所畏,不可不畏。

荒兮,其未央哉!

众人熙熙,如享太牢,如春登台。我独泊兮,其未兆,如婴儿之未孩。

傫傫兮,若无所归。

众人皆有余,而我独若遗。我愚人之心也哉!沌沌兮!

俗人昭昭,我独昏昏;俗人察察,我独闷闷。

澹兮其若海,飂兮若无止。

众人皆有以,而我独顽且鄙。我欲独异于人,而贵食母。

【白话】

弃绝对智巧的学习,人就没有忧愁烦恼。

恭敬的答应声与轻慢的答应声,相差多大呢?美与丑，距离多远呢？

大众所畏惧的，我也不能不畏惧。

广大啊，这像是没有了穷尽。

众人快活的样子，好像在参加盛大的祭祀，又好像春天登高远眺。唯独我淡泊恬静啊，不显行迹，好像还不会笑出声的婴儿。

孤孤单单啊，好像无所归宿的样子。

众人什么都有多余，唯独我好像有所不足。我真是笨人的心思啊！混沌无知啊！

一般世俗人都自炫光彩，唯独我暗暗昧昧；世俗人都精明算计，唯独我有些糊涂。

淡泊啊，像大海般深湛；飘飘荡荡啊，好像不知在哪里停止。

众人都有所施展发挥，唯独我顽固又鄙陋。我想要的单单与别人都不同，而是能重视养育万物的母体——道。

【解析】

"绝学无忧"，弃绝对智巧的学习，人就没有忧愁烦恼。老子把大刀一旦挥起来，就停不下来，还在往下砍，连学问都不要去追求了。实际上，老子反对的，是异化的学习，即那些标榜智巧一类的学习，那样人就会越走越远，成为学院里面的书呆子。太花哨了，绝对不是文明发展的好事。确实，有很多人学习的结果，根本就是

"知识障",还有些人越学越坏,完全失去了真诚而正直的学习目的。

"唯之与阿,相去几何?美之与恶,相去若何?"恭敬的答应声与轻慢的答应声,相差多大呢?美与丑,距离多远呢?"唯",指恭敬的答应声;"阿",指轻慢的答应声。世人所谓的唯跟阿、善跟恶、荣与辱,都是主观而相对的。认定自己是善人,跟自己作对的,当然当作恶人看。可见,善与恶其实是有问题的,这是一种主观的、相对的价值判断,往往因时、因地而不同。人生很多善恶,是很不究竟的。万事万物的价值标准根本就是相对的,老子一眼就看透了:"天下皆知美之为美,斯恶矣;皆知善之为善,斯不善矣。"

老子在此要我们,对外破除相对的看法,对内破除分别执着的心,要善于质疑世俗的价值判断:一般人所标榜的善恶,是真实的善恶吗?

"人之所畏,不可不畏",大众所畏惧的,我也不能不畏惧。老子可以超越世俗的怕,但是,他说自己也要从众,要和光同尘,不要特别特立独行,显露锋芒。有道之士要同情那些弱者,因为芸芸大众没有办法挣脱命运的摆布,要想办法去减低众人的畏惧感。千万不要骄傲,不要一下子就摆出一个"先知"姿态,也不要摆出一副指导人家的样子。

"荒兮,其未央哉",广大啊,像是没有了穷尽。"央",尽;"未央",没有穷尽。老子说,大道本来是很辽阔的,没有边的,可是,人就持有分别心,画这个框框,设那个框框,说这个是善、那个是恶,这些是赞成派、那些是反对派,平添很多痛苦。这也是老子自叹,感叹自己与世俗境界相差太远。

"众人熙熙,如享太牢,如春登台",众人快活的样子,好像在参加盛大的祭祀,又好像春天登高远眺。"熙",和乐。"太牢",指牛、羊、猪三牲,是古代最高档次的祭祀。宗庙祭祀,在以前是非常重要的活动。"如春登台",春游时,到某一个高台远眺,心胸就很开朗。一般人追求的快乐,包括追逐名利、美色,把这些当享受。但是老子就跟一般人不一样,众人都在追求世俗的快乐,他却认为那样的快乐一下就过去了,像一场梦一样。他下面就表白,自己可不这么干。

"我独泊兮,其未兆,如婴儿之未孩",唯独我淡泊恬静啊,不显行迹,好像还不会笑出声的婴儿。"泊",淡泊、恬静。"兆",征兆、迹象,任何一件事情都有它的征兆;"未兆",代表在征兆都还没有出现之前。"孩",指婴儿的笑声。一般来讲,婴儿很少烦恼,比大人快乐多了，我们常说，不失赤子之心。但是，当婴儿长成小孩，上幼儿园，或者上学了，他就没那么快乐了。

"如婴儿之未孩"，老子是让我们回到最根源的混沌状态，那才是真正的逍遥。人生的快乐，不是要享受"太牢"，不是"如春登台"，总之，不要活得太热闹，要回到根源，享受真正的快乐。当然，逍遥是精神上的一种境界，而不是抛开大家，自己独自逍遥快活去了。

"儽儽兮，若无所归"，孤孤单单啊，好像无处可去。这样的一个回归自然的人，落落不群、飘飘荡荡的样子，好像心灵无所依归。说他孤高吗？他一天到晚，跟群众打成一片。说他俗气吧？他又超凡脱俗，自己过得很好。可见，有道之士哪里都能过，素其位而行，"造次必于是，颠沛必于是"（《论语·里仁》）。

众人可能觉得，城市生活好苦，上五天班，到周末总算有一个假日，享受人生的和乐，有亲子之乐，也可以和好朋友出去玩玩。但是，春天的时候出去郊游，结果发现每个人都出来郊游，只看见人头攒动，春意全无。这就是文明大盛之后，人再也无法找回那种返璞归真的快乐了。

"众人皆有余，而我独若遗"，众人什么都有多余，唯独我好像有所不足。"遗"，匮乏。凡俗的人，都希望攒一点钱，读一个博士学位，然后谋一个好的职位，过一个体面的人生。或者几十年后，开小学同学会、中学同学会或者大学同学会，掏出自己的名片显摆，扬扬自得说"老子混得不错"。这都叫"皆有余"。老子则说，他不存任何东西，他要的不是那些俗物，宁愿匮乏。

"我愚人之心也哉！沌沌兮"，我真是笨人的心思啊！混沌无知啊！从世俗眼光看，我可是太笨了，怎么不懂得积攒一些东西呢？古人常说，养儿防老，就是如此。不过，现在来说，养儿防老有点儿像做梦，说"养老防（备）儿"更贴切些。

"沌沌兮"，即对于穷、富、成、败，一派混沌无知的态度。

"俗人昭昭，我独昏昏；俗人察察，我独闷闷，"一般世俗人都自炫光彩，唯独我暗暗昧昧；世俗人都精明算计，唯独我有些糊涂。

"俗人昭昭""俗人察察"，表示一般人都希望明察秋毫，比谁精明。"我独昏昏""我独闷闷"，说明老子就没有这个打算，好像很笨的样子，不去察言观色，不去计较，活得很自在。这样，也并非不安全，反而是越会"察察"的人，越不安全。《易经·明夷卦》称"君子以莅众，用晦而明"，就是说君子跟群众相处，心里什么都清楚，但表面上什么都不在意、不计较，就装糊涂。人生难得糊涂，何必那么精明？糊涂点儿，可以大事化小、小事化无。当然，这样的人自己的精神生活丰裕得很，对群众就宽以待人，对自己则严以律己。

没悟道的人，这个也察，那个也察，甚至特务治国，结果有用吗？秦朝，"察"得很厉害，才延续十五年，就结束了。所以，察没有用，还不如闷一点，闷声发大财。

"澹兮其若海，飂兮若无止"，淡泊啊，像大海般深湛；飘飘荡荡啊，好像不知在哪里停止。

"澹兮其若海"，因为深沉，所以表面很平静，但是里面可包容一切。"澹"即"淡"，指淡泊、沉静的样子。诸葛亮说"非澹泊无以明志，非宁静无以致远"，而我们世俗人，通常追求这个、追求那个，整日焦虑、患得患失，何来明志、致远呢？

"飂兮若无止"，"飂兮"，飘荡的样子。好像真有一点儿逍遥游了，心态很是随顺，也没有说要有一定的目的，随着这个时代的风，吹到哪里算哪里。一般来讲，我们不希望这样，总希望找一个地方安身立命。譬如，小夫妻向银行借钱，买一套小房，生一个小孩，安居乐业。得道的人则无所谓，哪里都是家，莫谓征途苦，千山即是家。"若无止"，并不是真没有一个止的地方，登峰造极也是止，止于至善也是止，怎么会没有止呢？老子是止于大道，止于真理的巅峰，止于逍遥与齐物。

"众人皆有以",众人都有所施展发挥。"以",即运用。有这么一个资源,不管是自然的、人为的,还是有形的、无形的,我们都要懂得运用,同时,还要把资源的作用发挥到淋漓尽致。这里,"以"又有延伸、扩充的意思。"众人皆有以",可以说是一般人活着,他总希望找到一个安定的地方,建立一个自己可以掌控的平台,然后借以向外面扩充。也就是说,每个人都有他的目的,都希望能够在这一辈子多争取一点东西。

"而我独顽且鄙",唯独我顽固又鄙陋。"顽",冥顽不灵;"鄙",鄙陋。老子似乎是在自嘲:怎么就我那么笨,不进行这些人生规划呢?

"我欲独异于人,而贵食母",我想要的单单与别人都不同,而是能重视养育万物的母体——道。一般人的心态都是好高骛远,向外追求这个、追求那个,为了追求目标,吃也吃不好、睡也睡不香,还晚上吃泡面,熬夜去加班。老子绝不这样,该睡的时候就鼾声如雷,该吃的时候绝不亏待自己。这也是老子思想对现代文明的反省,希望我们去检讨、反思。

"食母",指乳母、奶妈。这里是指道。道就像妈妈一样照顾一切,不要求回报。有妈妈,就有饭吃。养育万物的母体就是道,我们要找到这个根源,找到这个慈爱无尽的母体。

第二十一章

孔德之容,惟道是从。道之为物,惟恍惟惚。

惚兮恍兮,其中有象;恍兮惚兮,其中有物。窈兮冥兮,其中有精;其精甚真,其中有信。

自古及今,其名不去,以阅众甫。吾何以知众甫之状哉?以此。

【白话】

大德之人的表现,只遵从于道。道这种东西,说它无吧又似乎有,就是恍恍惚惚的样子。

恍恍惚惚中,又具备了某种形象;虽然恍惚,它却涵盖了天地万物。深远昏暗的样子,其中却具有精微的东西;精微的东西很是实在,其中还有可靠的验证。

从古代到现在,所命的名称不会落空,据此可观察万物的创始。我凭什么知道万物的创始是什么样子?根据就在这里。

【解析】

"孔德之容,惟道是从",大德之人的表现,只遵从于道。"孔",大的意思。"孔德"是由全面观照万物后"道"所展现的特性。

"道之为物,惟恍惟惚",道这种东西,说它无吧又似乎有,就是恍恍惚惚的样子。关于"惟恍惟惚",在《庄子·天地》中有:"视乎冥冥,听乎无声。冥冥之中,独见晓焉;无声之中,独闻和焉。故深之又深而能物焉,神之又神而能精焉。"这一段的意思是:看上去一片昏暗,听起来毫无声响。一片昏暗之中,单单见到了光明;毫无声响之中,单单听到了和音。所以,在无比深远之处,却有东西存在;在无比神妙之境,却有真实存在。

"惚兮恍兮,其中有象;恍兮惚兮,其中有物",恍恍惚惚中,又具备了某种形象;虽然恍惚,它却涵盖了天地万物。

"窈兮冥兮,其中有精",深远昏暗的样子,其中却具有精微的东西。"窈",深远;"冥",昏暗。"精",指微小的物质。

"其精甚真,其中有信",精微的东西很是实在,其中还有可靠的验证。"信",信实、可验证。对于道的存在问题,老子绝对跟我们打包票,说那不是骗人的,不光是外面那些恍恍惚惚的形象,等你"照见五蕴皆空"了,就发现"道"的真实不虚了,你才能够"度一切苦厄"。

老子以上描写"道"的四方面"有象""有物""有精""有信",说明"道"的不虚无,只是不能靠感觉去掌握,因为它"视之不见、听之不闻、搏之不得"。但是,你不要怀疑,"道"确实是存在的,而且是一切事物存在的基础。

"自古及今,其名不去,以阅众甫",从古代到现在,所命的名称不会落空,据此可观察万物的创始。"甫",指父亲,引申为创始。没有父亲怎么会有生命?"道"是永恒的,不随外在的果皮、果肉或者躯壳的成住坏空而消失。假定这个大道不存在,反倒奇怪了,外面那些包罗万象的万事万物存在的基础,是什么呢?自古及今,永远都有人去探寻那个究竟的存在,相信那个存有,或者叫上帝,或者叫佛菩萨,或者叫道。过去心不可得,现在心不可得,未来心不可得,没有大道,就没有过去、现在与未来,时空是假象。

"吾何以知众甫之状哉?以此",我凭什么知道万物的创始是什么样子?根据就在这里。"众甫",万物的创始。如果地球毁灭了,什么东西都留不下来?其实,唯有"道"恒存。原始才能要终,追本溯源,宇宙是怎么开始的,三千大千世界,是怎么开始的?为什么能够知道任何东西的开始呢?因为,你掌握到最后那个道了,所有的东西，就可以统统了解，无所不知，无所不懂。所以，《金刚经》说"如来悉知，悉见"。

　　本章，老子对"道"的描写，看似若有若无、若隐若现的样子，但是，其中又"有象、有物、有精、有信"。由此可知，道不但不是虚无，反而是最真实的存在，与一般的存有物（即万物）是截然不同的。一言以蔽之，道是最后的真实，不随万物的生灭而有任何变化。

第二十二章

曲则全,枉则直,洼则盈,敝则新,少则得,多则惑。是以圣人抱一为天下式。

不自见,故明;不自是,故彰;不自伐,故有功;不自矜,故能长。

夫唯不争,故天下莫能与之争。

古之所谓"曲则全"者,岂虚言哉?诚全而归之。

【白话】

委曲可以成全,弯曲下来反而能够挺直,低洼反而能够充满,破旧的反而能够更新,少求的反而获得,多要的反而迷惑。因此,悟道的圣人持守住"道",作为万事万物的法则。

不自我表现,所以能够光明;不自以为是,所以能够显著;不自我夸耀,所以能够成功;不自我尊大,所以能够长久。

古代所说"委屈的反而能够成全"这句话,难道是空话吗？确实应该保守住这句话，进而能归向它啊！

【解析】

"曲则全"，委曲可以成全。"曲"，委曲；"全"，保全、成全。"委曲求全"，就源自这里。人生很多事情，要从整体来看，不能只看表面，还要看实质。不委曲，往往不能成全，硬碰硬，反而容易产生悲剧。《孙子兵法》强调，"以迂为直"。从表面上看，两点之间，直线最近，实际上，做事情走直线，往往最为遥远。如果绕弯走迂回路线，反而容易达到目的。为了要把事情办成功，你如果走直线，绝对不容易达到目的，因为你的企图心太明显了，前面人为的路障不知道有多少。所以，人生有很多事要委曲婉转，"曲"不下来，做事情就没有弹性。做事情，哪有开门就见山，一步就到位的呢？水不是有"事善能"的智慧吗？就因为水的流动，都是绕弯的，黄河九曲十八弯，终向东流，所以，"曲"才能达到"全"。

注意这个"全"，这是我们人生追求的境界。《孙子兵法》的重要理念就是"全胜"，既保全自己，也保全敌人；既保全自然环境，也保全天地鬼神。这是中国兵法最了不起的地方。只要能达到"保全"的结果，你委曲一点，有什么关系？

"曲则全"，也含有让的意思。在安徽桐城有六尺巷的故事，清朝宰相张英，也就是张廷玉之父，家人与邻居争地皮，他写给家人的信，就是体现"让"的情怀："一纸书来只为墙，让他三尺又何妨？万里长城今犹在，不见当年秦始皇。"

《易经》中，有"曲成万物而不遗"，人想成就万物，而且一个都不落下，你不得有一点本事吗？那得设计一个曲的路线去完成，最后才能造就自己、造就别人、造就众生。

《中庸》还讲"其次致曲，曲能有诚"，所以，我们对于一件事情，就得走很多曲折的路，把那些绕弯的地方都搞清楚。下了这个功夫之后，你才能够有成就。这就是下致曲的功夫，该绕的路都得绕，该去的地方都得去。

"枉则直"，弯曲下来，反而能够挺直。"枉"，弯曲。这就是老子厉害的地方。正如《易经·系辞下传》所说的"尺蠖之屈，以求信也"，一种叫尺蠖的昆虫，行走时，先让躯体弯曲，然后才能伸直身子。也可以这么说，所有的正确，都是从错误中走出来的。没有错误的发生，正确怎能建立呢？

"洼则盈"，低洼的地方，反而能够充满。低洼的地方，水流过会最先注进去。如果你心中早就自满了，完全不虚心，还怎么再往里面装东西呢？一定要虚心，才能装下真理大道。

"敝则新"，破旧的，反而能够更新。在创新未成的前面，有一个敝的阶段。在破敝阶段，只能因陋就简。

就像很多伟大的发明和创意，虽然所处的环境本身敝旧，但是坚持下去，最后那个创意一旦试验成功，那就可能影响整个世界。这就是"敝则新"。

"少则得，多则惑"，少求的，反而获得；多要的，反而迷惑。这主要指对于人的心灵而言，欲望越少，你越容易获得真理。西谚说"太多等于没有"。你拥有太多的物质财富，就要想办法保护，还要雇保镖，那就成了包袱，而且越多，越迷惑。在第十二章，老子说"五色令人目盲，五音令人耳聋，五味令人口爽"，就是"多则惑"。所以，老子就不积攒什么东西，"众人皆有余，而我独若遗"。他把东西都丢光了，啥也没有。如果生活在现在，可能也没手机。

"是以圣人抱一为天下式"，因此，悟道的圣人持守住"道"，作为万事万物的法则。持守住道，这是人生成功的公式，是一个标准。"抱"，持守。"一"，指整体，也指"道"。"式"，法则。天地，就是因为"抱一"，而"万物化醇"；男女，也是因为"抱一"，而"万物化生"。化繁为简，以简驭繁。人生的纷争，都是由简单变复杂、没事变有事，就是因为"多则惑"。

"不自见，故明"，不自我表现，所以能够光明。"见"即"现"。有人超爱"见"的，别人不抬举他，他自己去表演，争取让大家看到。他就是希望自己，能够明亮照人，常常毛遂自荐，找一切可能的机会彰显自己。光明，是从人的止欲修行来的。《易经》艮卦称："时止则止，时行则行。动静不失其时，其道光明。"

"不自是，故彰；不自伐，故有功；不自矜，故能长"，不自以为是，所以能够显著；不自我夸耀，所以能够成功；不自我尊大，所以能够长久。

老子这里强调的"不自见""不自是""不自伐""不自矜"和孔子强调的"毋意、毋必、毋固、毋我"（《论语·子罕》)，如出一辙。

"古之所谓'曲则全'者，岂虚言哉？诚全而归之"，古人所说"委屈的反而能够成全"这句话，难道是空话吗？确实应该保守住这句话，进而能归向它啊！可见，"曲则全"等这些话不是老子的原创，自古就有这样深层的智慧。"岂虚言哉"，哪里是空话呢？如果你懂得"曲"了，真正能够"全而归之"。万物的归趋，是实至而名归，如果没有实在的东西，你再怎么虚夸地去宣传，也不会有好效果。就像《易经·谦卦》称"劳谦君子，万民服也"，劳谦的人才会让人感觉信服。这些不难理解，但是真做到很难。人都想办法找捷径，靠着一些营销包装手段，企图以"自见""自是""自伐""自矜"来帮自己快一点成功。这都是在做梦！一个人没有多大分量，硬充那个分量，怎么能行？《易经·系辞下传》讲"劳而不伐，有功而不德，厚之至也。语以其功下人者也"，可见，儒、释、道在谦德上，有多高的共识！

第二十三章

希言，自然。

故飘风不终朝，骤雨不终日。

孰为此者？天地。天地尚不能久，而况于人乎？

故从事于道者，同于道；德者，同于德；失者，同于失。

同于道者，道亦乐得之；同于德者，德亦乐得之；同于失者，失亦乐得之。

信不足焉，有不信焉。

【白话】

少讲话，就合于自己如此的状态。

所以狂风不会持续刮一个早上，暴雨不会持续下一整天。

是谁造成了这种情形呢？是天地。连天地的运作都不能恒久，何况人呢？

所以有心修道的人，与道同行；修养德行的人，与德同行；失道、失德的人，失败离不开他。

认同于道的人，道也乐见其得道；认同于德的人，德也乐见其积德；认同于无道、无德的人，失也乐见其迷失。

统治者的信、望、爱不够，人民就不信任他。

【解析】

"希言，自然"，少讲话，就合于自己如此的状态。"希"，少。"言"，除了指正式的发言、讲话以外，还引申为统治者的政令。"希言"，如果不讲话，拈花微笑，大家都有默契。有句话叫"多言贾祸"，就不自然。孔子也说："天何言哉？四时行焉，百物生焉，天何言哉？"（《论语·阳货》）

"故飘风不终朝，骤雨不终日"，所以，狂风不会持续刮一个早上，暴雨不会持续下一整天。"飘风、骤雨"，指急风暴雨。这里老子比喻为事情暴起暴跌，轰轰烈烈一阵子就过去了。秦始皇建立的统一大帝国，不也像飘风骤雨一样，十五年就结束了吗？

"孰为此者？天地。天地尚不能久，而况于人乎？"是谁造成了这种情形呢？是天地。连天地的运作都不能恒久，何况人呢？风雨是自然界现象的表现，是天地的特殊运作产生的。"而况于人乎"，老子反省得很深入，他绝不迷信。一件事物要恒久太难了，连天地运作造成的现象，都不能持久，我们人类能跟天地比吗？人太渺小了，人的一生也太短暂了。老子在此借天地所造成自然现象的不能恒久，来比喻统治者的严刑苛政，必定失败。

"故从事于道者，同于道"，所以有心修道的人，与道同行。这些都想通了，想开了，人开始从事于求道，就会种善因、得善果；如果是真心修道，你就跟大道合一；如果人真的与大道合一了，就不会在乎身外之物，最后他就是"道"的化身。

"德者，同于德"，修养德行的人，就与德同行。我们知道，"德"在道家里面是稍微次一等的境界，所谓"失道而后德"（《道德经》第三十八章）。

"失者，同于失"，失道、失德的人，失败必然离不开他。对不起了，这就是自作自受，什么也不修，就必定是失败与失落。人一旦失道、失德，这就像佛教讲的，六道轮回永远伴随着失落，种因得果，没有善因，没有真发心，当然不会修成正果。

"同于道者，道亦乐得之"，认同于道的人，道也乐见其得道。如果你真正发心求道了，大道会欢迎你，佛菩萨会拥抱你，上帝会接纳你。如果大家都是"同道"的，先知觉后知，先觉觉后觉，大家跟宇宙大道的节奏契合了，大道也欢迎你加入。

"同于德者，德亦乐得之"，认同于德的人，德也乐见其积德。你真发心修德了，顺着人向善的天性去做，就多一个"同志"了。

"同于失者，失亦乐得之"，认同失道、失德的人，也乐见其迷失。这是我们大多数人的结局，因为我们常常觉得修道、修德太累。所有那些迷惑于假象，不愿意用功，也不愿意发心的人，就必然堕入失败的阵营。

"信不足焉，有不信焉"，统治者的信、望、爱不够，人民就不信任他。作为一个领导者，如果你的诚信不够，人家当然就不信任你。敌人不信任你，同志也不信任你，太太都还有一点挑。孔子说"信则人任焉"（《论语·阳货》），诚信就能得到别人的任用。诚信、信仰不是真的，自己信心不够，不真诚，不够努力，一定就有不被信任的结果。用在治国方面，也是一样。

地狱门前僧道多，一切都因为自己。所以，古人要我们"自昭明德"（《易经·晋卦》）、"自强不息"（《易经·乾卦》），反之则是"自我致寇"（《易经·需卦》）。所以我们要问自己：我下过功夫吗？是真心吗？

我们不要忘了老子所说的，同于道的，就是与道同行；同于德的，就与德同行；同于迷失的，就与失落同行。我们看，同一政党的，叫"同志"；一起修佛的，叫"同修"；一起修道的，叫"同道"；一起"据于德"的，叫"同德"。其实，我们多数人应该互相称为"同失"，因为我们都失落了，我们都在"失乐园"。

第二十四章

企者不立,跨者不行,自见者不明,自是者不彰,自伐者无功,自矜者不长。

其在道也,曰余食赘形。物或恶之,故有道者不处。

【白话】

踮起脚后跟站着,无法站得久;跨大步向前走,无法走得远;有意自我表现的,反而不能明显;自以为是的,反而不能显著;自我夸耀的,反而并没有功效;妄自尊大的,反而不能长久。

这些行为对道来说,就是些剩饭、赘瘤。有的人厌恶这样的作为,所以悟道的人更不会这样做。

【解析】

"企者不立",踮起脚后跟站着,无法站得久。"企",踮起脚后跟站立,引申为企图心。人有的时候,自己身材没那么高,却希望站得比较高一点,就像企鹅那样,踮起脚跟。但是，你踮着脚跟站着，就撑不了多久，因为基础不扎实。"企者不立"就告诉我们要脚踏实地，人可以有企图心，但还是要脚踏实地去奋斗，要务实，不要有幻想。

"跨者不行"，跨大步向前走，无法走得远。"跨"，大步向前走。想走快一点，就得顺着自然的步伐，一步一个脚印往前走。千里之行，始于足下。有的人想要求进步，就用跨步的方式，能长期走下去吗？这是急功近利，用最短的时间速成，甚至是虚晃一招，纯粹是自欺欺人。就像任何生产计划、业绩要增长多少，都要顺应自然，而不是美化账面。实际一点，才能长久。

"自见者不明，自是者不彰，自伐者无功，自矜者不长"，有意自我表现的，反而不能明显；自以为是的，反而不能显著；自我夸耀的，反而并没有功效；妄自尊大的，反而不能长久。这些前面已经讲过，比较容易理解。

"其在道也，曰余食赘形"，这些行为对道来说，就是些剩饭、赘瘤。对大道来讲，这种自伐、自骄、自是、自见行为，完全没有必要，因为不仅没有用，反而有害。"物或恶之，故有道者不处"，有的人厌恶这样的作为，所以悟道的人更不会这样做。人都有感应的，一般人看到这类行为，都觉得好笑，觉得有点儿扭捏作态。所以，真正的悟道之士，他绝不会以此自处。

第二十五章

有物混成，先天地生。

寂兮寥兮，独立而不改，周行而不殆，可以为天下母。

吾不知其名，强字之曰道，强为之名曰大。大曰逝，逝曰远，远曰反。

故道大，天大，地大，人亦大。域中有四大，而人居其一焉。

人法地，地法天，天法道，道法自然。

【白话】

有一个浑然自成的东西，先于天地而存在着。

寂然无声的样子，空虚无形的样子，它超然恒存却不改变，循环运行却不止息，可以作为天下万物的根源。

我不知道它的名字，勉强称它为"道"，勉强替它起个名字就叫"大"。它浩瀚无边，运行起来周流不息，周流不息就穷极远处，穷极远处就返回本源。

所以，道是大的，天是大的，地是大的，人也是大的。

宇宙间有四大，而人居其中之一。

人取法地，地取法天，天取法道，而道纯任自然。

【解析】

"有物混成，先天地生"，有一个浑然自成的东西，先于天地而存在着。"物"，指"道"，因为，道是无名的，就以"物"代称。"混成"，即浑然自成。道是一个混沌的整体，不好去区分，一旦执着于分别，就如同盲人摸象。万物在太极的时候，人就很难琢磨，到了"是生两仪"阶段了，才比较好认识。换句话说，万物被区分之后，才能成为被认识的对象。

"有物混成"，在《庄子·天地》中有说："泰初有无，无有无名。一之所起，有一而未形。"意思是：在最开始的时候，只是"无"存在，尚未出现"有"，也尚未出现"名"。这就是"一"的由来，混同为"一"而尚未具体成形。

"先天地生"，因为道创生了天地，就像"乾元"统天一样，没有什么东西比"道"更早。

"寂兮寥兮，独立而不改，周行而不殆"，寂然无声的样子，空虚无形的样子，它能超然恒存却不改变，循环运行却不止息。"寂"，形容道的无声；"寥"，形容道的无形。"独立"，有超然而存在的意思。没有任何事物，与"道"同在一个档次上；也没有任何事物，可以与之匹敌。

"周行而不殆"，"周行"，像圆周循环运行；"殆"，止息。这句话是指道在运用方面广大无边而又从不停止，在任何地方都行得通，因为它是最高的自然法则。

"可以为天下母"，可以作为天下万物的根源。为什么老子不说"为天下父"？因为道家崇尚柔，这恰恰是《易经·坤卦》的原型，可以说，整个天下都是从"无极老母"生出来的。

"独立而不改，周行而不殆"，一方面，表示"道"是绝对的存在，不会因为任何变故而变化，而这正是其超越性的特点；另一方面，"道"是普遍存在于一切东西的背后。若没有"道"，万物就没有存在的理由；若没有万物，"道"也没法展现出来。

"吾不知其名，强字之曰道"，我不知道它的名字，勉强称它为"道"。"字"，是动词，有命名的意思。老子说，我不知道，要怎么讲这个宇宙生命的本体，就勉强给一个称呼，叫它"道"吧。但是，人也不要执着，大道哪里会有真正的名字呢？

"强为之名曰大"，勉强替它起个名字，就叫"大"。大道浩瀚无垠，又无所不包，那种强大与伟大，不好形容，只好勉强用"大"来称呼它。

"大曰逝，逝曰远，远曰反"，它浩瀚无边，运行起来周流不息，周流不息就穷极远处，穷极远处就返回本源。"逝"，往、行，指道周流运行不息。"曰"，"就"的意思。"反"，返回。

对于"逝"，孔子在《论语》中说："逝者如斯夫，不舍昼夜。"说明宇宙间每一个刹那都有旧的东西毁灭，也有新的东西创生，就像剥极而复、新陈代谢的情况一样。"逝曰远"，既然很多东西过去了，离我们越来越远，但它的根源，不会消失不见了，所以"远曰反"。"反"，也有反身修德的意思。对于参道的人，有很多的路可以走，只要找到对的通路，反而一下子就到了。

在《易经·泰卦》第三爻，就讲"无平不陂，无往不复"，没有只是平坦而没有斜坡的，没有只往前行而不返回的。"无往不复"不就是"远曰反"的意思吗？万事万物的运行、发展，跑得再远，也会回头，因为运行轨迹是圆的，这也是"周行而不殆"的意涵。

为什么大道那么难参、成佛那么困难？而有些人不读书，不认识字，却能通过顿悟而通？因为他懂得"反"，即从内心世界去找自性。如果往外面找，越找越远，一天到晚要去尼泊尔，要去不丹，要去印度，去得再远，佛还是没参到。最后不还是"远曰反"吗？拜菩萨还要远求？到处都是。菩萨家中坐，何必远烧香？"菩萨"就是你的堂上双亲。人就是很奇怪，对现实不满，本来身边有很多可以效法的，却向往远处的。有的人，自己家里脏得要死，却穿着制服到别人家里去清扫，这是真的保洁吗？

"故道大，天大，地大，人亦大"，所以，道是大的，天是大的，地是大的，人也是大的。"大"不是光指人外面所做的事功，因为"至大无外"。老子称"人也大"，本身有他的理论根源的。人与生俱来的自性就是"大"的。像佛教讲，众生都有佛性，也就是说在理论上，每个人都可以成佛。所以，你不要小看自己，每个人内心中原有的良知良能，都是"大"的。《易经》中所讲的"大人"，是比圣人还要高的境界，"大人者，与天地合其德，与日月合其明，与四时合其序，与鬼神合其吉凶"（《易经·乾卦·文言》）

在王弼的版本中，"人亦大"，改为"王亦大"。"人"是普遍的称呼。人间最影响众生祸福的领导人，叫"王"，故我们不要忽略那个王的影响力。

"域中有四大，而人居其一焉"，宇宙间有四大，而人居其中之一。"域"，就是宇宙。

老子这里是为了提醒世人，不可因为自己生命的短暂与脆弱，而妄自菲薄，而应该追求"君子上达"，一步步向上提升，达成与"道"同游的至高境界。

"人法地，地法天，天法道，道法自然"，人要取法地，地要取法天，天要取法道，道要取法的是那些自己如此状态的东西。在《易经》中，《坤》卦代表地，《乾》卦代表天，《坤》卦是配合《乾》卦的，所以地要取法天。但天与地，全部都从道来。"自然"是形容词，自然而然的意思。一切自己如此状态的事物，都有自然的特性，包括人后天靠习惯养成的行为的自然状态。这并不是说，在道上面还有一个"自然"，道本身的特性是"自然"，因此，"道"也称"天则"。

天则在《易经·乾卦》讲来，就是"见群龙无首吉""乃见天则"，从分子生物学角度来看，构成人体的分子结构里面，没有总部，真正的自然法则是没有任何人发号施令，真的是"群龙无首"。所以，人体内只要有任何一个东西发号施令，那一定不会自然和谐的。

"人法地，地法天，天法道，道法自然"，这是老子的结论，告诉我们要掌握自然的法则，人要修，就要从人出发，首先是最亲近的人，然后是周边的群众。"人法地"，地里面有自然法则，人里面也有自然法则。"地法天，天法道"，就是追根究源了。

第二十六章

重为轻根,静为躁君。是以圣人终日行不离辎重,虽有荣观,燕处超然。

奈何万乘之主,而以身轻天下?轻则失根,躁则失君。

【白话】

稳重是轻浮的根本,沉静是浮躁的主宰。所以,体道的圣人整日行走在外,都离不开保障,即使有华丽丰美的物质享受,也能安然超脱,不受左右。

作为万乘大国的君主,怎么可以凭着轻浮的态度治理天下呢?轻浮就失掉了根本,躁动就失掉了主宰。

【解析】

"重为轻根,静为躁君",稳重是轻浮的根本,沉静是浮躁的主宰。"君"有主宰的意思。老子一出口,都是千锤百炼的人生经验,他往往直接讲出所得的结论,而没有论辩过程。对任何事物来说,根本、根基最为重要,这是真正的"常"。所以，人做事，要抓到问题的关键点，即"根本"。我们做人，就要懂得自重；我们做事，就要稳重。尤其作为领导人，如果浮躁，就没有威信。正如孔子说"君子不重则不威"（《论语·学而》）。

"重为轻根"，作为树来讲，根一定要扎得深，才不容易被风刮倒。所以，《易经·屯卦》第一爻称"磐桓，利居贞"，根基稳固，才利于固守。

"静为躁君"，人的浮躁与躁郁的情绪，是产生无妄之疾、无妄之灾等忧悲烦恼的根源，心只有沉静下来，生命才有主宰。

老子告诉我们，"致虚极，守静笃"，不就可以"观复"了吗？面对麻烦事情，人为什么要打坐收心呢？因为静心是主宰。如果我们缺乏静心，就一事无成。

"根"字的右边，是要人止欲修行的艮卦的"艮"。意味着，人借由止住欲望，回归本心。到了艮卦第五爻，就攀上了心灵高峰，抵达"敦艮"境界，那时人就很厚重了。

"是以圣人终日行不离辎重"，所以，体道的圣人整日行走在外，都离不开保障。"辎重"，指装载衣物、粮食等装备的车子。在古代，行军打仗都离不开辎重，这是作战的后勤保障。如果没有后勤支持，军队就走不了多远。老子以"辎重"作比，说明圣人行道，也不能离开稳重与沉静这样的心理素质作为保障。真干事的大人物，行走坐卧，自然而然都有所心理准备。不管发生什么惊天动地的变故，他都不动如山，处变不惊。一般人则方寸大乱了。

"虽有荣观，燕处超然"，即使有华丽丰美的物质享受，也能安然超脱，不受左右。"荣观"，华丽的居所；"燕"，安适。通常，像政治领域或经济领域的领袖，从物质上来说，他们都过得蛮舒服，旁边有秘书，有司机，有侍从，住着华美的公馆，这都叫"荣观"。对于体道的人，这些物质享受对于他们来说，好像完全可以超脱，而不把这些当回事，能淡泊以待。

"奈何万乘之主，而以身轻天下"，万乘大国的君主，怎么可以凭着轻浮的态度治理天下呢？"万乘之主"，是指拥有一万辆兵车的诸侯国国君，算得上是大国国君了。

"轻则失根，躁则失君"，轻浮就失掉了根本，躁动就失掉了主宰。这句话呼应前面开头的那句话。人一旦犯了轻浮的毛病，受外面物欲的左右，心里就不淡定，则一定失掉根本。身心缺乏主宰，就容易随波逐流。

可见，人生不管是大的较量，还是小的拼搏，通常是冷静的，才是最后的赢家；轻浮、躁动的，都是比较容易对付的对象。如果在大家轻躁的时候，你能够稳重，就容易胜出。在《易经》中，如果对《归妹》卦、《渐》

卦这两卦做一个对比就可以知道，《归妹》卦"贞凶，无攸利"，就是轻浮、躁动，想急着一步到位，如同怀春的少女一下子就想嫁对人，以找到终身"饭票"，到最后可能是竹篮打水一场空；而渐卦，就懂得静，就懂得重，循序渐进，步步为营，到最后得到大成功。看来，还是心静的人真正主控全局的。

第二十七章

善行无辙迹,善言无瑕谪,善数不用筹策,善闭无关楗而不可开,善结无绳约而不可解。

是以圣人常善救人,故无弃人;常善救物,故无弃物。是谓袭明。

故善人者,不善人之师;不善人者,善人之资。

不贵其师,不爱其资,虽智大迷。是谓要妙。

【白话】

善于行动的人,不留痕迹;善于讲话的,没有任何过失;善于预测的,不用蓍草;善于关闭门户的,不用门闩却让人打不开;善于捆绑或缔结契约的,不用绳索与契约,却不能够解除。

因此,得道的人总是善于帮助人,所以没有被遗弃的人;总是善于拯救一切,所以没有被遗弃的东西。这称得上是保有人原来启明的境界了。

所以,善人,是不善人的老师;不善人,是善人的借鉴。

如果不善之人不尊重善人，善人不爱惜不善之人。虽然自以为聪明，其实是大迷糊。这称得上是精要又奥妙。

【解析】

这一章是修身、修心，以及处世的大法。得道的高手，就是这种境界。老子在开始还是讲结论，没有告诉我们中间怎么修才能到这一步。他只是讲，修为够的人到最后就是这个境界。

"善行无辙迹"，善于行动的人，不留痕迹。"辙"原指车辙，即车子走过，车轮所压出的痕迹，此处比喻人行动过的痕迹。真人不着相，甚至不露相，露相非真人。高手把事情完成了，还不着痕迹。

"善言无瑕谪"，善于讲话的，没有任何过失。"瑕"，小毛病；"谪"，过失。这表示，任何一个言论、任何一套说法都很圆融，让人找不到一点儿毛病。我们常说，一个人把话讲得滴水不漏，就指这种情况。

"善数不用筹策"，善于预测的，不用蓍草。"筹策"，指占卦用的蓍草。"数"，有测算的意思，《易经·说卦传》"数往者顺，知来者逆"之"数"就是如此。善于预测的人，不用任何有形的工具来占卜，他想一想，就知道未来会是什么样。在《易经·革卦》中，处于第五爻的君位，爻辞说"大人虎变,未占有孚",作为领导者一旦达到大人的境界,就有了强大的行动力,做事情"未占有孚",不需要占卜,因为诚信够。即老子说的"善数不用筹策"。所以,人要到"善数不用筹策"的境界,很不容易。

"善闭无关楗而不可开",善于关门的,不用门闩却让人打不开。"关楗",门闩。高手要关门,不让你掌握到任何东西,根本不用锁。即使你找到万能钥匙,也没用。换句话说,假定有锁的话,总是有对应的钥匙。最高明的"关楗",根本就是无形的,这就好比它是人与人之间的真诚,以诚相待,以真心换真心,少有人会背离,你自然不用"关住"对方。

"善结无绳约而不可解",善于捆绑或缔结契约的,不用绳索与契约,却不能够解除。"结",指打结、捆绑,引申为缔结;"绳"指绳索;"约"指契约、合约。为了巩固彼此的关系,一般需要定一个合约把双方绑住,谁违反,就要受处罚。其实这样的约定,有绝对保障吗?真正有实力的,或者要耍赖的,说不承认就不承认。

在第一次世界大战的时候,日本的军事实力已经发展到非常不得了的程度,尤其是其海军实力后来居上。那时就制定了所谓的美、英、法、日、意五国海军公约,意在限制各国舰艇的数量与吨位。结果,美、英、法、意完全遵守契约,各国生产的航空母舰或者巡洋舰,都是按照契约规定生产。而日本就耍了一些花招,造了很多大吨位的商船，商船就不在公约的限制内，到战争爆发时，稍微改造，就变成大军舰。所以，到第二次世界大战的时候，日本派往战场的军舰数量和吨位，就非常吓人。当初五国的海军公约，就没有绑住日本人。

可见，如果一个人，内心不想守约，你们之间最终定什么约，都是没有用的。只有结之以心，结之以诚，才能守约。否则，任何有形的"绳约"，都不能绑住任何人。因此，老子才说，真正善于把彼此结合在一起的，不用绳绑，不用任何合约，最后就是解不开与掰不断的交情。这就是人们向往的生死相随之情。

《易经·随卦》上爻称"拘系之，乃从维之，王用亨于西山"，根本不需要任何束缚，百姓就心甘情愿追随。这才是最高境界。拿绳子去绑人，你绑得住吗？用合约保障彼此权益，那不就是一张纸吗？善于缔结"同心"的大智者，都不靠表面形式。真正的诚意，完全不靠外在的东西来背书。不要用"绳约"去捆绑，让人自由自在，到最后彼此还分不开，这才是高手的对策。

我们的人生有时候要"闭"，有时候要"开"，有时候要"结"，有时候要"解"。这是究竟法门，上乘境界的人就能做到。下乘境界的人就得准备绳约、筹策、关楗，还要用密码锁、保险柜等。

"是以圣人常善救人，故无弃人；常善救物，故无弃物",因此,得道的人总是善于帮助人,所以没有被遗弃的人;总是善于拯救一切,所以没有被遗弃的东西。这是体道、悟道的圣人惯常的态度,他大慈大悲,救苦救难,绝不是沽名钓誉,而且帮助人时,一个都不放弃。虽然有的被救的人,可能满身罪孽,圣人也能赦过宥罪。闻声救苦,还是比较被动的,循声救苦,就积极主动了,这样长期下来,甚至就变成一个专业的慈善组织。对于救人,我们一般人,都会有分别心,这个要救,那个不救。这就是《泰》卦的第二爻所讲的"包荒"的意涵。事情在"荒"的阶段,发展得还不好,我们有时候就容易有所选择和放弃。"常善救物,故无弃物","物",包括人、事、物。也就是说,万事万物都要去拯救。

"是谓袭明",这称得上是保有人原来启明的境界了。"袭",因袭、承袭、保有的意思。"明",就是启明,也是"知常曰明"的"明"。"袭明",进一步讲,也是得道的意思。

所以,圣人有这样的心态,就像佛菩萨要度人,善救人,但是救苦救难,还有善救的与不善救的。有时候不善救的,把自己搭上,也没有救到人。善救人的,就是前面那个心态,懂得善言、善行、善数、善闭、善结的高人,同时又有善救人、善救物那样宽广胸怀的人。

"故善人者,不善人之师;不善人者,善人之资",所以，善人是不善人的老师；不善人是善人的借鉴。"资"，凭借、借鉴。我们大部分人，都没有做到真正"善人"的地步，作为"不善之人"，我们就要"见不贤而内自省"。我们要拜老师，就要亲近善知识了，要跟"善人"学，所以"善人"足以做我们的老师。孔子说："三人行，必有我师焉，择其善者而从之，其不善者而改之。"(《论语·述而》) 其实，人间世充满了不完美，到处都是瑕疵之人，真正值得取法的善人，少之又少；可是，值得我们引以为前车之鉴的，一定是满坑满谷，就是我们反面的借鉴，这就是老子所说的"资"。当然，如果世间没有不善之人了，善人也就没有了借鉴，没有用力进取的地方了。假定有一天，地狱真的空了，地藏王菩萨就要改名号了，他也没地方可住了。所以，善人与不善人是互相需要的。

"不贵其师，不爱其资，虽智大迷"，如果不善之人不尊重善人，善人不爱惜不善之人，虽然自以为聪明，其实是大迷糊。下对上，就叫"贵"，有尊重的意思。人生一定要亲近善人，尊重自己的老师。"爱其资"，善人关爱自己的借鉴——"不善人者"，是上对下的关系。《易经·解卦》第五爻讲"君子维有解，有孚于小人"，表示君子是没有分别心的，对小人很是包容，总是用信望爱的心去关爱小人。"是谓要妙"，这称得上是精要又奥妙。

第二十八章

知其雄,守其雌,为天下谿。
为天下谿,常德不离,复归于婴儿。
知其白,守其黑,为天下式。
为天下式,常德不忒,复归于无极。
知其荣,守其辱,为天下谷。
为天下谷,常德乃足,复归于朴。
朴散则为器,圣人用之,则为官长。故大制不割。

【白话】

懂得雄强的好处,却守住雌柔的位子,才可以作为天下的溪谷,让众流汇入。

能作为天下的溪谷,恒常的禀性就不会离开,而回复到纯真状态。

知道光亮的好处,却宁愿守在黑暗的位子,可以成为天下的法则。

能作为天下的法则,人恒常的禀赋不出差错,找回本心就回到"道"了。

知道荣显的好处，却宁愿处在卑污的境地，如此，就可以包容天下的污垢。

能包容天下的污垢，人恒常的禀性就会充足，能回复到最质朴的状态。

本来的质朴离散了，就变成了各种有用的器具，悟道的圣人利用这个原理，就成为百官的首领。所以完善的政治是不能割裂人性的。

【解析】

"知其雄，守其雌，为天下谿"，懂得雄强的好处，却守住雌柔的位子，才可以作为天下的溪谷，让众流汇入。这也是《道德经》中的名言，完全像太极图，阴中有阳，阳中有阴。"雌"与"雄"，就是阴与阳，"雄"代表刚、强、尊；"雌"代表肉、弱、卑。

"守其雌"的人，不是不了解雄、阳、刚、实那一面的好处，可是他采取守柔的方式。一般人都想雄起，都想争胜争强，但是，老子就告诉世人，要懂得守柔，要主动愿意雌伏。如果你要争雄，别人也会争，你马上就变成众矢之的。人常说"是非只为多开口，烦恼皆因强出头"，为什么目前美国就陷于不平衡状态？因为，美国称雄太久了，后续发展乏力，别的国家，像中国就渐渐发展起来了。中国在改革开放四十年来，韬光养晦，埋头发展经济，增强国家实力，取得了惊人的效果，此即"知其雄，守其雌"。"守其雌"，其实是要争雄天下的。就像待在溪谷的人，最后水都往他那儿汇聚。

《易经·升卦》讲"柔以时升，巽而顺，刚中而应，是以大亨"，这就说明，事物的发展得以快速上升，就是因为有了用柔的智慧。任何事物，都有阳刚与称雄的一面，也有阴柔与雌伏的一面。老子认为，万事万物的发展都是圆运动，即循环运行，反复不已。俗话说"坡不会一直上，人不会一直旺"，在这个循环发展、一起一伏中，凡是表面上看起来刚的、强的东西，较容易被摧毁；柔的、弱的东西，反而最后生存下来。

"为天下谿"，"谿"，指溪谷，是低洼的地方，但是有很多水流汇集。在最低的地方，才能接纳大量的水资源，这就如同一个聚宝盆。也是老子所云"夫唯不争，故天下莫能与之争"。

"为天下谿，常德不离，复归于婴儿"，能作为天下的溪谷，恒常的禀性就不会离开，而回复到纯真状态。

"常德"，指恒常不变的德，即人从"道"所获得的本性与禀赋。体道的人，就是"道不可须臾离也"。人处在低调自修的位置，就不要让常道、常德片刻离开自己，这才是智者的行为。孔子在《论语》中，特别指出，人要"志于道，据于德，依于仁"。

"复归于婴儿",意指返璞归真,回到纯真的自然状态。

"婴儿",古人常说的赤子,比喻纯真自然。儒、释、道的很多观念,都强调人要跟婴儿学习。婴儿是很纯粹、质朴的。等婴儿稍微长大一点,就不太可爱了,天生的欲望就开始多了,嗜欲一旦深了,欲望就蒙蔽了理智,人就被习气污染了。

"复归"的"复",就是《易经·复卦》的意涵,"复见天地之心",那时人就能认识自己了。"归"就是回到本来面目,回到心灵的家乡。

孟子说"大人者,不失其赤子之心者也"(《孟子·离娄下》),修到大人境界那么高了,就是不失去赤子之心。可见,"复归于婴儿",是人永远的向往。看我们成人世界,平时脸色正的都没有多少人,因为忙于钩心斗角。可是,婴儿就没有恶的念想,婴儿的脸看了就觉得清新可爱,给人的感觉都是美的。

"知其白,守其黑,为天下式",知道光亮的好处,却宁愿守在黑暗的位子,可以成为天下的法则。持守"知其白,守其黑"这一原则的人,明白水清无大鱼,他守在黑暗的那一面,有人就拼命抢白光的那一面,他超脱了竞争。等处在白光那一面的人斗得头破血流,无所收获,他就从黑暗面走出来,最后那个"白"也是他的。

从《易经·晋卦》、《明夷》卦的比较中可以看出,

《晋》卦代表光明的一面，是日出的象；"明夷卦"代表黑暗的一面，是日落的象。作为一个领导人，要包容，懂得装糊涂，此即《明夷》卦"用晦而明"的大智慧，即韬光养晦能产生光明。以前皇帝所戴的帽子，前面有个帘子一样的冕旒，这样的用意在于，皇帝不要把群臣看得太清楚，否则会发现实在没几个好人。可是，不要忘了，下面的人看皇帝，也会认为皇帝不是什么好人。所以，皇帝就戴着挂有冕旒的帽子，如此，大家互相看得模模糊糊的。双方不要了解太透彻了，这样子君臣相处就比较好些。

"为天下式"的"式"，指公式，也是法则、规律的意思。"则"字是象形字，用"刀"刻在"贝壳"上。古今中外的经典，就是讲各种各样的"则"。中国很多经书的权威一旦确定，从皇帝开始，就把它们刻在石板上或山上，不能随便改的。

可见，凡逞强用刚的，最后争得成功的很少，如果顺势用柔，最后取得成功，还得善终的，到处都是。任何事情一定有阴有阳，为什么有的人一定要站在大家都要瞄准的地方呢？可能因为他耐不住寂寞，智慧不够。要知道阴极转阳，阳极转阴，黑白会互调的。日出转日落，兴盛与衰亡，不都是轮流转吗？

"为天下式，常德不忒，复归于无极"，能作为天下的法则，人恒常的禀赋不出差错，找回本心就回到"道"了。"忒"，差错。"无极"，无穷无尽。一个东西假定有一个极，恐怕就有一点儿问题，没有极才是圆融的。"道"的用，就是无穷无尽，所以"无极"也指"道"。"复归于无极"，就是重回道的怀抱。兔子绕山跑，终须归老窝，人流浪久了，一定要回老家。这三句，就是"圣人抱一为天下式"的换一种说法。

"知其荣，守其辱，为天下谷"，知道荣显的好处，却宁愿处在卑污的境地，如此，就可以包容天下的污垢。"荣"，光荣、荣显。"谷"，溪谷，引申为包容。知道戴上大红花的光荣，却待在包羞忍辱的位置，你就能超越竞争圈，最后就等着拣最后的便宜。

"为天下谷，常德乃足，复归于朴"，能包容天下的污垢，人恒常的禀性就会充足，能回复到最质朴的状态。"朴"，指未被雕琢的原木，也比喻未被习染的心。换句话说，因为你谦卑、包容，大家都在上面争，你却在下面固守，你的德行就够，最后你就归真返璞。

"朴散则为器，圣人用之，则为官长"，本来的质朴离散了，就变成了各种有用的器具，悟道的圣人利用这个原理，就成为百官的首领。"散"，涣散、离散。"之"

是指"朴散则为器"的原理。刚开始，人的天真、质朴都没有散，可是所有的事情顺着形势一定要往前走，慢慢地，质朴就散掉了，人不再那么纯朴了，人心险恶等检验也多了。

"器"，指有实用价值的器具。是器，就有一定的限量。学数理化的人，今后可能就是科技人，当工程师。但是，人是一个整体，还要修德，要具备人文精神，不能仅仅做一个"器具"。制度的设计，各种创造发明，统统都称之为"器"。器的用途，就有一定的限制，就不是事物原来纯朴状态时的整体而有大用的。因此，"朴"散了，人生的发展，就比较拘碍。像人类文明的发展，可能是越来越回不了头了，不能归真返璞了。我们要了解，这是势所必然的，最早的原生态虽然很可爱，但是一定要接受很多的丑陋与堕落。"朴散为器"，就是道的堕落。

"圣人用之，则为官长"，事业要往前发展，还要保持洁净不染就很难，把文明废弃也不可能。那没有关系，作为领导人，至少要知道原始自然态的可贵，从而进行有效的管理，不要太失控。

"故大制不割"，所以，完善的政治，是不能割裂人性的。要正本清源，就不要离开本源太久，经常要校正。文明的发展，如果不建立制度，那是不能够有效管理的，但是也不要让制度伤到了人自然的本心。这就叫"大制不割"。有的朝代，君主实行严刑峻法，在那个制度下，百姓苦不堪言。制度是为了解决问题，为了大家活得更快乐而定的，如果人性被制度搞得割裂、扭曲了，那么要改革的就是制度，而不是要改变人性了。

《易经·节卦》称"节以制度，不伤财，不害民"，如果一个制度劳民伤财，这个制度就割裂人性。所以，作为一国的领导者，定制度是必要的，那么定什么样的制度才能够不割裂人性呢？那就要遵守这一原则："不伤财，不害民。"

第二十九章

将欲取天下而为之，吾见其不得已。
天下神器，不可为也，不可执也。
为者败之，执者失之。
故物或行或随，或嘘或吹，或强或羸，或载或隳。
是以圣人去甚、去奢、去泰。

【白话】

想要靠着人为的造作去治理天下，我看那是不可能的。

天下是一个神妙的重器，对它不可以有妄为，不可以太执着。

妄为的人就会败坏它，执着于控制的人就会失去它。

在一切人事物中，有的前行，有的跟随；有的嘘寒，有的吹暖；有的刚强，有的柔弱；有的能用，有的毁坏。

因此，圣人去除过度的、奢侈的、一心要达定点的措施。

【解析】

"将欲取天下而为之，吾见其不得已"，想要靠着人为的造作去治理天下，我看那是不可能的。

"天下神器，不可为也，不可执也"，天下是一个神妙的重器，对它不可以有妄为，不可以太执着。在古代，权力的工具为"器"，譬如鼎就是象征国家政权的重器。老子在此是说，自古就没有哪一个朝代是靠雄霸征服治理天下的。

"为者败之，执者失之"，妄为的人就会败坏它，执着于控制的人就会失去它。凡是牢牢抓着政权，最后还是会失去。天下不是皇帝一个人，也不是家天下。秦始皇那么能干，横扫六合，秦朝二世而亡，也就十五年。

"故物或行或随，或嘘或吹，或强或羸，或载或隳"，在一切人事物中，有的前行，有的跟随；有的嘘寒，有的吹暖；有的刚强，有的柔弱；有的能用，有的毁坏。"物"，包含人事物。"羸"，弱的意思。

"是以圣人去甚、去奢、去泰"，因此，圣人去除了过度的、奢侈的、一心要达定点的措施。圣人对一切事情，是真正看透了，他会把自己追求过分、追求最好的欲望统统都要去掉。圣人明白物极必反，凡事要求太盛，绝不会是好事。占有那么多能全部享受完吗？除了自己这一辈子享受外，自己的子孙也能一直享受吗？要知道，富不过三代，"君子之泽，五世而斩"（《孟子·离娄下》）。

一个人死后，留那么多遗产干什么呢？如果子孙比你强，他自己就会创造财富，你给他留钱，只是在金钱数目上加一些零。如果子孙不如你，你给他留那么多钱，他不是马上就败家吗？可是，很多人并不理会这些道理。

为什么要"去泰"，在《易经》中，《泰》卦在《否》卦前，也就是说泰极会否来，而不是我们常说的否极泰来，所以，持盈保泰很难。为什么要"去甚、去奢"？当你无中生有、白手起家，把事业做到一定程度后，可能就到了一个节点。如果再往下发展，也许就超过了你的能力限度。如果你还雄心万丈，继续扩张，那你的事业帝国将无以为继或无力维持，马上就往下滑落。可见，人通常总是不自觉地膨胀自己的野心而低估周遭环境，那么最后的失败就是必然的。

第三十章

以道佐人主者，不以兵强天下。其事好还。

师之所处，荆棘生焉。大军之后，必有凶年。

善者果而已，不敢以取强。

果而勿矜，果而勿伐，果而勿骄，果而不得已，果而勿强。

物壮则老，是谓不道，不道早已。

【白话】

用道来辅佐君主的人，不靠兵力逞强于天下。打仗这种事总会遭到报应。

军队所过之处，荆棘丛生。大战之后，一定出现荒年。

善于用兵的人，求达到目的罢了，不敢靠武力逞强。

目的达成却不自负，目的达成却不自夸，目的达成却不骄傲，目的达成也是出于不得已的防卫，已经达成目的就不必逞强。

万事万物一到强壮的阶段，就会衰老，所以逞强逞能是不合乎道的，不合于道的事，很快就会消亡。

【解析】

"以道佐人主者，不以兵强天下。其事好还"，用道来辅佐君主的人，不靠兵力逞强于天下。打仗这种事总会遭到报应。"天道好还"，"善有善报，恶有恶报"，这些俗语正是"其事好还"这一句所说的意思。几家欢乐几家愁。如果你天天过年似的，别人一直倒霉，那还符合天道吗？天道是循环运作的，因果业报也是。

"还"，返回。如果一个人总是欺负别人，最后的报应，一定会统统还给他，也许还变本加厉。所以，真正懂得辅佐国君的人，帮国君争雄天下，不能靠兵力去逞强。无论何时，绝不要走穷兵黩武的路子，这会害了国君和这个国家，辅佐者也不会有好结果。

事情要是做过头了，下场一定很惨。孟子说"善战者服上刑"，战国时期秦国名将白起很是善战，战无不胜，为秦国的扩张立下了汗马功劳，在长平之战中坑杀赵国降军四十几万，最后也被秦昭王赐死，也可以说是"其道好还"。

你今天打败他，将来他打败你；你杀他，他杀你。美国这几十年就是"以兵强天下"，最后也是"其事好还"。

"师之所处，荆棘生焉"，军队所过之处，荆棘丛生。

战争对环境，尤其是古代对农业生产都造成很大的破坏。只要一个地方成了战场，农作物被破坏不说，这些良田也统统废掉了，很快就杂草丛生、荆棘遍布。

"大军之后，必有凶年"，大战之后，一定出现荒年。这是一定的。在战争中，男人都上战场了，赖以为生的劳力稀少，各种生产进入停顿状态，国家的自然灾荒是难免的。还有些国家经历一次大的战争后，男人死去一半，人口的发展在短期内也受到极大的限制。从古到今，战争造成的饥荒年景就是穷兵黩武导致的无穷祸害。

"善者果而已，不敢以取强"，善于用兵的人，求达到目的罢了，不敢靠武力逞强。我们做任何事情，没有不希望得到好结果的。但是，不种善因，怎会有善果呢？为了自卫而用兵，那是没有办法的事，但绝不能逞兵力的强大而耀武扬威。只有那种好勇斗狠的人，才喜欢逞强，就像美国，永远想做天下第一。

"果而勿矜，果而勿伐，果而勿骄"，目的达成却不自负，目的达成却不自夸，目的达成却不骄傲。有时候，国家碰到需要正当防卫的时候，行动就要很果断，但是只要用恰当的手段达到目的就好了，千万不要过火。即使你真取得一定的成果，也不要骄傲，要有谦德。"矜""伐""骄"这三种心态，都是违反谦道的，不可能有好结果的。《易经·谦卦》告诉我们，人要有谦虚之精神，要与天地鬼神维持自然的平衡。这个世界，除了人之外，还有天地，还有鬼神，如果破坏这一平衡态，绝对有业报的。即使你在人类之中没有了敌手，天地也不会容你，最终的报应你绝逃不掉。

"果而不得已，果而勿强"，目的达到也是出于不得已的防卫，已经达成目的就不必逞强。面对敌人需要一点果断的精神，不能老挨打。伸张正义，积极抵御敌人，是不得已，人不犯我，我不犯人，人若犯我，我必犯人，这就是积极防御，这也是唯一让世界稳定的底线。《孙子兵法·谋攻篇》就说"上兵伐谋，其次伐交，其次伐兵，其下攻城，攻城之法为不得已"，战争是采取防卫的不得已而为之的手段。

"物壮则老，是谓不道，不道早已"，"已"，消亡、停止。万事万物一到强壮的阶段，就会衰老，所以逞强逞能是不合乎道的，不合于道的事很快就会消亡。任何事物一旦强壮，并不见得是什么好事，因为如果把握不住自己，就会逞血气之勇。在强壮之时，追逐更多的欲望，是非常消耗人力、物力的。老子认为，这不合乎自然之道，会很快因此消亡。《易经·大壮卦》则告诉我们，当形势在大壮的时候，就要懂得正固，要懂得"非礼弗履"，不要妄想自己会一直强壮，可能有一些事情在你还没觉察到时，也许狂风暴雨一下就来了。

第三十一章

夫兵者，不祥之器，物或恶之，故有道者不处。

君子居则贵左，用兵则贵右。

兵者不祥之器，非君子之器，不得已而用之，恬淡为上。

胜而不美，而美之者，是乐杀人。夫乐杀人者，则不可得志于天下矣。

吉事尚左，凶事尚右。偏将军居左，上将军居右。言以丧礼处之。

杀人之众，以悲哀泣之，战胜以丧礼处之。

【白话】

武器是不祥的工具，人们都厌恶它，所以，悟道的人不使用它。

君子平常时重视左方，使用兵力时就重视右方。

武器是不祥的工具，不是君子使用的工具，如果不得已才使用它，最好恬淡处之。

胜利了不要自以为美，如果自以为美，就是喜欢杀人。喜欢杀人的人，就不可能在天下达到最终的目的。

吉利的事以左方为尊，凶丧的事以右方为尊。偏将军居守左方，上将军居守右方。这是说打仗时要依照丧礼来安排。

杀人众多，要以悲哀的心情来对待，战胜了要以丧礼来对待。

【解析】

"夫兵者，不祥之器，物或恶之，故有道者不处"，武器是不祥的工具，人们都厌恶它，所以悟道的人不使用它。

"君子居则贵左，用兵则贵右"，君子平常时重视左方，使用兵力时就重视右方。"居"，日常家居，即平常的时候。老子说，平常家居的时候，是以左方为大。打仗的时候跟平时不一样，因为打仗不是好事，是不祥。所以，人们平时跟战时的习惯不一样。

"兵者不祥之器，非君子之器，不得已而用之，恬淡为上"，武器是不祥的工具，不是君子使用的工具，如果不得已才使用它，最好恬淡处之。有时候，人们因为要解决纷争，不得已才用武力。但是，君子以德服人，这是中国文化牢不可破的原则。在"不得已而用之"时，人的心态就很重要，君子则以平常心淡然处之。而有些人是嗜杀的，绝不会恬淡待之，他一旦到了战场上，就浑身兴奋得不得了。在古代，这种人有时被称为"战神"。像秦国那位百战百胜的白起，他一生的事业就是行军打仗，最高的业绩就是长平之战。

"恬淡为上"，老子是要我们"淡泊以明志，宁静而致远"。如果实在没有办法不用武力，那就在使用武力的时候，要淡定，不要嗜杀如命。《人物志》首篇就说："凡人之质量，中和最贵矣。中和之质，必平淡无味……是故观人察质，必先察其平淡，而后求其聪明。"看一个人最高的原则不是看其聪明与否，而是看其有无平淡之心。自作聪明的人，没有办法做到平淡，真正平淡的人，其实才是聪明而有智慧的。

"胜而不美，而美之者，是乐杀人"，胜利了不要自以为美，如果自以为美，就是喜欢杀人。打仗当然要求取胜，但是胜利了，千万不要把攻城略地、杀人盈野当成一件值得骄傲的事情。

"夫乐杀人者，则不可得志于天下矣"，喜欢杀人的人，就不可能在天下达到最终的目的。如果打了胜仗，面对惨烈的杀戮觉得很快乐，这说明此人穷兵黩武、以杀人为乐，他绝不可能长久得志于天下。

"吉事尚左，凶事尚右"，吉利的事以左方为尊，凶丧的事以右方为尊。

"偏将军居左，上将军居右，言以丧礼处之"，偏将军居守左方，上将军居守右方。这是说打仗时要依照丧礼来安排。上将军是主帅，位居右；偏将军是副将，偏居左。这是因为战争是要死人的，应该以凶事待之，跟平常生活所居守的方位正好相反。

"杀人之众，以悲哀泣之，战胜以丧礼处之"，杀人众多，要以悲哀的心情来对待，战胜了要以丧礼来对待。如果打胜仗了，面对着战后的血腥，还在那边喝庆功酒，这样的心态就要命了。可见，老子还是希望我们要形成一个礼制，并落实在文化习俗上，即打了胜仗要以丧礼来对待。起码面对着人命的丧失要有那种悲哀的心情，战争不仅给自己带来人命和财产的损失，也给敌对方带来同样的伤害。《论语·子张》中，孟氏使阳肤为士师，问于曾子。曾子曰："上失其道，民散久矣。如得其情，则哀矜而勿喜。"国家政治一旦一塌糊涂，没能为老百姓提供安居乐业的环境，以致百姓人心涣散，甚至官逼民反，如果是这样，即使官府一时镇压了民反，也要存悲悯和可怜之情，不能因此而高兴。也就是说，如果你了解到他为什么造反，对他要有哀怜之心，劝他弃恶从善的同时，自己也要反省。

第三十二章

道常无名,朴。虽小,天下莫能臣。侯王若能守之,万物将自宾。

天地相合,以降甘露,民莫之令而自均。

始制有名,名亦既有,夫亦将知止,知止可以不殆。

譬道之在天下,犹川谷之于江海。

【白话】

道一直是无名而质朴的。虽然细微,天下没有什么东西能主宰它。政治人物如果能守住它,万物就会自动归附。

天地之间阴阳和合,就会降下甘露,人们不必指使它而会自然均匀。

万物创始,就产生了各种名称,名称已经形成就会知道适可而止,知道适可而止就可以避免危险。

譬如"道"在天下的情况,就像江海成为溪谷河川的归往地。

"道常无名，朴。虽小，天下莫能臣"，道一直是无名而质朴的。虽然细微，天下没有什么东西能主宰它。对于道，一直没有办法给他一个固定的名称，就像未被雕琢的原木。一个东西在质朴的状态时，它可能还没有名称，但那时的自然态是最好的。换句话说，真正最强的东西，是在质朴时期，处于无名状态。

这就像《易经》的《谦》卦一样，谦看起来是卑下，但是它六个爻非吉则利，都是好的状态，这就是老子在第八章所言"夫唯不争，故天下莫能与之争"。谦和不争的心态赢得最后胜利，故曰："谦。亨，君子有终。"（《易经·谦卦》）所以，人要追求自然质朴态，看似细微不起眼的东西，但是它能降服一切，天下其他东西都不能主宰它，即"卑而不可逾"（《易经·谦卦》），没有办法逾越它。

可见，人都要追求复归自然的本心，即"复见天地之心"，在《易经·系辞传》中，孔子对复卦抱有极大的冀望："复，德之本""复，小而辨于物"。因为复卦中有天地之心，即掌握到万物的核心，如同道之朴。这个核心虽小，却是"德之本"，也最有创造力——"小而辨于物"，天地之心能辨物，能生万物，就像道之朴"虽小，天下莫能臣"。

"侯王若能守之，万物将自宾"，"侯王"代指政治领袖或政治人物。政治人物如果能守住道，万物就会自动归附。你看,老子也讲实用。如果"侯王"守住这个朴和小,即守住这个根本无名的道,天下将没有对手,因为人与物都要来归附。换句话说,我们一旦掌握了这个无名的道,掌握了复卦的天地之心,就可以主宰一切,而不被别的东西来役使。

"天地相合,以降甘露,民莫之令而自均",天地之间阴阳和合,就会降下甘露,人们不必指使它而会自然均匀。

刚柔互济,阴阳和合,就像自然现象,该下雨就下雨。如果天地阴阳相合,就没有那些暴戾之气,不必用严刑峻法去要求老百姓,就像天降甘露一样自动达到均衡,不会给谁降得多谁降得少。《谦卦·大象传》说"君子以裒多益寡,称物平施",老百姓不患寡而患不均,资源分配合理,当然不必用行政命令,自己就均了。

"始制有名,名亦既有,夫亦将知止,知止所以不殆",万物创始,就产生了各种名称,名称已经形成就知道适可而止,知道适可而止就可以避免危险。所有的事物刚开始建构的时候,不能永远在一个无名的状态。道是"体",虽然无名,可是当它由"体"启"用",一定要给定一个名。有名是从无名来的,要定这个名,永远不要脱离原先的纯朴。可见,现代文明的发展也要适可而止,不然一旦失控，局面就太可怕了，像核武器的发展控制不当就可以毁灭地球十几次。所以，人要懂得知止，文明就不会有毁灭自己的可能。

"譬道之在天下，犹川谷之于江海"，譬如"道"在天下的情况，就像江海成为溪谷河川的归往地。道是天下的归宿。道既是起源，也是归宿，包容一切。

第三十三章

知人者智,自知者明。
胜人者有力,自胜者强。
知足者富,强行者有志。
不失其所者久,死而不亡者寿。

【白话】

了解别人的是智者,了解自己的是通达事理。

胜过别人的有实力,胜过自己的才刚强。

知道满足的就富有,坚持力行不懈的就是有志。

不离失本分的才会长久不衰,身虽死而"道"不消亡,才算真正的长寿。

【解析】

"知人者智,自知者明",了解别人的是智者,了解自己的是通达事理。我们常说,知人知面不知心,人心隔肚皮。一个人能够知人,已经是了不起的有智慧之人。

在道家中，明比智的境界更高。《易经·系辞传》讲"复以自知"，要直探核心，就要自知，这种内观的明，没有通达万事万物之理，是不可能做到的。如果你在自知方面下的功夫不够，反而养了骄气，那么最后不仅自己会出问题，就连"知人"都做不到了。

"胜人者有力，自胜者强"，胜过别人的有实力，胜过自己的才刚强。战胜人家，赢得主动权，说明你有实力。但在老子看来，斗力不如斗智，斗智不如斗明。人最大的敌人是自己，故人要懂得战胜自己，即战胜自己过度膨胀的欲望，把自己的贪、嗔、痴、慢、疑压制到最低限度。这在儒家，就是"克己复礼"。人常常是天人交战，常常是一面似魔、一面似佛，如果人能够战胜自己，回归正道，这才是真正的强者。

所以，人真正的敌人不在外面，而在自己的内心，真正的魔是心魔。完全追求外在的成就，结果可能是走运，也可能是毁灭。外在的东西可遇而不可求，可以求的是自己，《易经》中"自强不息""自昭明德""自天佑之"诸语，就是如此。可见，人还是要做到"自知者明""自胜者强"。

"知足者富，强行者有志"，知道满足的就富有，坚持力行不懈的就是有志。人要怎么样才算富足？就要懂得知足。人要是不知足,他就算再有钱,也是天下最"穷"的人。一个人能够自强不息,当他面对挫折时,依然能够坚持下去,这就代表他有志向。

"不失其所者久",不离失本分的才会长久不衰。每个人都有他的"所",这是他的本分,即立足之地。天生我材必有用,如果你搞了一辈子,找不到自己奋斗的时位,就是飘荡的人生,无所依归。《易经·旅卦》就是"失其所",失时、失位、失势,在天地的羁旅中飘荡。井卦则是开发自性,找到自己的本分,"居其所而迁"。换句话说,你从事的事业都是适合你干的,不失其所才能干得久,才能够有累积的绩效出来。

"死而不亡者寿",身虽死而"道"不消亡,才算真正的长寿。有些人虽然肉身不在了,但是精神永存,这才是真正的长寿。老子是长寿的,距今已经两千六百多年了,我们还在学习他的智慧和精神。真正的长寿,就代表在精神和思想上有永恒的影响力,儒、释、道的创始人都是如此。

《论语·雍也》中孔子说"仁者寿",当人掌握了仁,才是真正的长寿、真正的永恒。

第三十四章

大道泛兮，其可左右。

万物恃之以生而不辞，功成而不有。

衣养万物而不为主，常无欲，可名于小；万物归焉而不为主，可名为大。

以其终不自为大，故能成其大。

【白话】

大道像泛滥的河水，广泛地流行在周围。

万物依靠着它生存而不推辞，大功告成却不占有。

养育万物而不去主宰它们，它一直是无欲的状态，可以称它为"小"；万物来归附而不加以主宰，可以称它为"大"。

由于它从不自以为大，所以能够成全它的大。

【解析】

"大道泛兮，其可左右"，大道像泛滥的河水，广泛地流行在周围。《易经·泰卦》中，也有"左右"的概念。其《大象传》说："后以财成天地之道，辅相天地之宜，以左右民。"人如果在某个地方经营的形势达到了泰的境界，根本不必去招商，也不必去拉夫，天下的很多资源都会吸引到他这边来。大道的吸引力就像聚宝盆一样，汇聚天下资源。

"万物恃之以生而不辞，功成而不有"，万物依靠着它生存而不推辞，大功告成却不占有。这就是道家真正了不起的胸襟。世间很多纷争，很多事业的功亏一篑，就是因为人到最后都想去占有、控制。《易经》的《坤》卦象征大地，大地如同母亲，它生养万物，会控制一切吗？不会，它会无私地为万物奉献滋养。

"衣养万物而不为主，常无欲，可名于小"，养育万物而不去主宰它们，它一直是无欲的状态，可以称它为"小"。"衣"当动词用，"衣养"指养育、覆盖，就好比用衣服把万物包在里边供养与照顾。"衣养万物而不为主"，虽养育万物，却不存有主宰的心理。可见，道呈现的是一种无欲无求的状态。"可名于小"有如"至小无内"（《庄子·天下》），不能也不必容下任何东西。

"万物归焉而不为主，可名为大"，万物来归附而不加以主宰，可以称它为"大"。道就像大海，是在最低位，但是河川溪谷最后统统流到这里来。也就是说，道真正主导一切、创生一切，但是它不争那个名号。所以，道看着好像很小，甚至都不好称呼它，但是它能包容一切，胸襟广阔无边。

"以其终不自为大，故能成其大"，由于它从不自以为大，所以能够成全它的大。悟道的人从不膨胀自己，也不夸耀自己的伟大，更不会居处最大的位置。悟道的人不处在高位，反而能够成就他实质上的伟大。

可见，我们读《道德经》，老子的观念有时候看起来好像和世俗的想法相反，其实这才是最后的真实。譬如，人越想要得到什么东西，最后越没有办法得到。如果越不去争，到最后不要都不行，反而实至名归。《易经·坤卦》的最高境界，把坤的智慧发挥到淋漓尽致，即"利永贞，以大终也"，坤本来是"小"的，乾才是"大"的，可是搞到最后，"大终"成了坤卦的结果。

老子在《道德经》中，特别偏重对坤卦顺势用柔的智慧的发挥，这方面都用到了化境。《易经》是刚柔互济的，但是老子把柔道领悟得特别深，发挥得特别好，这才创立了道家一派。儒家的创立者孔子从"自强不息"的乾卦去发挥，道家的老子从"厚德载物"的坤卦去阐释，儒、道两家的配合如同乾坤互济，谁若能兼采二者之长，定是大智慧人物。

第三十五章

执大象,天下往。往而不害,安平太。

乐与饵,过客止。

道之出口,淡乎其无味,视之不足见,听之不足闻,用之不足既。

【白话】

谁掌握了大道,普天下的人都来投靠。投靠他而不互相妨害,于是大家就和平安泰到极点。

音乐和美好的食物,使过路的人都为之停步。

用言语来表述大道,平淡而无味,看它也看不见,听它也听不见,它的作用是无限制的。

【解析】

"执大象,天下往",谁掌握了大道,普天下的人都来投靠。"大象",比喻大道。道一定有象。"执",掌握。我们任何一个创意,在还没落实成形前,先是意念催生象。象在形先，如果象正确，你就紧守住象，不要偏离，就像不要偏离大道一样。如果掌握了大道，何愁天下人不来归往？

"大象"是老子所描绘出来的愿景，谁掌握了"大象"，"往而不害，安平太"，投靠他而不互相妨害，于是大家就和平安泰到极点。天下归往就是"王道"，就是大家追求的安泰和乐的人生。如果吸引大家都追随这个道，那么结果绝对不会造成伤害。可见，紧守大道而不失，就会吸引天下人去追随，大家也不会互相伤害，社会呈现一片和平安泰之象。

"乐与饵，过客止"，音乐与美食，会让过路的人为之停步。名利都是"饵"，很多人因此就吞了那个"钩"，闻香下马。人们看到一个满足自己欲望的东西，就想要停下来。那些做美食营销的，要吊人家的胃口，就会想尽办法让顾客驻足。

"道之出口，淡乎其无味，视之不足见，听之不足闻，用之不足既"，用言语来表述大道，平淡而无味，看它也看不见，听它也听不见，它的作用是无限制的。道属于"天籁"，想听又听不到，可是永远用不完，取之不尽，用之不竭。一般人希望从外观上追求视听感觉，享受热闹狂欢的娱乐，可是，道是淡而无味的，当人真正用平淡来用世时,却是永远用不完。

我觉得老子写到这一章时,一定是满腹牢骚,因为他喊了半天,提出一个"大象"要人们去执守,天下归往的却特别少。所以他还得出关。

第三十六章

将欲歙之,必固张之;将欲弱之,必固强之;将欲废之,必固举之;将欲夺之,必固与之。是谓微明。

柔弱胜刚强。

鱼不可脱于渊,国之利器不可以示人。

【白话】

将要压制它,必定抬高它;将要削弱它,必定先使之坚强;将要废弃它,必定先提举它;将要夺取它,必定先给予它。这就叫作从最几微处明白。

柔弱可以战胜刚强。

鱼不可以脱离深水,关乎国家利害的重器不可以向人炫耀。

【解析】

"将欲歙之,必固张之",将要压制它,必定抬高它。"歙",收缩、压制;"张",扩张、抬高。要打击对手,最后希望把对方压制下去,我们必定先养他的骄气,即先抬高对方，这就是反其道而行之。如果你直接打压对手，他一定反弹，可能你就达不到目的。这也是老子"反者，道之动"的原理运用。

"将欲弱之，必固强之；将欲废之，必固举之；将欲夺之，必固与之"，将要削弱它，必定先使之坚强；将要废弃它，必定先提举它；将要夺取它，必定先给予它。如果有人认为另一个人拥有美好的东西，觉得他不配，就想抢夺过来。在没抢夺之前，他还先给予对方东西，这样做，一方面是向对方表示善意，另一方面是让对方冲昏头脑；实际上自己的心里早就盘算，先给他，将来迟早会回到自己手里，对方只是暂时保管。

在《三十六计》里面，有一计称"假虞伐虢"。春秋时期，晋国的军队要向虞国借道，去伐虢国，不然就得绕道。而从虞国的国土经过，是要行贿的，晋国就送了一些宝玉、良马给虞国国君。虞国国君贪婪心作祟，认为晋国那么好的东西都肯给自己，应该没有野心，而自己只是借一条道罢了。结果，晋国打败了虢国，回头就把虞国灭了。那么，原先送给虞国国君的宝物，又物归原主。这就是"将欲夺之，必固与之"的典型范例。可见，能不能识破对方先给你的东西是"钓饵"，就看你是否利欲熏心，昏了头脑。

"是谓微明"，这就叫作从最几微处明白。一般人就喜欢耍弄小聪明，而聪明外露是最容易失败的。聪明要藏起来，那才是真聪明，要懂得韬光养晦。《易经·系辞下传》就说："君子知微知彰，知柔知刚，万夫之望。"有些事情在隐微不显的阶段，就要先看明白，那你就是明智的。所以，人做事要有一定的隐秘性，要低调，甚至要懂得抛烟幕弹，让人家看不出来。当别人看不出来时，就表示有成功的机会。

"柔弱胜刚强"，柔弱可以战胜刚强。这一句话算是老子的名言了，而且在实际生活中大家的体会颇深。当你的实力不够，不能与对方硬碰硬，否则要付出很大的代价，那就想办法用柔弱的办法来对付，时日一长，柔弱的一方可以翻身胜过刚强的一方。换句话说，"柔弱胜刚强"不能硬碰硬，要懂得忍让包容、委曲婉转。

"鱼不可脱于渊，国之利器不可以示人"，鱼不可以脱离深水，关乎国家的利器不可以向人炫耀。在人间世，不管是有形的事物，还是无形的事物，大家都想据为己有。那么，只有像鱼一样待在深水里，不被人发现，才不会被捕捉。一个国家的秘密武器或者独一无二的技术，也绝不要轻易让外人了解。有杀伤力的利器，绝对不能让竞争者知道，否则对方会千方百计来窃取。换句话说，你平日行事不能锋芒毕露，心中想的不能让人家知道，即使是你身边的人都要保守秘密。正如《易经·系辞上传》所说"几事不密则害成"，事情的机密一旦泄露，就会导致失败。

第三十七章

道常无为而无不为。

侯王若能守之,万物将自化。化而欲作,吾将镇之以无名之朴。无名之朴,夫亦将不欲。不欲以静,天下将自定。

【白话】

道体总是不刻意作为,结果无所不为。

治理国家的人如果能坚守这个道理,万物将自我化育、自生自灭而得以充分发展。万物自行衍化却有人想有所作为,我将用道的无名真朴去遏阻。无名的真朴状态,也将使人不产生贪欲。不起贪欲,让心趋于清静,天下自然就回归于稳定、安宁。

【解析】

"道常无为而无不为",道体总是不刻意作为,结果无所不为。从表面看,这句话似乎前后矛盾,其实一点儿都不矛盾，因为其中是有层次的。正因为道体顺应自然，清静无为，万物都由道而生，所以实际上道是无所不为。

《易经》中，强调损极转益，即《损》卦和《益》卦。《损》卦让人"惩忿窒欲"，即让人无为。《益》卦"利有攸往，中正有庆"，其基础就是上一卦《损》卦，即无为是无不为的基础。损之所以能获益，就是因为无为清静，不会被自己的欲望驱使而利欲熏心。"惩忿窒欲"的目的，是要迁善改过，才会有大收获。也就是说，要获益，前面先得做损的功夫。老子说"为学日益，为道日损，损之又损，以至于无为，无为而无不为"（第四十八章），这才是真理大道。

"侯王若能守之，万物将自化"，"侯王"，政治人物，指治理国家的人。治理国家的人如果能坚守"无为而无不为"这个道理，万物将自我化育、自生自灭而得以充分发展。

无为，能无不为；相反，有为，不能无不为。因为，统治者如果欲望太多，在很多方面就走不通。人要守"无为而无不为"这个原则，万物才会各顺其性地自生自长，根本就不要天天去操劳，本身就会发展得很好。现代所谓的自动化管理，其实就是最少的管理；"无为而无不为"，这才是最好的管理。"自化"是最节省人力物力的，因为其合乎自然规律。

只要你能够无为,"惩忿窒欲",就会少犯致命的错误。时机一旦成熟,一切就会水到渠成。正如"有心栽花花不开,无心插柳柳成荫"(《增广贤文》)。有时候,越强求越没办法得到。

"化而欲作,吾将镇之以无名之朴",万物自行化育却有人想有所作为,我将用道的无名真朴去遏阻。"镇",遏阻。万物之中,只有人有贪欲,而且想要妄为,其他动物不可能超出自然运作的范围,所以,老子要用无名的真朴去遏阻。

"无名之朴,夫亦将不欲。不欲以静,天下将自定",无名的真朴状态,也将使人不产生贪欲;不起贪欲,让心趋于清静,天下自然就回归于稳定、安宁。人的欲望很可怕,一旦产生邪念就会产生很大的破坏作用,此时就要用无名的真朴来遏阻,让欲望不要疯长。朴的好处就在这里。

所以,要对付欲望的疯长,一定要自己的内心清虚。如果妄动,不仅不能把动荡的局面处理好,反而人心更乱。

下篇 德经

第三十八章

上德不德，是以有德；下德不失德，是以无德。

上德无为而无以为，下德无为而有以为。上仁为之而无以为；上义为之而有以为。

上礼为之而莫之应，则攘臂而扔之。故失道而后德，失德而后仁，失仁而后义，失义而后礼。夫礼者，忠信之薄，而乱之首。

前识者，道之华，而愚之始。是以大丈夫处其厚，不居其薄；处其实不居其华。故去彼取此。

【白话】

上乘德行境界的人不自以为有德，因此反而称得上有德；下乘德行境界的人不放下对德的执念，反而不够称得上有德。

德行上乘的人纯任自然无所作为，进而能无心作为；德行下乘的人不去作为，却是有心这样的。上等行仁表现的人有所作为，但皆出于爱心，是无所为而为；上等义行的人有所作为，而且有所为而为。

上礼的人定制很多礼仪制度，有心为之，如果得不到回应，就伸手拉人强行。所以，失去了"道"而后才有"德"，失去了"德"而后才有"仁"，失去了"仁"而后才有"义"，失去了义而后才有"礼"。"礼"这个东西，是忠信不足的产物，而且是祸乱的开端。

那些自认为先知先觉的人，追求道的虚华，才是愚昧的开始。因此，大丈夫立身处世，敦厚为上，而不浇薄；心地实在，而不流于浮华。所以要舍弃浇薄虚华而采取朴实敦厚。

【解析】

"上德不德，是以有德"，上乘德行境界的人不自以为有德，因此反而称得上有德。"德"，就是人实际的行为表现，也分上下、高低。换句话说，人的心灵境界是有档次的。比较高明的德，心中没有"德"的执念，一切行为表现，自然而然，不是有心表现德，也不刻意求德，更不会自恃有德。如《金刚经》所说"应无所住而生其心"。"上德"的人，如此去表现德，只是觉得这样心安，并没有想到"德"与"不德"的问题，更不会沽名钓誉。这样的人在为公益捐赠的时候不会去召开记者招待会。

有些事情，有心操作与无心操作就差很多。人刚开始的起心动念是最好的，因为没有特定目的。《易经》中讲感情的《咸》卦就是如此。咸是"无心之感",虽然感应强烈,但是无心的,自然而然。单从字的构成来说,"咸"跟"感"的不同,也能说明意涵不同。"感"是"咸"字加一个"心",表示有心,特别有"感",但是感触多了,愁又会出来,即多愁善感。如果觉得"感"还不够,再加一个"心",那就是"憾"了,"心"太多,你一定求不到想要的东西,反而自寻烦恼,徒留遗憾。

"下德不失德,是以无德",下乘德行境界的人,不放下对德的执念,反而不够称得上有德。"不失德",心中没丢弃对德的执念,一直恪守形式上的德。凡是为德有所用心,为善必欲人知,就怕失掉名声,反而算不上真正有德的人。老子在第二章就说过"夫唯弗居,是以不去"。

"上德无为而无以为",德行上乘的人纯任自然无所作为,进而能无心作为。佛教也强调要重视"无为法","有为法"是空的。"无为",纯任自然,不刻意妄为。"无以为",指人的居心而言,是无心作为的意思。没有一定为了什么目的才要怎么做,甚至在人前还要装一个样子。上德境界的人,自然清静无为,他并不是刻意为了想要扮演某个角色才去做的,就是图个心安,觉得这样比较舒服、自在。

"下德无为而有以为",德行下乘的人不去作为,却是有心这样的。德行下乘的人，有时候也装成一个无为的样子，但是他有目的。在没有达到目的之前，他觉得"无为"比较好卖，就学一点无为的样子。实际上那是假的无为，是有目的的表现。

"上仁为之而无以为"，上等行仁表现的人有所作为，但皆出于爱心，是无所为而为。在老子的眼中，仁比德的层次低。仁人君子看到人家乱成一团了，急需救助，就见义勇为。帮了就帮了，也没有想那么多，并不是为了领见义勇为奖金，才去救助。"上仁"的人，实际上就是孔子所说的"见善如不及，见不善如探汤"（《论语·季氏》）那类人。

"上义为之而有以为"，上等义行的人有所作为，而且有所为而为。义的层次又比仁的层次低。"上义"的人，凡事都要计较是非曲直，评估一番，甚至可能想为将来谋算。"义"，合宜。合宜就是行其所当行，为其所当为，但何谓"当行"与"当为"，就必有评估与准则。这样一来，就是有所为而为了。

"上礼"的层次更低了，更表面化，形式化了。"上礼为之而莫之应，则攘臂而扔之"，上礼的人定制很多礼仪制度，有心为之，如果得不到回应，就伸手拉人强行。"攘臂"，举臂；"扔"，拉、引。

"上礼为之"，用个礼节规范去要求，可是得不到明显的回应，就强迫人家，拽人家的手，要人家就范。这就有点恼羞成怒了，行为境界越来越低。

在老子眼里，人的心灵境界从"道"往下滑落变成"德"，再往下掉落变成"仁"，"仁"下面是"义"，"义"下面是"礼"。到了"礼"，就变成一个形式化的制度，甚至礼教吃人。有的人不想遵守礼，却强迫人家来遵守。可见，老子的时代已是乱世，周朝那一套制度完全没有办法约束人，很多礼制徒具形式，而表面上还维持着假仁假义。老子把这一章放在《德经》的第一章，有点儿警醒世人的意味。

"故失道而后德，失德而后仁，失仁而后义，失义而后礼。夫礼者，忠信之薄，而乱之首"，这一段的意思是：所以，失去了"道"而后才有"德"，失去了"德"而后才有"仁"，失去了"仁"而后才有"义"，失去了义而后才有"礼"。"礼"这个东西，是忠信不足的产物，而且是祸乱的开端。

从某种程度上来说，这实际上是一种堕落，说明维系社会和谐的原则，每况愈下。老子对此骂得很凶。一般人都讲究外面流于形式的一些虚伪制度，或者规范、法条，其实完全看不到敦厚诚朴，看到的都是人情浇薄。

"前识者，道之华，而愚之始"，那些自认为先知先觉的人，追求道的虚华，才是愚昧的开始。"前识者"，徒有华美的表象，没有实质的内涵。在动乱的时代，会有很多假先知，即自以为聪明的人，跑出来误导群众，而真正的大道面前门可罗雀。门庭若市的，大部分都是"魔"在作祟蛊惑人心。可见，老子批判浮华之人毫不留情。

"是以大丈夫处其厚，不居其薄；处其实不居其华。故去彼取此"，因此，大丈夫立身处世，敦厚为上，而不浇薄；心地实在而不流于浮华。所以要舍弃浇薄虚华而采取朴实敦厚。

第三十九章

昔之得一者：天得一以清，地得一以宁，神得一以灵，谷得一以盈，万物得一以生，侯王得一以为天下贞。

其致之也，谓：天无以清，将恐裂；地无以宁，将恐废；神无以灵，将恐歇；谷无以盈，将恐竭；万物无以生，将恐灭；侯王无以贵高，将恐蹶。

故贵以贱为本，高以下为基。是以侯王自谓孤、寡、不榖，此非以贱为本邪？非乎？

故至誉无誉。

是故不欲琭琭如玉，珞珞如石。

【白话】

过去凡是得到整体的，可以描述为：天达到了整合状态就清明，地达到了整合状态就安宁，神达到了整合状态就显灵，谷达到了整合状态就充，万物各自达到了整合状态就各自生长，管理国家的侯王做到了整合就能作为天下正固的典范。

由此推衍，就意味着：天不能清明，恐怕就要崩裂；大地不能宁静，恐怕就要废弃；神不能显灵，恐怕就要停歇；山谷没有水注入，将要枯竭；万物不能生长，恐怕就要灭亡；侯王不能重视自己的高位，恐怕就要跌倒。

所以，尊贵要以卑贱为根本，高位要以低位为基础。因此，侯王自称为"孤""寡""不穀"，这不就是以贱为根本吗？不是吗？

所以，最高的称誉是没有任何一种美誉可用来恰当称呼。

所以，不愿像美玉那样璀璨耀眼，宁可像石头般坚实。

【解析】

"昔之得一者"，过去凡是得到整合体的。这里的"一"，不是数量词，而是整体不可分割的意思。《易经·系辞下传》中才有"天下之动，贞夫一"的概念。《易经·系辞上传》第五章称"一阴一阳之谓道"，此处的"一"为动词，有统一、合一之意，意即统合阴阳的就是道。

孔子向老子问道，主要学到了"一"。孔子掌握了"一"之后，创造了一个"元"的概念，改"一"为"元"。如《春秋》开篇就说"元年'春'王正月"，把"一年"称为"元年"。后来每年的一月称为元月，一月的第一天称作元旦。

人若能掌握到"一"，就能够化繁为简，以简驭繁。

愚笨的人用好多种方法也解决不了的问题，聪明的人一旦抓到"一"，就很快把问题给解决了。这就像老子在第二十二章说过的"圣人抱一为天下式"。

对我们现代人来讲，老子本来已经够古了，他说"昔之得一者"，意思是还有比他更古老的看法。这就是长期传承的智慧，老子认为，在他那个时代很少有人"得一"了，就是因为人的欲望太多，简单的事情反而都变得复杂了。过去的人能够掌握"一"的奥秘，会显现在哪些方面呢？且看老子如何阐述。

"天得一以清"，天达到了整合状态，就清明。

"地得一以宁，神得一以灵，谷得一以盈"，地达到了整合状态，就安宁；神达到了整合状态，就显灵；谷达到了整合状态，就充满。

"万物得一以生"，万物"得一"了，就会自然生长。

"侯王得一以为天下贞"，管理国家的侯王做到了整合，就能作为天下正固的典范。

我们如能抓到那个"一"，就能发挥"清、宁、灵、盈、生、贞"六大好处的效应。

否则，将适得其反。"其致之也，谓"，由此推衍，就意味着我们的宇宙秩序会乱掉。下面就是六种坏处："天无以清，将恐裂；地无以宁，将恐废；神无以灵，将恐歇；谷无以盈，将恐竭；万物无以生，将恐灭；侯王无以贵高，将恐蹶。""无以",不能的意思。

"天无以清,将恐裂",现在臭氧层出现的破洞,就说明天出问题了。

"地无以宁,将恐废",近年来,地球上常常有大地震,就是如此。

"神无以灵,将恐歇",如果神不显灵,庙就没有人去拜了。像台湾地区有很多形形色色的道场,怎么到最后不显灵了?大概是没有"得一"吧。主持庙观的大师,本身就没有办法清净,没有"得一",神何以显灵呢?

"谷无以盈,将恐竭",山谷如果没有水注入,不就慢慢干涸了吗?

"万物无以生,将恐灭",万物不能自然生长,还有存在的必要吗?

"侯王无以贵高,将恐蹶",侯王如果不能"得一",就不会重视自己的能力和作用,国家得不到很好的管理,他怎么能坐得稳自己的位置呢?说不定要不了多久,他就会被别人拉下台来。

"故贵以贱为本,高以下为基",所以,尊贵要以卑贱为根本,高位要以低位为基础。这是很简单的原理,从《易经》卦爻的形象,也可以看出来。在一个卦中,凡是下面都是阴爻的卦,下面都"空"了,上面的阳爻通常就站不住,如《易经》"十二消息卦"中的《姤》卦、《遁》

卦、《否》卦等。高层之所以能维持住，因为有基层民众的支撑，要是基层流失，哪里来的高层呢？像《复》卦是德行的根本，就因为《复》卦最下面唯一的阳爻一元复起的巨大力量。

"是以侯王自称孤、寡、不穀"，因此，侯王自称为"孤""寡""不穀"。居上位的人就要了解这一最简单的道理。虽然暂时居高位，也要提醒自己，应该谦虚为怀。国君自称"寡人"，即寡德之人。"孤家"，即孤独无德之人。为什么以前皇帝要称孤道寡呢？因为，如果他失德、失道，随时都可能变成孤家寡人、独夫亢龙。也就是说，人民不支持他了，他就真的变成孤家寡人了。

"不穀"，即不善。"穀"，就是谷物粮食，以前为官的俸禄称为"穀"。一旦为官的表现不好，失去民意的支持，被免职了，他就没有办法再领取俸禄。所以，"穀"引申出来有善于为政的意思，"不穀"就是"不善于为政"。"侯王"自称为"不穀"，可以经常提醒自己务必要善政，否则随时可能丢掉位置。

对于我们一般人，常常自称为"在下""鄙人"，这也是一种谦称。所以，位置越高的人，越要懂得谦。"孤、寡、不穀"的称呼，就在于经常提醒自己，位置越高，其实越可能沦为孤寡的境地。确实是这样，高处不胜寒，领导人如果为政失德，那就意味着要被免职了。

"此非以贱为本邪？非乎"，这不是把卑贱作为根本吗？难道不是吗？很多的制度、很多的称呼都蕴含了教化与警示的意义。不要以为你眼前的利益、眼前的高位会永远保持下去，大道的运作是循环又返回的，优势随时可能会失去。

"故至誉无誉"，所以，最高的称誉，是没有任何一种美誉可以恰当去称呼它。如果你还能找到一个形容词，去称赞某一种声誉，这就不是最高的称誉。人们对尧帝的称誉就是如此，孔子说："大哉！尧之为君也！巍巍乎！唯天为大，唯尧则之。荡荡乎！民无能名焉。"（《论语·泰伯》）老百姓找不到任何话来称赞尧，说明尧真是太伟大了。尧就符合"至誉无誉"的情况。

"是故不欲琭琭如玉，珞珞如石"，因此，不愿像璀璨耀眼的美玉，宁可像石头般坚实。"琭琭"，形容玉很美的样子。我们看台北故宫博物院翠玉白菜那样的美玉，一般人都希望追求。老子却说，不要存那种想法。他说，宁愿做一块朴实的石头。玉象征高贵的上层，石头象征朴质的基层，老子告诫我们，不要去追求一般人都向往的华美亮丽，要安分守己，过坚实如石的朴质人生。

第四十章

反者道之动,弱者道之用。
天下万物生于有,有生于无。

【白话】

道活动的特点表现在返回与循环方面,道的效用表现在顺势用柔方面。

天下万事万物都产生于有形有名的东西,有形有名的东西产生于无形无名。

【解析】

"反者道之动",道活动的特点表现在返回与循环方面。"反","反复其道"的"反","物极必反"的"反"。有三方面的含义:相反相成、反向运动、循环往复。

道的运动是有规律的,就像钟摆,总是从此端摆到彼端,不断地重复。春、夏、秋、冬四季的运行,也显示出由重复而循环的外貌。实质上,一切事物重复与循环的运动,从根本的角度来看,其实都是在返回到它的根源,即源自道又返回于道。道是万物存在的理由与根源,换句话说,我们所观察到的万象,只不过是"道"的"返回"活动,没有其他目的可言。

"弱者道之用",道的效用表现在顺势用柔方面。"弱",柔弱的意思,有顺势接受之意,也有无为之意。

既然万事万物都要返回其根源(道),那么人只能随顺。随顺看似柔弱,其实并非消极无奈,而是顺着返回的趋势所展现的"无目的"的姿态。有时,显示柔弱也是一种手段,人就要学习顺势用柔的智慧,"柔弱胜刚强"。有时自己的资源与实力不够,不能硬碰硬,就要懂得借力使力,这样的思考就叫"用"。正如老子说的"有之以为利,无之以为用"。

另外,"利"字与"用"字含义不一样。"利"字是"禾"与"刀"相构成,意思是拿着镰刀去收割谷物。这就是"有之以为利",代表只有有了现成的资源,人们才可以去获取。如果没有现成的实物,你就要懂得无中生有的智慧,即"用"。"用"字就像一个网络结构,你只要参与网络,善用网上的资源,也就可以自己建立管网,共享一些资源,那样就无穷无尽了,这就是"无之以为用"。

弱者是道之用,强者本身就直接可以"利"。所以人要懂得顺势用柔的智慧,要善于发挥"用"的智慧。《易经·谦卦》称"谦谦君子,用涉大川",一般的卦都称"利涉大川",此处则说"用涉大川",说明只要拥有好的心态,再大的危险也都能过去。升卦讲"柔以时升",而不是"刚以时升",说明只要时机到了,结果就是"用见大人,勿恤。南征吉"。

"天下万物生于有,有生于无",天下万事万物都产生于有形有名的东西,有形有名的东西产生于无形无名。我们常说"无中生有",有形生于无形。无形的东西最难对付,任何东西只要有形,反而都可以对付。再了不起的人、再能干的人,都有其个性上致命的弱点,都有可以应对的"罩门"。如果对方无形无象,就很难对付他。处乱世最高的智慧,就像风一样,无形无象,不可捉摸。在乱世的时候,如果还在显示个人的"有",那他迟早会出事。人如果是"有若无,实若虚",别人就很难对付他。这就是越低调越成功,越成功越低调。如果人做到了低调,就算他不成功,至少也不会出事。

任何事物发展到一定的阶段,非回头不可,因为"反者道之动"。原先走在前列的人,后来落伍了,原先稍后的人,反而一下子挤到了前头。这种事情多得很。像康有为先生在"戊戌变法"的时候,是全中国最时髦的人,到辛亥革命之后,他就变成了"遗老",都没人理会他了。

第四十一章

上士闻道，勤而行之；中士闻道，若存若亡；下士闻道，大笑之，不笑不足以为道。

故建言有之：明道若昧，进道若退，夷道若颣，上德若谷，大白若辱，广德若不足，建德若偷，质真若渝。

大方无隅，大器晚成，大音希声，大象无形，道隐无名。

夫唯道，善贷且成。

【白话】

上等的读书人听懂了道，勤奋去实行；中等的读书人听懂了道，感觉半信半疑；下等的读书人听懂了道，报以大笑，不被这类人嘲笑，就不足以称为道。

所以，古代立过言的人留下来这样的话：光明的道好像昏暗不清，前进的道好像后退，平坦的道好像崎岖，最高的德行像山谷般又深又虚，最纯的白色像含有了污垢，有盛德的人好像不够好，有刚健之德的人好像怠惰，质朴的德好像有改变。

最大的方正没有棱角，最大的器具没有固定的形状，最大的声音听不到，最大的形象看不到，道隐微不显也没有名称。

只有道，才善于创生万物并且完成它们。

【解析】

"上士闻道，勤而行之"，上等的读书人听懂了道，勤奋地去实行。"闻"，不仅仅是听到，还有听懂的意思。"上士"，指自我要求高的读书人。"上士"听到大道之后，能够引起共鸣，然后就努力修行。像孔子最得意的弟子颜回，就是这种"上士"，他能闻一知十，更能"不贰过"。

"勤而行之"，在《易经·系辞下传》中，忧患九卦第一卦是履卦，就说明践行的重要。高明的人明白道是好东西，希望自己能信受奉行，实践起来就很勤奋。这就是乾卦第三爻所揭示的道理："君子终日乾乾，夕惕若，厉无咎。"乾卦代表天则，第三爻就是人位。人如果不好好体会道，并把道落实，就太可惜了。净空法师的口头禅是"真干啊"，证严法师的口头禅则是"用心啊"，他们两个结合起来，就是"用心真干啊"，确实如此，不用心没有用，不真干也没有用。

"中士闻道，若存若亡"，中等的读书人听懂了道，感觉半信半疑。那些自我要求不是特别高的人，并不能够完全做到信受奉行。对于大道，有时候他觉得好像应该相信，有时候自己虽然相信了，又不能够笃实。换句话说，就是对于道的践行，还没有养成恒定的习惯。资质以及修养没有那么高的人，应该是居多数的人。孔子说"唯上知（智）与下愚不移"（《论语·阳货》）。这说明，绝大部分人都是属于中等才智的。

"下士闻道，大笑之，不笑不足以为道"，下等的读书人听懂了道，报以大笑，不被这类人嘲笑，就不足以称为道。这就是世间大部分有成见的浅薄之人的情况。他们觉得"道"太可笑了，甚至还浅薄地认为，凡我不能理解的，肯定是不存在的。可是，修道、讲道的人，看到这类"下士"的反应，反而觉得这些人帮自己做了一个反面肯定。

由此看来，作为真理、大道，要能雅俗共赏、普及实践，该有多难！除了相信之外，还要看个人的根器与恒心。既然是明道了，一定要有这种认识。上士、中士与下士，各人根器不同，不能强求。

禅宗五祖弘忍在黄梅传了一辈子道，最后有几个"上士"？有几个"中士"？孔门弟子三千，只有七十二贤，只占百分之二点四，好歹能传孔子衣钵的颜回还早逝了。

"故建言有之"，所以，古代立过言的人留下来这样的话。在老子之前的中国人留下很多经典的话，然后老子整理出来，就放在这里借此告诫世人。

"明道若昧"，光明的道好像昏暗不清。"知其白，守其黑"，也是"明道若昧"的意思。

"进道若退"，前进的道好像后退。一般人都拼命钻营，几百个人争一个位置，争不到就想办法黑对方。如果是老子碰到这样的事，他就会显得很保守，行为上会表现出好像在往后退的样子。"若退"，好像后退的意思，但不是真的退。这与"夫唯不争，故天下莫能与之争"，是一样的道理。这才是老子道术的厉害。《易经·谦卦》告诉我们，为人要谦下、退让，最后就是"亨，君子有终"。《易经·乾卦》也告诉我们，为人不要不知道进退，该退的时候一定要退，不然，最后一定难堪，甚至前功尽弃，故人在"潜龙"的阶段，要"遁世无闷，不见是而无闷"。"潜龙"本来就是一种"遁"的状态，沉潜静修很重要。老子在第七章所说的"后其身而身先，外其身而身存"，也就是"进道若退"。

"夷道若颣"，平坦的道好像崎岖。"夷"，平坦。"颣"，指丝的节，丝有节，就不平。大道本来是坦坦荡荡的，正因为人心不平，有太多欲望，他所行进的道就成了不平的了。换言之，平常心才是道。

《易经·否卦》称"君子以俭德辟难，不可荣以禄"，君子会饱受小人的迫害，所以在平常的时候，要保护好自己，不要太凸显自己的善行与德行。虽然世道难行，可是我们可以借着某种伪装、保护色，去行最平的大道，这就是"夷道若颣"。不要像一些追求过度优秀，不懂得委曲婉转的人那样。不管是男人还是女人，如果在某方面表现太出色了，就容易遭人怨尤，这人就一定成为众矢之的。

人生自然向往坦坦荡荡的大道，希望彼此都可以真诚心对待，但人生的实际情况会是这样吗？不会。就连经营宗教团体都得要用一些术。如果你仅有纯粹的大爱，绝搞不起那么大的组织。因为有组织就有纷争，一定需要一套智慧的办法管控。当然，真诚很重要，不然你完全白活。不过，还是要注意不能"事无不可对人言"，毕竟人心险恶。所以，人要善良，还要强悍、有智慧，董仲舒的《春秋繁露》中就有一篇名曰"必仁且智"，有仁心仁德的同时，绝对要有智慧。

"上德若谷，大白若辱"，最高的德行像山谷般又深又虚，最纯的白色像含有了污垢。最高的德像山谷一样，特别虚心，特别包容。

"广德若不足"，有盛德的人好像不够好。

"建德若偷"，有刚健之德的人好像怠惰。"建"通"健"，刚健的意思。"偷"，偷懒、怠惰。在德行修养方面"终日乾乾"的人，表面看起来好像很懒散，一点儿都不与众不同。人虽然干得很欢实，有很多了不起的建设，但是外面千万不要宣扬，也不要让别人看出自己在拼命干。对外表现好像很懒散，好像也没做什么，其实都在暗中布局、做功德。这就要有高智慧，尤其处乱世时，更是如此。

"质真若渝"，质朴的德好像有改变。"渝"，改变。做人处事，弹性非常重要。人要灵活，要通权达变。活在这个世上，你不能完全里外如一，否则，社会越复杂，你的存活率越低。但是怎么变，也不要影响到你的本质，做人的质朴绝对不变。好像随波逐流，其实没有，要在"浊"中保留自己的"清"。莲花都是长在污秽的地方，特别干净的地方能长出莲花吗？

"大方无隅"，最大的方正没有棱角。

"大器晚成"，最大的器具没有固定的形状。"晚"，当"免"讲，是"无"的意思。"成"，定。所以，孔子说"君子不器"，君子不做一个有特定用途的器具。

"大音希声"，最大的声音听不到。据科学家研究，宇宙间最大的声音，人是听不到的。如果把这种声音缩小到千万分之一，会把人的耳膜震破。

"大象无形"，最大的形象看不到。象在形先，一个意象，一个构思，在还没有落实时，头脑中就先有了象；形是落实到比较具体的东西。有的象就很显著，而且也不轻易定形，甚至根本就没有形。世界上，无形肯定要比有形高明得多。无形，不是一天到晚挂在嘴巴上去宣扬，但是最撼动人。有形像《易经·丰卦》的上爻"丰其屋"，盖再大的房子，最后也得失败。埃及的金字塔那么大，徒留后人游览而已。如果是无形的，就如同建在每一个人心中的精神支柱，永远没有办法摧毁。

"道隐无名"，道隐微不显，也没有名称。

"夫唯道，善贷且成"，只有道善于创生万物并且完成它们。"贷"，施与，引申为借贷、贷款。"道"能帮助我们克服人生的艰苦，有取之不尽用之不竭的能量。"善贷"，意思是说长于布施。永远施与人，而不要人还。大道没有与人签什么约，但会帮助我们成就、成德。

进一步来说，"善贷且成"，道施给我们的，其实也就是我们本来就有的。只是通过悟道这一刺激，我们的自性得以开发。道让人成功，这说明天助不是迷信，其实是自助。这就是《易经·大有卦》的上爻所说的"自天佑之，吉无不利"，自中就有天，天道就藏在我们的自性里头，端看你会不会开发。如果你开发成功了，那么精神的财富是不会枯竭的。

第四十二章

道生一,一生二,二生三,三生万物。
万物负阴而抱阳,冲气以为和。
人之所恶,唯孤、寡、不穀,而王公以为称。
故物或损之而益,或益之而损。
人之所教,我亦教之。
"强梁者不得其死",吾将以为教父。

【白话】

道展现为不可分割的整体;不可分割的整体,又展现为阴与阳两个方面;阴阳两面交相激荡形成第三个方面——和谐体;阴面、阳面、阴阳和合面,这三者共同产生了万事万物。

万事万物都是靠着阴的一面而能持守住阳的一面,由阴阳两面激荡而形成和谐的。

一般人所厌恶的就是成为"孤家""寡人""不穀",但是王公却用这些来称呼自己。

对任何事物，表面上看来受损，实际上却是得益；表面上看来得益，实际上却是受损。

古人拿来教诲人的，我也用它来教导人。

"强暴的人死无其所"，我将用它当作教化的开始。

【解析】

"道生一"，道展现为不可分割的整体。"一"，指完整不可分割的整体。不要把它当成数量词。万事万物都有其特定方面的整体，而这些方方面面的整体都是从道展现得来的。

"一生二，二生三"，不可分割的整体，又展现为阴与阳两个方面；阴阳两面交相激荡形成第三个方面——和谐体。任何一个完整不可分割的统一体，一定都有阴阳两面。并不是仅有阴和阳的出现，就能够形成万物了。阴、阳两面一定要达到和合状态。那时的状态，就叫"第三方状态"，简称"三"。譬如，"刚柔互济""天地絪缊""男女构精"都属于阴阳和合。这样才有后续的发展，并产生出新的东西。新产品都属于"第三方"。这个第三方一定是阴阳达到"和"的状态，才能创生出来。

《易经·系辞下传》讲"阴阳合德而刚柔有体"。阴与阳如果不合德，就不会有刚柔相结合的统一体。一旦"天地絪缊"（阴阳二气交合），就实现"万物化醇"了。男女一旦构精，"万物化生"，就有新生命产生了。如果阴阳和合的状态不能产生，就会"龙战于野，其血玄黄"（《易经·坤卦》），最后导致毁灭。

"三生万物"，阴面、阳面、阴阳和合面，这三者共同产生了万事万物。这就是说阴阳生和合，阴、阳再与和合共同生成万物。老子这里告诉我们，道是完整不可分割的整合体，是无定在又无所不在的，任何事物都有道。道展现出来，就是一个整体状态，而每一个整体都有阴、阳两面。阴阳两面就会互动，一旦互动到最好的状态（即达到和了），就能生生不息。

"道生一，一生二，二生三，三生万物"，这个原理我们要认真体会，从哲学到政治，从商业到实用，处处要领悟什么是"一"。佛教修心重视不二法门，"不二"就是"一"。如果你不能够掌握整体，而落在片面、偏见上，事情一定不能成功。

人的生命（包含身、心、灵）也是一个整体。人心的运作活动，包括知、情、意，也是一个整体。能把心分割成几部分吗？否则，人一定精神分裂了。

不管是人做事，还是万物发挥功能，只有整体才会产生力量。整体中就有阴、阳两面，阴、阳自己就要调和。调和了，什么都能产生出来，此所谓"自性生万法"。等到你懂得"一阴一阳之谓道"，心中有了太极的概念，最后运用成熟并得心应手，就能达到"阴阳不测之谓神"的地步。

"万物负阴而抱阳，冲气以为和"，万事万物都是靠着阴的一面而能持守住阳的一面，由阴阳两面激荡而形成和谐的。阴、阳不是各自分开，这是一体两面，不是截然对立的，如同太极图，你中有我，我中有你。像日出与日落、光明与黑暗，就是一体的两面。

笨的人，就让自己内心的阴、阳两面天天斗，实际上是内耗。明智的人，就认识到人的精神世界本来就有阴有阳。《易经·睽卦》称"天地睽而其事同也，男女睽而其志通也"，就是因为不一样，阴阳互补，才有可能产生新的东西，即"冲气以为和"。

"和"太重要了。人际关系、国际关系一定要和，和则生，不和就灭。人际、国际不要怕接触，更不要怕冲突，接触之后才发现对方跟自己不一样。当彼此不一样时，就找出一个新的配合点，一旦凹凸上了，正好可以互补。

如果不互相接触，怎么会有"和"产生呢？《易经·小畜卦》"密云不雨"怎么来的？就是因为没有"冲气以为和"。等达到"和"了，就"既雨既处"（已经下雨）了，问题不就解决了吗？

在故宫中，有三大殿——太和殿、中和殿与保和殿，是皇帝议事的地方，其意也是在追求"和"。可见，从身体这个小宇宙到外界的大宇宙都是求"冲气以为和"，所以不要回避接触，不要怕冲突。

"人之所恶，唯孤、寡、不穀，而王公以为称"，一般人所厌恶的，就是成为"孤家""寡人""不穀"，但是王公却用这些来称呼自己。一般来说，孤家、寡人或不善都是很糟糕的人生境况。换句话说，一个人处在王公那样的位置上，如果不注意修德，就很有可能落得这个下场。所以，明白这个道理的王公，就用谦卑的称呼来警示自己，以此提示自己不要滥用权力，否则，最后就真的沦为"孤、寡、不穀"了。

这样的戒慎恐惧态度，不只是中国文化才有，西方也有，譬如有些人在书桌上摆放骷髅头，就是警示自己。明代大儒王阳明则是天天面对棺材，提醒自己修德。如果人在富贵的时候，不去修德，命运的"孤、寡、不穀"说不定就来了。正如孔子说："德之不修，学之不讲，闻义不能徙，不善不能改，是吾忧也。"（《论语·述而》）所以，人要不断警示自己，不断提高自己的修为与能力。

"故物或损之而益，或益之而损"，所以，对任何事物，表面上看来受损，实际上却是得益；表面上看来得益，实际上却是受损。"物"，包含人、事、物。"或损之而益，或益之而损"，这也是《易经·损卦》与《益》卦所包含的原理。对一些事情，人懂得"惩忿窒欲"与"迁善改过"，即减损自己的欲望与负面情绪，自己的心反而会更宽，也容易获益。以退为进，先损后益，吃亏就是占便宜，就是类似的道理。一个人只想着自己吃干抹净，最后必然吃大亏。

因为，损、益是一个整体，如果人要求达到损益盈虚的最佳平衡，就要准备如何做到"冲气以为和"。如果一个人把这两面分割，只希望自己一直获益，而不愿意吃亏，他就完全割裂了整体性，结果一定会失败。

一个人看事情，如果能从长远、整体的角度来看待，就不会只考虑自己的利益了。我赚了钱，别人也要赚钱。当你想着把所有的好处都占了，结果会怎样？或者说会有这种事发生吗？所以，人在思考事情时，眼光要放长远，对整体性的掌握特别重要，很多人往往是占小便宜吃大亏。

"人之所教，我亦教之"，古人拿来教诲人的，我也用它来教导人。

"'强梁者不得其死'，吾将以为教父"，"强横的人不得善终的"，我将用它来作为教化的开始。"强梁"，强横。"父"，开始。强横的人就阳刚过度，不懂得"冲气以为和"，在天地人鬼神的范围内，再强横的人也不可能天下无敌。他怎么可能逃得过恢恢天网，最后当然不得善终。

第四十三章

天下之至柔,驰骋天下之至坚。
无有入无间,吾是以知无为之有益。
不言之教,无为之益,天下希及之。

【白话】

天下最柔弱的东西,能够驾驭天下最坚强的东西。

无形的东西可以进入没有间隙的东西里面,我因此懂得了不刻意作为的好处。

不特别讲话的教导,不刻意作为的好处,天下很少有人能做到。

【解析】

"天下之至柔,驰骋天下之至坚",天下最柔弱的东西,能够驾驭天下最坚强的东西。"驰骋",克服、驱使、驾驭。"至坚",最刚强。"至柔",当柔达到最高的地步,就可以无坚不摧、无敌不克。《易经·坤卦》"用六"代表"至柔"："利永贞，以大终也。"即把《坤》卦至柔的功夫发挥出来，就可以以柔克刚、借力使力，把所有阳刚的资源吸收过来从而壮大。其《文言传》也称《坤》"至柔而动也刚，至静而德方"，《坤》卦至柔，一旦阴极转阳，在变刚的瞬间爆发的力量是巨大的；静到最高程度，无论周边如何运转，总能安然不动。

当然，"天下之至柔，驰骋天下之至坚"有一个前提，那就是先要判断形势，才能顺势用柔。

"无有入无间"，无形的东西可以进入没有间隙的东西里面。"无有"，无形，看起来是虚无的。"无间"，结构上没有任何间隙。有些东西柔到一定的地步，就是无形无象，譬如风、电流、气体等。我们知道，要切割坚硬的钢板，并不适用坚硬的金刚刀，而是用氧焊去切割。但是，我们要知道"无有"并不是绝对空无，而是一般情况下，人的肉眼看不到。实际上，气也是一种存在。"无间"也不是绝对一点儿没有间隙，如果在显微镜下观看，到处都是洞。这还只是物质层面上，对于精神层面来说，也是如此。

"无间"是至刚，"无有"是至柔。是百炼钢厉害还是绕指柔厉害？就如滴水能把石穿透，风能无孔不入。

"吾是以知无为之有益"，我因此懂得了不刻意作为的好处。"无为"才对我们的身心真正有益，人切不可造作与妄为。《金刚经》有言："一切有为法，如梦幻泡影，如露亦如电。"但前提条件是，内心要效法大道，一切自然而然。

"不言之教，无为之益，天下希及之"，不特别讲话的教导，不刻意作为的好处，天下很少人能做得到。"不言之教"的前提是要有身教，或者在对方心中树立典范。树立典范就是《易经·蒙卦》所讲的"利用刑人，用说桎梏"，"刑人"即"型人"，典范、榜样的意思。利用榜样的力量，帮助对方摆脱精神上的枷锁。《易经》中还有"不言之象"的说法，"不言"反而包含更丰富的意涵。但是，由于一般人根器不够，欲望与业障太深，很少人能真正领悟并践行。"无为之益"，一般人都想有为，结果什么也没为，那就不用说受益了。"天下希及之"，也是老子的无奈，能做到"不言之教，无为之益"的人确实很少。

第四十四章

名与身孰亲？身与货孰多？得与亡孰病？
甚爱必大费，多藏必厚亡。
故知足不辱，知止不殆，可以长久。

【白话】

名声与生命本身哪一个更亲近呢？生命与财货相比，哪一个更重要呢？得到（名声、财货）与失去（生命或健康），哪一个更有害呢？

太爱某样东西，损耗一定很多；太多收藏财货，损失一定很重。

所以，知道满足就不会遭受羞辱，知道停止就不会有危险，这样才可以保持长久。

【解析】

"名与身孰亲？身与货孰多？得与亡孰病"，名声与生命本身哪一个更亲近呢？生命与财货相比，哪一个更重要呢？得到（名声、财货）与失去（生命或健康），哪一个更有害呢？有些人为追求身外的名声与财富，却是以支付身体健康为代价。还有像"贪夫徇财，烈士徇名"，贪财的人为财而死，重义轻生的人为名而献身，这一类人在道家看来，不值得取法。为了虚名，搞得自己饮食起居失调、身心失衡。要那个名干吗？人一走，谁还记得你？

老子在此质问我们：一天到晚花那么多心力在财货、名声、得失上，怎么不花一些心力在自己的生命上呢？人一辈子能吃多少？能喝多少？能用多少？像有些贪官贪污的财货只能偷偷收藏，不敢示众。这就更加入迷途了。

"甚爱必大费，多藏必厚亡"，太爱某样东西，损耗一定很多；太多收藏财货，损失一定很重。对于男女情、亲子情，人如果太执着，结果一定是非常消耗的。对人爱过头，一定大耗心神，同时他也绝对承受不了一旦失去对方的痛苦。还有一些人喜欢收藏这收藏那，譬如有的专门搜集房子，有的专门搜集美女，有的专门搜集古董，等等。其实，从长远来说，房子那么多，你只能睡一间；美女那么多，那是刮骨钢刀；古董那么多，每天提心吊胆做安保，一旦遇上天灾，全部报废。这些你费尽财力、心力搜集的，也是死后不能带去，一切只是在你身边经过。

像圆明园原来收藏了大量历代珍贵文物,却被洋人攻入,大肆抢掠、焚烧,皇家博物馆的宝物就流入外人之手。《易经·丰卦》就警告我们,"多藏必厚亡"。"丰其屋"有什么用?最后还不是被迫流离他方。一个人建立丰功伟业时,事业如日中天,资源无穷无尽,但是后面就意味着会失去一切,而且《丰》卦之后的《旅》卦也告诉我们,"鸟焚其巢",身外之物没有一个留得住,像森林中的火蔓延一样,一下子就烧光光。

"故知足不辱,知止不殆,可以长久",所以,知道满足,就不会遭受羞辱;知道停止,就不会有危险。这样才可以保持长久。人有时候会为了争名争利,卑躬屈膝,逢迎拍马,天天想办法算计这算计那,自己都觉得很卑微,这就是受辱。人生想要最后不受辱,你就得善于知足。

"知足",指心理上的节制。行为上的节制,则是"知止"。人除了要懂得"知足"之外,还要懂得"知止","知止"就不会冒险犯难。正如《易经·艮卦·象传》说:"时止则止,时行则行,动静不失其时,其道光明。"这样的话,才可以保持长久的平安。

第四十五章

大成若缺，其用不弊。
大盈若冲，其用不穷。
大直若屈，大巧若拙，大辩若讷。
静胜躁，寒胜热。清静以为天下正。

【白话】

最高境界的完满像有缺陷似的，这样它的作用才不会产生弊端。

最大的充满像是空虚似的，作用起来却没有穷尽。

最正直的路子像是曲折似的。最大的技巧好像笨拙似的。水平最高的辩才好像口齿不利似的。

宁静可以克服浮躁，寒冷可以克服炎热。能够持守清静才是处天下的正道。

【解析】

"大成若缺，其用不弊"，最高境界的完满像有缺陷似的,这样它的作用才不会产生弊端。"大成"是很了不起的成就。孔庙有"大成殿",因为孔子是中华文化的集大成者。《易经》井卦上爻《小象传》称"元吉在上,大成也",井卦象征着人自性的开发,这一爻意味着,当人们开发出来一个无穷尽的东西,可以让所有人都享受到福祉,就达到了"大成"境界,也就是佛家所说的功德圆满。

在道家看来,成功之后要低调。通常来说,一个事物太完美,后面总会出问题。即使从里到外都挑不出一点儿毛病,人也要在心理上存有不足感,即好像还没有完成的感觉。以"若缺"的心态去对待,这样,事物的生机才能永远不绝。《易经·序卦》说"物不可穷也,故受之以未济终焉",这是针对《易经》六十四卦最后两卦(《既济》卦和《未济》卦)而言,也就是说,任何事情达到"既济"(一时的成功)了,要开启下一步,而不是"大成",这时要懂得思患预防,要让自己觉得还是有一些缺陷没能补足,这样人就懂得低调,不会因为自满而遭人嫉妒。任何事物一旦完满,一定有弊端。所以,事情成功了要留一点余地,还可以有空间腾挪,同时也是自己进一步努力的空间。任何事情太圆满了,绝非好事,而且不可能持久,按照损益盈虚的原则,一定会有麻烦找上门来。

"大盈若冲，其用不穷"，最大的充满像是空虚似的，作用起来却没有穷尽。"冲"，空虚。最大的充满看起来好像不满，还有很多空间。虚空才能"其用不穷"，等塞满了，事物不就快完了吗？《易经·大过卦》的卦形为什么有死象呢？就因为中间塞满了。而颐卦充满了生机，因为颐卦的中间是空的。所以，任何人如果有那种占满的心，一点儿机会都不留给竞争者或者下一代，他最后的下场就是死路一条。

"大直若屈"，最正直的路像是曲折似的。"屈"，曲的意思。我在前面讲过"曲成万物而不遗"，要成就万物，就需要旁通，不能走直线。人有时候委曲，就是为了求全，即老子说的"曲则全"。任何事情想一步达到全特别难，一定要靠曲的方式才可行。

"大巧若拙"，最大的技巧好像笨拙似的。"巧"，技巧，属于人为的方面。"巧"跟"拙"是相反的意思。《孙子兵法》讲"兵闻拙速，未睹巧之久也"，打仗的时候，久战不决，一定不利；即使招数难看一点儿，也没有关系，千万不要往后拖。也就是说，手段笨一点儿没关系，只要得到实惠，立竿见影就好。宁愿笨一点儿，大方朴实，不要耍巧。在艺术创作上，有些作品看起来很拙，但是拙得好美。而那些专在形式上取巧的作品，则是匠气十足。

"大辩若讷"，水平最高的辩才好像口齿不利似的。

"辩"，口才犀利，辩才无碍。"讷"，言语迟钝，口齿不利。"若讷"，不是真的表达不清，而是说根本不靠言语。王弼注解此句时说："大辩因物而言，己无所造，故若讷也。"大辩的人完全由事物本身来表露，自己不言说，所以显得迟钝的样子。不说话，如孔子所言："天何言哉？四时行焉，百物生焉，天何言哉？""天何言哉"，到时候一说，就成了。这说明天也是"大辩"。在这一点上，孔子给老子树立了中国人的一个指标，即无声胜有声、不言之教胜过言教。不讲话比善辩有用，强辩反而没有什么力量。

"静胜躁，寒胜热。清静为天下正"，宁静可以克服浮躁，寒冷可以克服炎热。能够持守清静才是处天下的正道。处事冷静，一定胜过毛躁。人就是喜欢有为，心中有贪念，想要胜过人家，想要巧取豪夺，所以永远是燥热的表现。《庄子·达生》就说："有张毅者，高门县薄，无不走也，行年四十而有内热之病以死。"这种热衷于名利的人结果"内热"早死。人处在那样的境地，就感觉很苦。费尽心机，求不到，不是苦死了吗？

人在热情冲动的时候，根本看不清楚事情的真相，那时不能成事，只会败事。只有头脑超级冷静，才不会犯错。故老子说"清静以为天下正"。道家强调内心清静、清心寡欲，不要妄为。这样对身体、对精神都好。清静心修行，才是人生的正道。

第四十六章

天下有道，却走马以粪；天下无道，戎马生于郊。
祸莫大于不知足，咎莫大于欲得。
故知足之足，常足矣。

【白话】

天下步入正道时，让善跑的马回到耕田的地方去；天下大乱时，战马就在郊野出生。

天下的灾祸没有比不知足更大的了，天下的罪过没有比贪得无厌更大的了。

因此，懂得满足的这种满足，就能永远满足了。

【解析】

"天下有道，却走马以粪；天下无道，戎马生于郊"，"却"，退却、退回；"粪"，作动词用，耕田；"戎马"，战马，打仗时骑兵冲刺的马。天下步入正道时，让善跑的马回到耕田的地方去；天下大乱时，战马就在郊野出生。

为什么会有战争？就因为有些野心家贪得无厌，古今中外一直是这种情况。美国不就是一直想称霸世界吗？中华文化传承的是王道，是"己所不欲，勿施于人"的恕道，美国奉行的是"己之所欲，必施于人"的霸道。美国认为对它好的价值观，各国都要接受它。但是，任何事物，即使你是出于善意，强迫人家接受，就是"霸道"。更何况你认为好的对别人来说不见得真的好呢？儒家的恕道最了不起的地方就在于此，你想要的，怎么知道别人也需要呢？我们不喜欢人家加在自己身上的东西，也绝对不要施加在别人身上。

"天下有道"，当各个国家的政治都上轨道的时候，没有战争，天下就太平，老百姓也能安居乐业。既然没有仗可以打，"却走马以粪"，战马就去协助耕田，转移到经济生产上来。

"天下无道"，如果天下大乱，连年征战，那么战马也会跟着遭殃——"戎马生于郊"。这意味着什么？因为天天打仗，母马都被派上了战场，甚至母马怀孕了，也来不及送到后方生产，小马也得出生在郊野的战场上。

"祸莫大于不知足，咎莫大于欲得"，天下的灾祸没有比不知足更大的了；天下的罪过没有比贪得无厌更大的了。这种战祸就是因为执政者的贪心，或者几个野心家为达到目的不择手段，就让几十万人，甚至几百万人上战场。你看，第一次世界大战和第二次世界大战死了多少人，耗费多少财力、物力！这都是人的占有欲惹的祸。

"知足之足，常足矣"，只有知足，才是恒常的满足。要懂得知足，而且要一直保持知足这种感觉。但是，人需要的很少，想要的太多。其实，人一天能吃多少东西，一辈子能享用多少呢？如果人能及时知足，就永远是富足的状态。如果人不知足，就永远处于一种饥渴的状态。

第四十七章

不出户，知天下；不窥牖，见天道。
其出弥远，其知弥少。
是以圣人不行而知，不见而明，不为而成。

【白话】

不出大门，就能明白天下事物的道理；不看窗外，就能明白自然之道。

自己走得越远，自己明白得越少。

因此，圣人不走出去就能知道，不必亲见就能明白，不必刻意做就能成功。

【解析】

"不出户，知天下；不窥牖，见天道"，"户"，指门；"牖"，窗户；"天下"，指自然之道。不出大门，就能明白天下事物的道理；不看窗外，就能明白自然之道。像诸葛亮在卧龙岗做隐士时，就知道天下三分了。

天下万事都有规则可循，万物都有原理可遵。《易经·系辞下传》说："天下同归而殊涂，一致而百虑。"我们只要内观反省，化私去欲，理性思考，大道自然可见。

"其出弥远，其知弥少"，"弥"，更的意思。自己走得越远，自己明白得越少。老子此处提示我们，道本来就在我们每个人的心中，要了解它，只有靠心灵的觉悟。孟子说："万物皆备于我矣。反身而诚，乐莫大焉。"（《孟子·尽心上》）就是如此。

"是以圣人不行而知，不见而明，不为而成"，因此，圣人不走出去就能知道，不必亲见就能明白，不必刻意做就能成功。这就是说，悟道的圣人，能花最少的力气得到最高的成效。这要修到道家的圣人才有这样的一个表现和水平。一般人都是拼命走很远，结果反而走得越远，知道得越少。换言之，一般人的"行、见、为"，皆为私欲所驱使，嗜欲越深，结果天机越浅。如果顺自然做事，掌握了事情运作的规律，就能达到"易简而天下之理得"，用力少，而成功多。

第四十八章

为学日益,为道日损。
损之又损,以至于无为,无为而无不为。
取天下常以无事,及其有事,不足以取天下。

【白话】

做学问的方法是每天增加一点点知识,追求大道就要每天减少一点点欲望、偏见等。

减少之后还要减少,一直到不去刻意作为的地步,自然无为,便能无所不为。

赢取天下在于顺应自然而无造作妄为,如果有意多事,就没资格赢取天下了。

【解析】

这一章的思想跟《易经》的损卦与益卦有莫大关系,可见,孔子、老子的思想与《易经》的渊源很深。

"为学日益，为道日损"，做学问的方法是每天增加一点点知识，追求大道就要每天减少一点点欲望、偏见等。从小时候开始，我们都希望念最好的初中、高中，考上重点大学，最好能进一步去外国深造。不少人一路这样走来，最后回到国内发挥所学。可事实是，一些人学有所成，有了施展的机会，却忘了去私欲、减偏见，从而甘为外国做传声筒，干下了祸国殃民的事。

"为学日益"，就像子夏所说的"日知其所亡，月无忘其所能"（《论语·子张》），每天都要懂一些自己所不知道的知识，可是与此同时，人也越来越执着，本来的天真没有了。所以，一定要重视东方的教化，注重智慧与德行的并修，让自己的心返璞归真。在学知识的同时，要去除习染，养正、守正，而不只是让知识越来越丰富。有时候，人的知识越丰富，可能智慧反而越低。追求学问，追求知识，要每天都有进步，即做加法、乘法的工作。可是，为了修道，需要人每天减损一点点，需要"惩忿窒欲"。每天都要减少一点负面的情绪与贪多的欲望，要把这当成日课，才能"苟日新，日日新，又日新"（《大学》）。让自己的欲望越来越简单，这样人才能以简驭繁；而欲望多的人，只会把简单的事情复杂化。

"损之又损，以至于无为，无为而无不为"，减少之后还要减少，一直到不去刻意作为的地步，自然无为便能无所不为。减损的功课也要做到日积月累。这个损的功夫是没有止境的，直到哪一天达到无为的境界，就是损极转益了，即"无为而无不为"。也就是《易经》里面从《损》卦的"惩忿窒欲"转到《益》卦的"迁善改过"，接着而来的是"利用为大作，利有攸往，利涉大川"。老子所讲的这段，其实全部的智慧就在损、益两卦里面。

为什么为道要"日损"呢？老子实际上是要让我们每天养成反省的习惯。这在《论语·学而篇》就讲到了，即曾子说："吾日三省吾身：为人谋而不终乎？与朋友交而不信乎？传不习乎？"如果一个人每天能对自己的行为进行检验，把那些可能造成自己犯错的贪、嗔、痴、慢、疑等减损一些，那些障碍越来越少，这样修为就是达到"无为"的地步，无为就能无不为。

老子对"为学日益"没有继续发挥下去，而是就"为道日损"继续发挥。说明他对知识的多寡并非热衷，更注重人对道的体悟。人从事损的修为，不是一天的功夫，一曝十寒是没有用的，而是每天都要下功夫。只要到了无为的境界，人就会身轻如燕，了无挂碍，能无不为。那时，他就没有佛家所谓的"颠倒梦想"，而是抵达究竟涅槃了。

在这里，老子把无为的概念做了一个正解。"无为"不仅不是消极的，反而是特别积极的，到最后什么都能做。无为者心理很健康，能量很正面，连赢取天下这样的事情，他都若无其事，感觉没有什么了不起。

在《易经·系辞下传》中,孔子谈到"忧患九卦"时,就说"损,德之修""益,德之裕"。"裕"指资源特别多,能量用不完。故"益长裕而不设",说明做事自然从容,不必巧用心机,绝不会像王熙凤一样,到最后反误了卿卿性命。而"损以远害"则说明减损欲望可以远离祸害。一个人只要欲望没有处理干净,即使取得了成就,那也是暂时的,最后一定被膨胀的欲望冲垮。所以,老子要我们"损之又损",第一次损可能把欲望、偏见处理掉一部分,第二次再处理掉一部分,最后把欲望、偏见等除净磨光,而抵达一种无为的境界。到那时,一个人做事情时,出手就是不凡。别人搞不定的事情,他都搞得定。可见,人一旦做到了清静无为,没有了包袱,没有了嗜欲,对事情的判断就很准确,做最伟大的事情也是睥睨群雄。

"取天下常以无事,及其有事,不足以取天下",赢取天下在于顺应自然而无造作妄为,如果有意多事,就没资格赢取天下了。"取天下"这种主张,在《庄子》中是不容易看到的,而在老子来说,就有这样的雄心。老子指点江山,赢取天下好像若无其事,不会像一般人那样汲汲营营或咬牙切齿。老子的心态好像没事似的,轻松自如。不管是做什么大事,好像都跟日常闲居一样,从容自在。这就是他的修为。对我们来说,不要讲"取天下"了,就是做一点儿小生意,开一个小公司,常常都为一些琐事弄得紧张兮兮的。

"取天下常以无事",这种气魄很大,这种修为是装不出来的。像我们俗人,想做一点事,因有所求,就怕失败。为了应付那不可知的危机与意外,每天都在积极地定计划、追进度。这在老子看来,都是"有事"。换言之,如果你的修为与心态不够,再怎么千算万算,也不敌老天一算。像张良这种帮刘邦取天下的人物,是拥有道家大智慧的人。他能不拘泥于陈规,必要时,甚至可以不守信用。很多艰困的形势,经过他一思考,随机应变,马上就知道该怎么办了。在我们一般人来说,常常是坐困愁城、一筹莫展。

第四十九章

圣人无常心，以百姓心为心。

善者吾善之，不善者吾亦善之，德善。

信者吾信之，不信者吾亦信之，德信。

圣人在天下，歙歙焉，为天下浑其心。百姓皆注其耳目，圣人皆孩之。

【白话】

圣人没有恒久不变的意念，以百姓的意念作为意念。

善良的人我善待他，不善良的人我也善待他，这样可让人人归于善良。

守信的人我信任他，不守信的人我也信任他，这样可使人人守信。

圣人主政天下，立足于谨慎收敛啊，治理天下，使百姓的心归于浑朴。百姓都凝视静听，圣人把他们都当成纯真的孩童。

【解析】

"圣人无常心，以百姓心为心"，圣人没有恒久不变的意念，以百姓的意念作为意念。"常"，恒久不变。佛家讲"诸性无常"。如果人的意念总是处于恒常不变的话，就容易被自己所捆绑，自然不能做到"不可为典要，唯变所适"（《易经·系辞下传》）。外界的事物总是无常的，如果人认为处理事情总是一成不变的答案，他该如何应变呢？

人的行动受心驱使，如果能做到"无常心"，心中就没有执着与随意的假设，这也就没有成见与偏见了。"以百姓心为心"，就是说，不是为了个人的私心，而是以所有基层百姓的意见向背当成自己的主张。没有一定要怎么样，也没有一定不怎么样，但是尊重民意、尊重时代潮流。这就如孔子所说的"无可无不可"。等一段时间后，百姓的心变了，圣人的心也跟着变，这就是"与时偕行"。

圣人一点都不执着、拘泥，绝对不主观，不要求天下人的看法都跟自己看齐。正因为圣人的智慧这么灵活，所以，才能够"见善则迁，有过则改"，才能够"与时偕行"。圣人的心就像镜子一样，这正是老子一直所推崇的水的智慧，即"动善时，事善能"。

"善者吾善之，不善者吾亦善之，德善"，善良的人我善待他，不善良的人我也善待他，这样可让人人归于善良。"德"，同"得"，得到的意思。这是做人的最高功夫了，就是"厚德载物"、包容一切的心态。也是老子"知常容，容乃公，公乃全"的信念。对于善良的百姓，圣人自然善待他；对于不善良的百姓，圣人也善待他。这对于一般人来说，太难做到了，一般人的分别心还是太重。俗话说"宰相肚里能撑船"，人要学会包容，你的包容有时会感化不善的人。再者说，善人就一定永远是善的吗？不善的人就不会改过向善吗？万事万物，包括人在内，都是在变化的。

李白诗云"天生我材必有用"，如果有了这样的态度，作为领导者，可以用的人就取之不尽、用之不竭，不会一味地去同人切割，以致自己的路子越走越窄。

战国时代四公子之一的孟尝君，他所用的门客，就有鸡鸣狗盗之徒。那时四大公子的门下食客可以说是涵括黑白两道，什么人都有。有些人有时表现得不善，作为他们的东家，就要对自己所用的人有信心。如此，他就能秉持遏恶扬善的原则，让不善的人趋于善。《易经》说"一阴一阳之谓道"，就代表构成道的两面，既有善也有不善，但是能统合阴阳的才是道。换言之，圣人没有那么多分别心。分别心重的人，只会让家人变成陌路，属下离心离德。

"信者吾信之，不信者吾亦信之，德信"，守信的人我信任他，不守信的人我也信任他，这样可使人人守信。

对于"不信者吾亦信之"这句话，一般人不容易做到。譬如，本来对方该还我的钱，怎么能开空头支票呢？对方为什么讲得那么满，结果却没有做到呢？这时，你是不是要撤回对人家的信任？在老子看来，那不一定。

我们每个人的人生，一定会遭遇很多挫折，或者遭逢很多难堪的境遇，并不能因为这个原因，就影响到我们心中的"孚"（《易经》中"孚"的概念，包含了信、望、爱的意蕴）。通过受挫，甚至让我们的"孚"得到锤炼，经得起考验才是"有孚"。人处在顺境的时候，算不得真正的"有孚"。在人生遭遇坎坷，甚至险难重重时，人若还能矢志不渝，才称得上"有孚"。

每个人都会犯过失，有时人所犯的过错是由于自身的坏习惯而造成的无心之过。所以，我们不能因为别人一次之过就给他彻底否定，一定还要再给他机会，让他可以迁善改过，最后才有可能成就"大信"，即人人都能守信。

老子对待善者、不善者和信者、不信者的态度，这种圣人的无差别对待，正如《圣经》中的一句话："日头照好人，也照歹人；降雨给义人，也给不义的人。"

"圣人在天下，歙歙焉，为天下浑其心"，圣人主政天下，立足于谨慎收敛啊，治理天下，使百姓的心归于浑朴。"歙"，充分收敛。"浑"，浑浊，这里作动词，使归于浑朴。"浑其心"，就是使百姓进一步达到"无心"。

每个人的生命都来自"道"。从"道"来看，宇宙万物就是一个整体。同样，相对于宇宙中的动物、植物来说，人类就是一个命运整体，如果人用"浑心"对待人，就不会做一些简单的舍弃，而能无差别地从整体的角度看待。《庄子·应帝王》云："南海之帝为儵，北海之帝为忽，中央之帝为浑沌。儵与忽时相与遇于浑沌之地，浑沌待之甚善。儵与忽谋报浑沌之德，曰：'人皆有七窍以视听食息，此独无有，尝试凿之。'日凿一窍，七日而浑沌死。"浑沌本来就是未分的混同状态，没有分割的整体。可是，一旦凿破七窍，就脱离了浑沌之心，最后七窍流血而死。人心之所以可怕，就因为不能够"浑"，大家都在比赛谁更精明、更计较。小孩子刚生出来的时候，就是浑心状态，也叫赤子之心。一长大之后，就有计较心了，这个是我的，那个是你的。

"百姓皆注其耳目，圣人皆孩之"，百姓都凝视静听，圣人把他们都当成纯真的孩童。"注"，专注之意。圣人如同佛陀本尊，百姓就是佛无穷尽的化身与分身。他们蒙受到圣人的关爱，觉得圣人不偏心，好像对大家都有无穷的善意与照顾。

人最容易犯的毛病，就是心中老有人为的划分界限，搞对立斗争。拼命强调彼此的不一样，偏偏忘了大家所具有共同的东西。忘了人同此心，心同此理。

"百姓皆注其耳目"，圣人怎么回报呢？圣人就把他们当成纯真的孩童。母亲对自己所生的孩子们，会有那么多计较吗？孩子是俊还是丑，智商是高还是低，母亲还是一样爱他们。

第五十章

出生入死。

生之徒，十有三；死之徒，十有三；人之生生，动之于死地，亦十有三。夫何故？以其生生之厚。

盖闻善摄生者，陆行不遇兕虎，入军不被甲兵；兕无所投其角，虎无所用其爪，兵无所容其刃。夫何故？以其无死地。

【白话】

走出生地而有生，入于死地而致死。

属于自然长寿的，占十分之三；属于自然短命的，占十分之三；本来想要长寿，却自己走入死路的，也占十分之三。这是什么缘故？恰恰是因为奉养太厚，享受过度了。

曾听说过，善于养护生命的人，在地上行走不会遇到犀牛、老虎的攻击，进了军队也不穿戴铠甲、携带兵器；犀牛在他身上没有用角攻击的地方，老虎在他身上没有用爪子攻击的地方，兵器在他身上也没有下刃的地方。

为什么会这样？因为善于养生者，根本就没把自己置于死的境地。

【解析】

"出生入死"，走出生地而有生，入于死地而致死。"出"，出于世；"入"，入于地。这句话，老子讲的是生命发展的自然道理。所有生命的历程都是从出生走向死亡的过程。存在主义哲学家海德格尔说："人是走向死亡的存有者。"人刚开始出生，呱呱坠地，到最后，终化为无形。

"生之徒，十有三；死之徒，十有三；人之生生，动之于死地，亦十有三"，属于自然长寿的，占十分之三；属于自然短命的，占十分之三；本来想要长寿，却自己走入死路的，也占十分之三。"徒"，类；"动"，妄作妄为，如放纵嗜欲、戕害身心等；两个"之"字都是走向的意思。

每个人的寿命是有一定额度的。有些人不乱来，懂得清心寡欲，知足常乐，就能够尽享天年。根据老子的统计，这样的人大概占总数的十分之三。没有能够尽天年的，或者因为疾病而中间夭折的，或者像发生战争的时候，一批一批死掉的，这在老子观察来看，大概占总数的十分之三。

可是，另外还有一些人，只能怪其找死，他本来可以活得好好的，却因纵欲过度、酗酒无节，或者寻求刺激等，总之，是自己乱来。这里也包括那些不懂得按自然规则养生的人，譬如整日大鱼大肉，内脏器官不堪负荷，就可能导致人的速死。老子观察，此类人大概也占总数的十分之三。

"夫何故？以其生生之厚"，这是什么缘故？恰恰是因为奉养太厚、享受过度了。换句话说，本来有些人可以安享天年，结果因为不善养生而把自己糟蹋了，这个占的比例也非常之高。所以，人的养生与后天的修为很重要。

"生生"，前一个"生"是动词，养生的意思；后一个"生"是名词，生命的意思。"生生"，在老子看来是负面的做法，"生生之厚"是更负面的做法。有些人想活得好，想活得长，拼命去追求所谓的养生，钱花了大半个口袋，结果往往适得其反。谁都贪生怕死，但是，为什么一些人居然会做出导致让自己速死的行为呢？这就是过度的欲望在作祟。贪图放纵欲望的快乐，等到自己身体出状况了，还想再求灵丹妙药或者特殊的法门去延续这种享乐的期限。这就叫"生生之厚"。这都是违反自然。如果人一直顺自然养生，根本不必花这么多钱去补救。这一点在现代社会表现得更严重。常常有报道猝死的案例，就因为紊乱的生活方式造成的。养生行为违反自然、违反人性，时间久了，结果能好吗？像秦始皇与李世民，统统都走这条路子，他俩都想长生不老，派人搜寻长生不老药。看起来他们好像特别厚待自己，也用尽天下的资源和势力，结果反而是更快地走向"死地"。其实，帝王想长寿，简直就不大可能。看他们的后宫有多少"老虎"？据历史学家统计，中国历代帝王平均寿命之低，是不可想象的。偏偏这些人是最不愿意死，但是帝王都想占尽人间一切便宜，天道允许这种事吗？那不可能嘛。自私自利而用尽一切能够运用的资源，想让自己活得长，活得舒服，却走向"死地"的路子，其实都是自己过高的欲望造成的。

上到王公贵族，下到一般的众人，常常都是如此，都是在贪欲中葬送了自己。本来自自然然地去养生，喝一点稀饭，吃一点青菜，可能还活得很好，活得很长。恰恰因为他们天天山珍海味，又是享受名贵保健品等，结果却适得其反。

"盖闻善摄生者，陆行不遇兕虎，入军不被甲兵；兕无所投其角，虎无所用其爪，兵无所容其刃。"这一段话的意思是，曾听说过，善于养护生命的人，在地上行走不会遇到犀牛、老虎的攻击，进了军队也不穿戴铠甲、不携带兵器；犀牛在他身上没有用角攻击的地方，老虎在他身上没有用爪子攻击的地方，兵器在他身上也没有下刃的地方。

"摄生",就是最善于养生的,即顺自然养生。真正会养生的人,就是顺着自然状态,没有那么多机心。老子这里讲得像神话似的,"善摄生"者天生好像能发出一些很祥和的气场,没有猛兽找他的麻烦,也不会招惹刀兵之灾;而那些不善养生的人,反而是越有防备心,越有机心,越过度保护自己的,最后反而什么灾祸都找上门来了。

"夫何故?以其无死地",为什么会这样?因为善于养生者,根本就没置自己于死的境地。现实生活中,很多人往往是自己找死,好勇斗狠就是找死。

可见,养生的基本道理就是顺自然。庄子专门在《养生主》中谈到的有名的庖丁解牛的故事就是如此。庖丁使用十九年的刀都不会卷刃,好像新的一样,这就是顺自然的功效。顺自然,就不会破坏生命自然的法则,如此才能生生不息。

第五十一章

道生之，德畜之，物形之，势成之。是以万物莫不尊道而贵德。

道之尊，德之贵，夫莫之命而常自然。

故道生之，德畜之，长之育之，亭之毒之，养之覆之。生而不有，为而不恃，长而不宰，是谓玄德。

【白话】

道创生万物，德蓄养万物，万物展现为各种形体，情势使万物生长。因此，万物没有不重视道且珍视德的。

道之所以受到万物的重视，德之所以受到万物的珍视，就在于道与德不支配万物，进而听任万物自然生长。

所以由道来创生，由德来蓄养，进而再培育万物，长成万物，爱护万物。

创生万物却不据为己有，作育万物却不仗恃己力，完成万物却不加以控制，这真是奥妙玄远的德。

【解析】

"道生之，德畜之，物形之，势成之。是以万物莫不尊道而贵德"，道创生万物，德蓄养万物，万物展现为各种形体，情势使万物生长。因此，万物没有不重视道且珍贵德的。"德"，指道创生万物之后，存在于万物里面的"道"，即禀性。就像《易经》之《乾》《坤》两卦一样，《乾》卦讲乾道变化，《坤》卦就讲厚德载物。也就是说，乾为道，坤为德，即"天生之，地畜之"。

"物形之"，就是"乾道变化""云行雨施，品物流形"（《易经·乾卦》）的意思。"势成之"，就是《坤卦·大象传》所讲"地势坤，君子以厚德载物"。《乾》卦讲的是形，《坤》卦讲的是势。《孙子兵法》也讲"积形成势"，先有《形篇》，才有《势篇》，再有《虚实篇》。《易经·离卦》所讲的文明发展，也要一个蓄养的功夫，有积淀和深厚的底蕴，才会大发光明——"以继明照于四方"。

"道之尊，德之贵，夫莫之命而常自然"，道之所以受到万物的重视，德之所以受到万物的珍贵，就在于道与德不支配万物，进而听任万物自然生长。道与德之所以尊贵，就因为不矫情、非人为，是本来就应该这样的。但是，道与德对人的重要性，就像万物需要阳光、空气与水一样，本身就是自然而然地需要。

"故道生之，德畜之，长之育之，亭之毒之，养之覆之"，所以由道来创生，由德来蓄养，进而再培育万物，长成万物，爱护万物。"亭"作"成"解，"毒"作"熟"解，"覆"指最好的爱护与保护。这就是自然的生命力，希望道创生的东西发育得好。这一段就是对《易经·坤卦》德行的发挥，即"含弘光大，品物咸亨"。

"生而不有，为而不恃，长而不宰，是谓玄德"，创生万物却不据为己有，作育万物却不仗恃己力，完成万物却不加以控制，这真是奥妙玄远的德了。"生而不有，为而不恃，长而不宰"，老子不止提过一次。"生而不有"，对待自己创造的东西，自己不需要占有，让他自由自在发展，就像父母对小孩一样。"为而不恃"，"为"不是一般的有为，而是无为，最后的结果是无不为。真有了不起的贡献，自己不觉得有什么了不起，不会把它当回事。

"长而不宰"，让很多事物从小长成大、从弱长成强，但是自己绝不去控制。这代表一个人不管是对权力还是对很多资源有了充分的掌控后，仍能心胸开阔，不去控制。

第五十二章

天下有始,以为天下母。

既得其母,以知其子;既知其子,复守其母,没身不殆。

塞其兑,闭其门,终身不勤;开其兑,济其事,终身不救。

见小曰明,守柔曰强。

用其光,复归其明,无遗身殃,是为习常。

【白话】

天下万物有一个本源,就以它作为天下万物的母体。

既然明白了天地万物的母体,就可了解由这个母体创生出来的"子"——天地万物了;既然了解天地万物,再返回守住天地万物之母的道,一辈子就不会有危险。

塞住情欲的孔道,关闭情欲的门径,终身就不会有忧劳;开启情欲的孔道,助长情欲的完成,终身不可救药。

发现细小,称为启明;持守柔弱,称为坚强。

运用其光芒，返照内在的明，不会给自己带来灾难，这就叫作形成了习惯的常道。

【解析】

"天下有始，以为天下母"，天下万物有一个本源，就以它作为天下万物的母体。"天下有始"，这和《易经·乾卦》"万物资始"的意思类似。"以为天下母"，有了《乾》卦就有《坤》卦，有了天就有地。用上帝造人的说法，先有了亚当，后有夏娃，亚当和夏娃偷吃禁果，然后就繁衍了人类。

"既得其母，以知其子；既知其子，复守其母，没身不殆"，既然明白了天地万物之母，就可了解由这个母体创生出来的"子"——天地万物了；既然了解天地万物，再返回守住天地万物之母的道，一辈子就不会有危险。道是万物的本源，必先于万物而存在，所以称为"始"。从作用上来说，道能创生天地万物，所以，又可称为"母"。"子"是母生出来的，这里指万物。如果我们能了解万物的根源——母，就容易了解"母"所创生出来的东西。譬如文化基因，也是一样的。如果你要了解一种文化的源头，就必须弄明白这种文化最古老的经典，因为不同的文化母体，生发出不同的文化种子，其成长形态也一定有它的特色，那个特色叫"独特性"。从个人来讲，即每个人都不一样；从民族来讲，每个民族的特点都不一样；从企业来讲，每个企业的文化都不一样。中国文化有其独特性，西方文化有其独特性，其源头各不一样。

母是本，子是末，得母知子，就是执本御末。所以，既然懂得了道的根本，就还要回去，守住那个源头，掌握那个根本。正如第十四章，老子说"执古之道，以御今之有"。为什么说中国文化先秦那一段特别重要？因为当时思想发展确实很自由，各家思想精彩纷呈，可以说是百花齐放、百家争鸣。很多原创性的思想是从那时阐发出来，而不像到了秦朝以后，君权专制而使思想受到压制。早年，外国人研究汉学，还有中国学者反省，一致认为，中国到汉朝以后就没有思想了。因为汉朝以后的思想都替帝王服务了。原创性的思想，在春秋战国时已经讲完了，确实是如此。

"塞其兑，闭其门，终身不勤"，堵塞住情欲的孔道，关闭情欲的门径，终身就不会有忧劳。"塞"，堵塞。"兑"，指耳目口鼻等一切的开窍孔。"门"，门径。"勤"，忧劳。《易经》中有一个《兑》卦，《兑》卦就象征情欲的开窍口。喜、怒、哀、惧、爱、恶、欲都要通过开窍孔发出来。人的窍是专门给自己找麻烦的，所以，兑卦有毁折之象。"塞其兑，闭其门"就说明，人不要乱讲话，不要纵欲。"塞其兑"就是要让人止欲修行。但是要做到止欲是很难的，人之欲壑难填如精卫填海。所以，先哲们还是强调人要惩忿窒欲，不去压抑情欲，而是让情欲有节制。

"闭其门"就如《易经·坤卦》的"含章括囊"和节卦的"不出户庭"，低调内敛，才会少惹祸。

"开其兑，济其事，终身不救"，开启情欲的孔道，助长情欲的完成，终身都不可救药。"济"，助长。人如果让自己的欲望完全不受任何节制，譬如爱讲什么就讲什么，爱干什么就干什么，只要我喜欢，没有什么不可以的，这样的人"终身不可救药"。

道家强调无为而治，清新自在就好。善于为道的人，就能做到节欲，做事也是很雍容的。他终生好像都没有很用力在做事情，更不会咬牙切齿、夙兴夜寐地干。他做什么事，谈笑自如，从容轻松，就像庖丁解牛般，最后把牛豁然肢解了，所使用的刀子还不钝。这是道家大不一样的地方。这就是"终身不勤"。没有看到他很辛苦，但是，他把事情处理得周到圆满。

我们看，一旦掌握做事情顺自然的窍门，做起事来哪有那么多烦恼呢！有一些人属于工作狂的，因为他受欲望所驱使，想追求大的业绩，天天跑断腿，也没有办法解脱。

"见小曰明，守柔曰强"，发现细小，称为启明；持守柔弱，称为坚强。"小"，隐微的意思。知机察微就是"见小"。小的事物顺着情势的发展一定会变大，如果要处理就要趁早下手，否则，等到发展壮大的时候，你才去处理，就来不及了。就如《易经·坤卦》初爻所说的"履霜坚冰至"，"履霜"相对于"坚冰"来说就是"小"，只有"见小"才能明"履霜"之后的"坚冰"之祸。还有如《乾》卦的初爻"潜龙"是"小"，五爻"飞龙"就变"大"了，如果到了上爻"亢龙"就已经回不去了。所以，对个人的智慧来讲，自知之明就是"见小"，我们要做到《复》卦的"小而辨于物"，才可探知核心的真相。

"守柔曰强"，老子说"柔弱胜刚强""天下之至柔，驰骋天下之至坚。无有入无间"，守柔才是真正的强，才是最后的强。守柔的好处也可能是，由于人家逼你坚持到最后，一旦阴极转阳，就无坚不摧了。韩信守柔，没有跟小太保斗气，最后做了大将军。张良守柔，所以得到黄石公给的太公兵法。勾践守柔，最后就能复国。

下面，老子又告诉我们光与明的境界是不一样的。

"用其光，复归其明"，运用其光芒，返照内在的明，一个东西为什么能发光呢？因为有明。换句话说，"明"是"光"的体，"光"是"明"的用。就如《乾》卦是明，《坤》卦是光。《乾》卦为什么有明呢？因为"大明终始"，到《坤》卦的时候，《乾》卦的明就发了光，即"含弘光大，品物咸亨"。

"无遗身殃",不会给自己带来灾难。人只要掌握核心的智慧,这一辈子都没有问题,即做什么都能成功,不会给自己带来灾殃与后患。有人拼命干了一辈子,完全违反道家这一套原则,嚣张跋扈,就算自己这一辈子不出事,到他儿子或者到他孙子时,一定会出事。这就叫"遗其身殃",报在子孙。《易经》说"积不善之家,必有余殃",后遗症很严重。朱元璋开国时期,为保子孙基业,大杀功臣,致使国家几无独撑朝局之大臣,明朝也没几个好皇帝,一代比一代昏庸。

"是谓习常",这就叫作形成了习惯的常道。这句话是这一章最后的结论,老子提示我们,要了解人生的常道,并形成习惯。常道本来就是自然而然的,等人了解了,就直接顺着去做。做久了,习惯成自然。我们要把常道慢慢变成一种习惯,无论我们做什么事情都要懂得运用常道、顺从常道。用这个理念来修习,久而久之,就习惯成自然。

古人云"少成若天性,习惯成自然",人如果从小养成好习惯,那些品德就如自己的天性一样。

第五十三章

使我介然有知，行于大道，唯施是畏。

大道甚夷，而民好径。朝甚除，田甚芜，仓甚虚；服文彩，带利剑，厌饮食，财货有余。是谓盗夸，非道也哉！

【白话】

假使让我很清晰分明地了解，并顺着大道去践行，只有施与人，才让我担心。

大道极为平坦，可是一般的人却偏好走捷径。朝廷腐败而混乱，田地很是荒芜，仓库甚是空虚；他们却穿着锦绣的衣服，身佩锋利的宝剑，享受着餍足的酒食，搜刮来的钱物怎么都用不完。这种人简直是大强盗头子，他们实在不合乎道啊！

【解析】

"使我介然有知，行于大道，唯施是畏"，假使让我很清晰分明地了解，并顺着大道去践行，只有施与人才让我担心。"使",假使。"介",分明。"有知",了解得很清楚。"唯",只有。"畏",担心、害怕。人生就要行于大道。《礼记·礼运》说"大道之行也,天下为公",学了道,明白之后,一定要付诸实践,这叫知而后行。

对"唯施是畏"的"施"字,诸家解释有歧义。有人认为"施"应该念"迤",意思是邪僻的意思。按照这样的解法,是说行大道就不要走歪路。这个解法我表示异议。如果说行于大道时,走入邪路是自己所害怕的,这是一般人的常识,这种说法等于是废话。我认为这里的"施"字还是布施、施恩的意思。基督教讲,施比受有福。佛教也讲施,有财施、法施、无畏施。照讲,当我们拥有丰厚的资源,就要去布施,要去帮助别人。但是,道家就怕这种布施会有后遗症。这种布施有为、居心,就像做善事,做太多的动作,唯恐不为人知,这种情况大多华而不实,搞不好会变质。

对儒家来讲,有能力的人照顾别人,无可非议,帮助别人的人本身可能是沽名钓誉,有时都不清楚自己为什么要做这件事情。一旦居心不正,就没有办法清静无为,将来可能都不见得是好的果报,甚至可能是在造孽。老子既然讲,人在念头上要"损之又损,以至于无为",所有故意做出来的一些事情,只要是造作有为,就不是什么好事。老子对此反省得很深。所以,清醒的人对所有要行的大道,对所有世间一切铺张出来的那类布施,都要先保留看法，先观察再行动。除非有把握，不要乱施与，很多的施与不知不觉都是违反自然，掺杂了很多不纯粹的东西。很多表面的施与实际上就是在造孽。假定不去施与，就算没有正面的贡献，至少不会造孽。像老子这样的人，要鼓动他随便捐款恐怕很难。从这一点来看，我是中了老子的毒了，去寺庙、道观都不捐献，因为不知道这个布施最后到哪儿去了，你没看到很多修行人的手上戴一堆钻戒吗？

"大道甚夷，而民好径"，大道极为平坦，可是一般的人却偏好走捷径。"夷"，平坦；"径"，捷径。坦坦荡荡的大道很少人走，一般人都偏好走捷径。对于当官的人来说，赚钱最快的途径就是受贿。很多人办事情都喜欢抄小路、走后门，正投其所好。这是不是"民好径"？因为走大道，总感觉绕太远了。两点之间直线最近，走捷径一下就到了，大多数人都不愿意走坦坦荡荡的大道或正道。

《论语》中就出现一个喜欢走大道、不喜欢走小路的人，这个人叫澹台灭明。孔子弟子子游说，这个人"行不由径"，他走路都"踢正步"，绝不走后门。而且，澹台灭明这个人不是公事，绝不到上司的办公室来。很多人都觉得，走捷径才比较精明，能一步登天。其实在老子与孔子看来，那都不是大道，大道是坦坦荡荡的，没有什么见不得人的事。

在这种情况下，我们就看到很多台面上冠冕堂皇的措施，如很多的布施行为和善行，我们就先要在脑子里打问号。这个布施的人真的像他表面上做的那样高尚吗？现实中，很多冠冕堂皇的事物，里面实际上臭不可闻。可见，人性有其很大的弱点，好行小径的人太多。

"朝甚除，田甚芜，仓甚虚"，朝廷腐败而混乱，田地很是荒芜，仓库甚是空虚。"朝"，朝廷；"除"，借为污，腐败的意思；"芜"，荒芜。老子是说，政府里面，朝廷里面，腐败而混乱。可是"田甚芜"，老百姓苦，正因为上面过得太好了，才拼命剥削下层的百姓。老子在春秋时代已经很清楚地看到这种状况了，很多资源都集中在上面，上面的人过着纸醉金迷、光鲜亮丽的生活，下面则民不聊生。如果再有战争，老百姓就更没有时间种田了。《孙子兵法》说十万大军一出发，七十万个家庭都得停工。然后，"仓甚虚"，就是说国家都没有存粮了，粮食都被"大老鼠"（特权阶级）消耗光了。

"服文采，带利剑，厌饮食，财货有余。是谓盗夸，非道也哉"，他们却穿着锦绣的衣服，身佩锋利的宝剑，享受着餍足的酒食，搜刮来的钱物怎么都用不完。这种人简直是大强盗头子，他们实在不合乎道啊！"服"，穿着；"厌"同"餍"，饱足；"夸"，大的意思。那些权贵阶层吃一顿饭的花销顶一个老百姓一年的口粮。他们整日脑满肠肥，穿的都是好漂亮的官袍，然后带利剑，财货还有余。他们不是强盗是什么？老子的愤慨可想而知。

第五十四章

善建者不拔，善抱者不脱。子孙以祭祀不辍。

修之于身，其德乃真；修之于家，其德乃余；修之于乡，其德乃长；修之于邦，其德乃丰；修之于天下，其德乃普。

故以身观身，以家观家，以乡观乡，以邦观邦，以天下观天下。

吾何以知天下然哉？以此。

【白话】

善于建立的不能被拔除，善于持守的不会脱落。子孙以此而行，可以世代享受祭祀，而不断绝。

这种修养用在自己身上，自己的德行才会真实；用于家庭，德行就会宽余；推广到一乡，德行就会长久；推广到一国，德行就会丰盈；推广到天下，德行就会普遍。

所以，可以从我自身去观察别人，从我的家庭去观想别的家庭，从我的乡里去观想别的乡里，从我的邦国去观想别的邦国,从我时的天下去观想别时的天下。

我怎么能够知道天下的情况呢?就是因为上述的道理。

【解析】

"善建者不拔,善抱者不脱。子孙以祭祀不辍",善于建立的不能被拔除,善于持守的不会脱落。子孙以此而行,可以世代享受祭祀,而不断绝。

"建",建立。始无今有,过去没有的东西,现在有了,这个过程叫"建"。譬如"建国""建侯""建德"。老子这里主要讲要建立自己的道、建立自己的德。能够传之永久的就是道与德,那些急急忙忙建立起来的不扎实的东西,只为博取虚名或者短利,就容易拔掉。

《易经·乾卦》初爻"潜龙勿用",其《文言传》就称"确乎其不可拔"。"潜龙"是潜伏在地底下的龙,象征打好自己的基础。不管是修德还是修业,基础一旦牢固,人家想要破坏、拔除,都不可得。

"善抱者不脱","抱",持守。老子讲"万物负阴而抱阳,冲气以为和",持守住一个东西,永远不会挣脱,因为已经跟自己合而为一了。

前一句讲创业,后一句讲守成。如果这个标准都做到了,中国怎么会有那么多朝代呢?每个朝代最后都出问题,有的是不善建的被拔除了,有的是不善抱持的被人家抢走了。可见,"善建者"需要革故鼎新,"善抱者"

需要生生不息，香火永续。所以，从创业到守成，就在考验一个人的思考是不是很长远，能不能持守住道与德。

"子孙以祭祀不辍"，如果善于建德守道，不仅自己可以享受福禄，而且可以惠及子孙，代代不断享受祭祀。这就是《易经》所说的"积善之家，必有余庆"。

从《易经》的角度来说，《丰》卦上爻"丰其屋"，只知贪图居处华美，结果"蔀其家，窥其户，阒其无人，三岁不觌，凶"，就不属于"善抱者"，这样一定脱落。《涣》卦第五爻君位"涣王居"，就属于"善建者不拔，善抱者不脱"，因为任何有形的庙、任何道场，都有可能被摧毁；如果是无形的，就像把"庙"建在别人的心里，就永远不会被摧毁。无形的影响无定在，无所不在。这才是真正的智慧。

"修之于身，其德乃真；修之于家，其德乃余；修之于乡，其德乃长；修之于邦，其德乃丰；修之于天下，其德乃普"，这种修养用在自己身上，自己的德行才会真实；用于家庭，德行就会宽裕；推广到一乡，德行就会长久；推广到一国，德行就会丰盈；推广到天下，德行就会普遍。

"修之于身，其德乃真"，如果人把以上修养用在我们个人的小宇宙方面，德行就产生真实的意义。有点像道家所说的真人。

"修之于家，其德乃余"，像儒家的格、致、诚、正，推广出去，修之于家，那种德行就会有宽裕，用不完。

"修之于乡"呢？"其德乃长"，德行就会一直成长，一直发展。

"修之于邦"呢？"其德乃丰"，德行如日中天，很丰盈，资源就不得了了。

"修之于天下"呢？"其德乃普"，德行普遍施与，对全天下的人都能照顾到。

"故以身观身，以家观家，以乡观乡，以邦观邦，以天下观天下"，所以，可以从我自身去观察别人，从我的家庭去观想别的家庭，从我的乡里去观想别的乡里，从我的邦国去观想别的邦国，从我时的天下去观想别时的天下。

"吾何以知天下然哉，以此"，我怎么能够知道天下的情况呢？就是因为上述的道理。老子前面说，他不出门就知道天下事，即"不出户，知天下；不窥牖，见天道"，他就是用这样的类推思考。从小的自我到大的天下，都是一套逻辑。

第五十五章

含德之厚,比于赤子。蜂虿、虺蛇不螫,猛兽不据,攫鸟不搏。

骨弱筋柔而握固,未知牝牡之合而朘作,精之至也。

终日号而不嗄,和之至也。

知和曰常,知常曰明。益生曰祥,心使气曰强。

物壮则老,谓之不道,不道早已。

【白话】

在修为上含藏德行最厚的人,可以同天真无邪的婴儿相比拟。有毒刺的螫虫、毒蛇不会刺伤他,猛兽不会捕捉他,凶鸟不会搏击他。

筋骨虽然柔弱,拳头能够握得很紧,虽然不知道男女交合之事,小生殖器却能勃起,是精气最纯正的缘故。

虽然整天号哭,嗓子却不沙哑,这是因为血气柔和又专注的缘故。

知道柔和就叫常道,知道常道才叫明智。反之,过分养生就是灾殃，以欲望之心驱使生理的本能，就是逞强。

万物强大盛壮的时候趋衰败，这就表示不合于道，不合于道的事很快就会结束。

【解析】

"含德之厚，比于赤子"，在修为上含藏德行最厚的人，可以同天真无邪的婴儿相比拟。"厚"，敦厚。"含"，含藏。"赤子"，指赤身的婴儿。婴儿的意象柔弱，天真纯洁，无知无欲。孟子就说过"大人者，不失赤子之心也"。赤子没有私心，没有占有欲，没有那个钩心斗角的想法，里面自然就含了厚德。

一般人长大到一定程度，离赤子之心就越来越远了。我们若要修到"含德之厚"，就得归真返璞，返回本心、初心。这就是老子讲的返老还童。所以，人要找回真我，就需要回头，回头修到最后，又妙合自然，恢复天真了，即"见山又是山"了。

"蜂虿（chài）、虺（huǐ）蛇不螫（shì），猛兽不据，攫鸟不搏"，有毒刺的螫虫、毒蛇不会刺伤他，猛兽不会捕捉他，凶鸟不会搏击他。

毒虫、毒蛇都是有毒的东西，猛兽、攫鸟属于凶猛动物，这跟我们前面讲的善于养生的人不会被老虎、犀牛找麻烦一样的道理。当人处在一个柔和态时，爱他都来不及，怎么会侵害他呢？人恰恰因为太逞强，老是跟人家起冲突，硬碰硬，敌人就特别多。

假如我们修到婴儿那种天真状态了，"含德之厚"，就会"仁者无敌"，跟别人都不起冲突，百毒不侵。连那些狮子、老虎、猛禽等，也不会来找麻烦，即灾祸不会找上门。除非实在是发了疯的禽兽，一般情形下，它也不会对小孩子下手。所以，小孩子在什么状况下也不懂得害怕，反而是我们成人经常害怕。

"骨弱筋柔而握固，未知牝牡之合而朘（zuī）作，精之至也"，筋骨虽然柔弱，拳头能够握得很紧，虽然不知道男女交合的事，小生殖器却能勃起，是精气最纯正的缘故。"握固"，指握拳紧固。禽兽类中雌性的称"牝"，雄性的称"牡"。"牝牡"，引申为阴阳。"朘"，阳根。"作"，勃起的意思。

我们看婴儿的小手，当他握住的时候，一般是掰不开的。我们人生都想掌握一些东西，希望不要被别人掰开抢走。我们就要学婴儿，婴儿抓住一个东西，就牢牢地抓着，因为他很专注。

"未知牝牡之合"，以婴儿来讲，他是不可能知道男女交合之事的，可是，小孩的阳根有时候还是会勃起。这种情形就叫"朘"。这是与生俱来的本性，没有到青春期，就有自然的反应。老子说，这是因为婴儿的精气神很充足、很纯正的缘故。

"终日号而不嗄（shà），和之至也"，"号"，哭的意思。"嗄"，指沙哑。"和"，柔和、和谐的意思。小孩虽然整天号哭，但嗓子不沙哑，这是因为血气柔和又专注的缘故。而我们成年人号哭一段时间，嗓子早就哑了，这就是因为内心没有达到"和"的状态。

"知和曰常，知常曰明。益生曰祥，心使气曰强"，知道柔和就叫常道，知道常道才叫明智。反之，过分养生就是灾殃，以欲望之心驱使生理的本能，就是逞强。"祥"，本来的意思是指祸福，这里指灾殃。"益生"也不是正面的表达，而是"以其生生之厚"的意思。像大吃补品，就属于"益生"。人有时候过分对自己好，反而是灾难，因为没有顺自然养生。

"心使气曰强"，一般人常在欲望或愤怒面前忍不下来，受本能的驱使而当下爆发，也就奋不顾身了，这就是逞强。

"物壮则老，谓之不道，不道早已"，万物强大盛壮的时候，就趋向衰败，这就表示不合于道，不合于道的事很快就会结束。在《易经》中，当事物到了《大壮》卦阶段，绝对不是好事。万事万物太强壮了，就会消耗得快，衰老得特别快，这不合乎自然之道。不合乎道，就早衰败了，因为你提前把生命挥霍完了。《大壮》卦代表阳宅，也就是说，当你"大壮"完之后，就是"大过"（《易经》中的《大过》卦，代表棺椁，即阴宅），住完"阳宅"就住"阴宅"。

第五十六章

知者不言,言者不知。

塞其兑,闭其门;挫其锐,解其纷;和其光,同其尘。是谓玄同。

故不可得而亲,不可得而疏;不可得而利,不可得而害;不可得而贵,不可得而贱。故为天下贵。

【白话】

明智的人不随便说话,言说的人不明智。

堵塞情欲出口,关上感官门径;收敛锋芒,排除纷争;调和光芒,混同尘垢。这就是神奇的同化境界。

所以,人们没办法同他亲近,也没办法疏远他;不能让他得利,也不能让他受害;无法使他高贵,也无法使他卑贱。因此,他得到天下人的重视。

【解析】

"知者不言,言者不知",明智的人不随便说话,随便说话的人不明智。有大智慧的人不会一天到晚乱讲话的。我们常常看到，一些喜欢讲话的人，讲起话来滔滔不绝，有时还表现出巧言令色。这都是不明智的行为。如果一个人对事物的了解，仅仅落到言的层次，这属于比较低层次的，因为讲出来的跟大道毕竟还是有一些距离。要知道，"道，可道，非常道。名，可名，非常名"。

"塞其兑，闭其门；挫其锐，解其纷；和其光，同其尘。是谓玄同"，堵塞情欲出口，关上感官门径；收敛锋芒，排除纷争；调和光芒，混同尘垢。这就是神奇的同化境界。

"锐"，指锐气。人一旦锋芒毕露，伤人又伤己。人年轻的时候就容易这样，口无遮拦，想干什么就干什么。老子要我们用塞、用闭的功夫，把自己锐利伤人的一面磨钝一点，这样才好处世。

"和其光"就是"含弘光大，品物咸亨"（《易经·坤卦》）的境界。人的光芒是可以表现的，但是，要给人和煦温暖的感觉，像冬天的太阳一样，不要强烈到让人不舒服。

"同其尘"，不要把自己标榜得高高在上，要能跟所有人混在一块。

从以上可以看出，这里面的很多毁折来源，都是因为"兑"。"兑"是《易经》八卦之一，代表言说，也代表情欲的开窍口。老子提出"塞其兑"等,意在提示人,人的修为就要在兑的表现上多下功夫。也就是《易经》所告诉我们的针对《兑》卦的表现,应该下《艮》卦止欲修行和《损》卦"惩忿窒欲"的功夫。

"故不可得而亲,不可得而疏;不可得而利,不可得而害;不可得而贵,不可得而贱。故为天下贵",所以,人们没办法同他亲近,也没办法疏远他;不能让他得利,也不能让他受害;无法使他高贵,也无法使他卑贱。

"不可得而亲,不可得而疏",对这种处世态度的人,想跟他亲近,好像也找不到具体好的办法,可是,如果想要疏远他,也很困难。看来用常人的处世方法与他交往,好像都达不到目的。

"不可得而利,不可得而害",你想跟他产生什么利害相关的关系,他都表现得很淡然,好像无所谓似的。

"不可得而贵,不可得而贱",他那种人完全可以自我主宰,不会随人起舞。别人要用什么借口整他,也办不到。但是我们的人生常常是"赵孟能贵之,赵孟能贱之",也就是说,如果人与人之间不是真正的道义之交,那么能让你尊贵的人,也可以让你完蛋。

"故为天下贵",这样的人不为世间任何名利纠葛所动,当然值得天下人重视。

第五十七章

以正治国，以奇用兵，以无事取天下。

吾何以知其然哉？以此：天下多忌讳，而民弥贫；民多利器，国家滋昏；人多伎巧，奇物滋起；法令滋彰，盗贼多有。

故圣人云：我无为而民自化，我好静而民自正，我无事而民自富，我无欲而民自朴。

【白话】

用正道治国，用奇谋作战，用不妄做事情来赢取天下。

我凭什么知道是这样的？是根据以下事实：天下的禁令多了，百姓就愈贫困；百姓争斗的利器多了，国家就滋长混乱；人们的智巧多了，奇怪的事情就滋长了；法令越是明细，盗贼反而越多。

所以，圣人说：我无所作为，而百姓自行变化；我爱好清静，进而百姓自行归正；我无所事事，进而人民自行富足；我没有贪欲，进而人民自然纯朴。

【解析】

"以正治国，以奇用兵，以无事取天下"，用正道治国，用奇谋作战，用不妄做事情来赢取天下。

"以正治国"，在儒家来说，就是诚意、正心、修身、齐家、治国、平天下。治国要依循正道，不能乱来，有其常轨。

"以奇用兵"，在《孙子兵法》中，用兵讲究出奇制胜，光用正道不行。"兵者，诡道也"，兵以诈立，整个兵法的智慧就建立在"诈敌"的基础上。兵不厌诈，要懂得欺敌，利用虚虚实实的形势。所以，治国和用兵，即政治跟军事，其重点不一样。

"以无事取天下"，道家的基本态度又出来了。赢取天下人的心，好像若无其事，就像《易经·坤卦》的"黄裳元吉"，垂衣裳而天下治。作为公司的总经理，一个礼拜上一天班，就把事情处理得好好的。所以，人没事别找事，有事也不怕事，无为而治最好。像道家这种治国的高手或者公司治理的高手，绝不会表现出一脸苦相，不胜负荷，咬牙切齿，甚至还给自己绑定一个"必胜"的紧箍咒。"易简而天下之理得"，顺自然而为最好。顺自然练兵与发展组织，就是《豫》卦的"由豫"。"由"，就像田中小草，自然而然地破土而出，不用压，也不用拉。

这里的"以无事取天下",在前面,老子有类似的观点:"取天下常以无事,及其有事,不足以取天下。"

"吾何以知其然哉,以此",我凭什么知道是这样的?是根据以下事实。老子说,他自己得出的结论,一般人可能不服气,他就在下面作出辅助性的说明。

老子先从负面讲起。

"天下多忌讳,而民弥贫",天下的禁令多了,百姓就愈贫困。没有自信的管理者就怕有事,因而会设定很多禁令。这样做的结果,反而使得民生凋敝。如果老百姓没有活力贡献出来,生活自然很苦。治国不就是希望富强康乐吗?结果老百姓更贫困了,因为政令的禁忌太多。这就不是自由开放的体制。譬如,百姓申请开公司,本来一周的时间就可以登记完成的事情,结果因为政府禁忌太多,需要一年才能登记完毕。办一件事情,光是盖章都没完没了,这样就影响国家的行政效率,进而影响百姓的生活。统治者没放开手,不懂得无为而治,就不懂得抓大放小。有这么多限制,以致形成恶性循环,老百姓的力量发挥不出来,整个国家的经济情况就很糟糕,老百姓越来越贫困。

"民多利器,国家滋昏",百姓争斗的利器多了,国家就滋长混乱。为什么老子前面讲"国之利器,不可以示人"?这就像潘多拉的盒子,一旦打开之后,就启动了人的贪欲与争斗之心。你会用机心，别人也会用机心。如果大家都掌握了"利器"，就会互相伤害。只有彼此的互信才能让整个国家走上正确的轨道。这就像《易经·益卦》所说"有孚惠心"，才能"有孚惠我德"。相反，如果朝野对立，大家都不在互惠、互信、互爱、互利的基础上行事，而是采取对抗，这个国家就越来越混乱。

"人多伎巧，奇物滋起"，人们的智巧多了，奇怪的事情就滋长了。贪污有技巧，做坏事有技巧，算计人有伎俩，很多奇奇怪怪的社会乱象就越来越多。像雨后春笋一样，邪僻的事情层出不穷，就是因为源头偏了。

"法令滋彰，盗贼多有"，法令越是明细，盗贼反而越多。这就像皮球，越压反弹越大，整个社会基本上已经偏离了正确轨道。秦朝统治的十五年间，法令彰显到什么程度？到了后来，各地的盗贼又多到什么程度？最后陈胜、吴广把旗子一扯起来，整个政府就压不住了。

"故圣人云：我无为而民自化"，所以，圣人说：我无所作为，而百姓自行变化。"化"就是潜移默化，领导人就是社会的指标，上梁正了，底梁就不会太歪。这就像《易经·观卦》的君位，即五爻《小象传》所说："观我生，观民也。"上位者自己就是一个好的典范，自然引起百姓的观仰与效法。

"我好静而民自正"，我爱好清静，进而百姓自行归

第五十七章 | 285

正。领导人不要一天到晚妄动，一会儿推出这个措施，一会儿推出那个措施，一看效果不好了，又收回成命。如果上面的人清静无为，没有那么多不必要的动作，百姓自己就归于端正了。从道家来讲，这就是《易经》所谓的"易简而天下之理得"，具体的做法就是化繁为简，以简驭繁。第三十七章，老子不是说"不欲以静，天下将自定"吗？都是同样的道理。让一切归于自动化管理，不要强制百姓一定要去怎么样做。

"我无事而民自富，我无欲而民自朴"，我无所事事，进而人民自行富足；我没有贪欲，进而人民自然纯朴。庄子讲，一旦人有了机心，有了对付别人的心，就像会传染似的，即使以前再纯朴的人，等他吃了几次亏之后，他也要掌握"利器"，进而去与人斗智了。

第五十八章

其政闷闷，其民淳淳；其政察察，其民缺缺。

祸兮，福之所倚；福兮，祸之所伏。孰知其极？其无正也。正复为奇，善复为妖。

人之迷，其日固久。

是以圣人方而不割，廉而不刿，直而不肆，光而不耀。

【白话】

为政宽厚，人民就纯朴；为政严苛，人民就狡诈。

灾祸中有福利相靠近，福利中有灾祸在潜伏。谁知道他们其中的究竟，因为，这没有一个定准。正再转换为邪，善又转换为恶。

人们的迷惑，本来很久了。

因此，有道的圣人方正而不生硬，有棱角而不伤害人，直率而不放肆，光亮而不刺眼。

【解析】

"其政闷闷,其民淳淳;其政察察,其民缺缺",为政宽厚,人民就纯朴;为政严苛,人民就狡诈。

"祸兮,福之所倚;福兮,祸之所伏",灾祸中有福利相靠近,福利中有灾祸在潜伏。人生都希望趋吉避凶,希望有福报,不要遭祸灾。实际上,祸福有相互转化的关系。人常说,大难不死,必有后福。艰难的环境,让人苦死了,可是这时往往能造就人。因为,艰难的境地能锤炼人应付人生坎险的能耐,也能产生出智慧。历史的进程,就是"殷忧启圣,多难兴邦"。

人在得意的时候,自认为洪福齐天,很走运,怎么样都能成功,可是,这种骄傲的心态里面就隐藏了灾祸的种子。《易经》中的《既济》卦,是描绘人追求到成功,但是《既济》卦的君位第五爻就埋伏下了祸根:"东邻杀牛,不如西邻之禴祭,实受其福。"这一爻爻变就变成黑暗的《明夷》卦。如果人没看到"既济"中的"明夷",他的心态还是那么嚣张,喜欢挥霍;再往下发展,他就会走向灭亡,即《既济》卦的上爻所讲的灭顶之灾:"濡其首,厉。"

"孰知其极,其无正也",谁知道其中的究竟,因为这没有一个定准。人做的很多事情,往往要到盖棺才能有定论。不经过一段时间,你就看不出最后究竟是祸还是福。所以，人就不要轻易下结论。人生遭祸的时候，也要保有平常心；人生有福的时候，也不要乐极生悲。人有时候是先笑后号啕。人在笑的时候，大概是福，可是，等福里面埋伏的祸发出来了，往往祸发不可救，可能还没来得及笑完，他就又要哭了。有时候，人是先号啕而后笑，这就是"祸兮，福之所倚"。有时候想想，人的失恋不也是他未来美满婚姻之所倚吗？

"其无正也"，说明没有定准。所以，人不要仓促下结论，看待事情需要深入观察，等深入观察久了，大概就会有一个正确的判断。就像我们看《易经》的卦与爻，当我们把短期、中期、长期搞清楚了，就不会轻易下结论。

可见，不是所有的福里面都藏着祸，也不是所有的祸里面都藏着福，这不一定。是福就不是祸，是祸就躲不过。为什么说"不听老人言，吃亏在眼前"？因为老人们经历了太多的祸福，了解表面的现象是咋回事。

"正复为奇，善复为妖"，正再转换为邪，善又转换为恶。阴极会转阳，阳极会转阴，乐极会生悲。"正复为奇，善复为妖"就是太极图的变化。有人本来过去一直都是行得正、坐得正，固守正道，可是后来当他遇到挑战，他可能会往相反的方向变化。人在年轻的时候，往往想着要去改造社会，最后反而都被社会所改造。换句话说，一个人如果没有经过真正欲望的考验，讲的话统统不算数。

不管是祸福相依,还是"正复为奇,善复为妖"的多变性,这在《易经》中都有表现。如《复》卦第三爻"频复,厉",该爻变就成《明夷》卦,这就由"天地之心"变成"黑暗之心",这就是"一念天堂,一念地狱"。

"人之迷,其日固久",人们的迷惑,本来很久了。老子说人之所以会迷失,是因为偏离了"元亨利贞"的本性。从《无妄》卦的第一爻到第二爻,可能只偏一点儿,可是等到了上爻,就偏离千万里以外了,根本回不了头。所以,那时人碰到的都是天灾人祸,就因为人开始的时候就执迷不悟。

这是老子的慨叹。那要怎么办呢?老子说,就要有一个最圆融的处世方法,任何走极端的、自以为是的,正邪转来转去的,最后都讨不到好。

下面就是圣人所具备的超越常人的修为。

"方而不割",内心方正而不生硬勉强。人处世还是要保有方正,该有的规矩要有,该有的棱角要有,但是要避免让自己的"方"割伤别人。即是要"挫其锐,解其纷,和其光,同其尘"。老子在前面不是讲"大方无隅"吗?就是说最大的方正没有九十度的锐角。《坤》卦第二爻是"直方大,不习无不利",就是说不要拿自己的方正去勉强要求一切人。

"廉而不刿",锐利而不伤害别人。"刿",伤害。有时候清官还误国呢,因为,清官太标榜自己的清廉,就刺伤了很多不清廉的同僚。所以,人处世圆融很重要。《易经·系辞上传》说:"蓍之德,圆而神;卦之德,方以知。"所以,人处世由圆而方,才能由智到神。

"直而不肆",直率而不放肆。"肆",放肆的意思。"肆"就是完全不考虑别人的感受,完全不懂得含蓄,不懂得包容。我们可以直率,但是,言行不要到放肆的地步。

"光而不耀",发出亮光而不耀眼。我们讲过《乾》明《坤》光,《乾》卦是"大明终始",《坤》卦是"含弘光大"。耀眼不是会引发别人的嫉妒吗?不是会刺激人家吗?这跟我们前面讲的"和其光"是一样的意思。

第五十九章

治人事天，莫若啬。

夫唯啬，是谓早服；早服谓之重积德；重积德则无不克；无不克则莫知其极；莫知其极，可以有国；有国之母，可以长久。

是谓深根固柢，长生久视之道。

【白话】

管理众人、奉守道，没有比俭约更好的心态。

正因为懂得俭约，可以说是早做准备；早早地服从道，就是重视累积德行；重视积德就没有什么不可战胜的；没有什么不可战胜，就无法明白他力量的究竟；无法明白他力量的究竟，就可以把管理国家的重任交给他；掌握了管理国家的道，就可以一直长久下去。

这就是根子扎得深了，根本坚固了，才是长久生存的道理。

【解析】

"治人事天，莫若啬"，管理众人、奉守道，没有比俭约更好的心态。"事天"，就是侍奉道。"啬"，心思俭约。老子在此提示人要懂得含蓄内敛，千万不要张牙舞爪。总之，要爱惜资源，做事没有把握以前，不要轻易出手，不要轻易挥霍，更不要刻意标榜，为人应谨小慎微。

"治人事天"的功效表现在《易经·坤卦》上，就是懂得顺承天，把事情圆满完成。在坤卦初爻时，要懂得辨识警讯，看到霜，马上就要想到需要节制、防范了，不然就会发展成坚冰。然后，人在五爻时，懂得"黄裳元吉"，从而避免上爻所说的"龙战于野，其血玄黄"。

"治人事天，莫若啬"这一句，跟老子标榜的"俭"也是贯通的，老子说自己有"三宝"："一曰慈，二曰俭，三曰不敢为天下先。"（第六十七章）

"夫唯啬，是谓早服"，正因为懂得俭约，可以说是早做准备。人若懂得了"啬"字诀，即道家低调内敛的心态，他很早就能够服膺于常道，信受奉行了。"早服"，指比别人更早地参透人生的智慧。既然这是一条正路，人越早进入这一条正路，今后人生就会越少犯错，最后，他人生的果报就越好。所以，晚服不如早服。人常说"千金难买早知道"。武则天为《华严经》开经偈云："无上甚深微妙法，百千万劫难遭遇。我今见闻得受持，愿解如来真实义。"其用意就在于说，如信受奉行《华严经》，人生的劫难就会少很多。

"早服谓之重积德"，早早地服从道，就是重视累积德行。《易经》有"积善之家，必有余庆；积不善之家，必有余殃"之说，说明积恶灭身、积善成德，一个是灭，一个是成，这两者都是因为"积"的结果。还有大有卦第二爻也称"积中不败"，意即累积中道，最后才立于不败之地。《乾》卦第三爻讲"终日乾乾，夕惕若，厉无咎"，揭示人要在半天之内，一定能改过的"积德"精神。

"重积德则无不克"，重视积德就没有什么不可战胜的。重视积德，不管人生碰到何种艰难困苦，最后都能百战不殆。孔子讲"克己复礼"，就是针对自己与生俱来的欲望去战胜它，不受欲望所驱使。人只有克己才能复礼，才能恢复天地之心。

"无不克则莫知其极"，没有什么不可战胜，就无法明白他力量的究竟。"极"是究竟的意思。对于什么样的困难他都能战胜，就没有人知道他的智慧与力量的境界到哪个地步了。对一般人来讲，完全不能承受的困苦情境，他怎么都若无其事，而且还百战不殆？"莫知其极"的境界，在《大学》里叫"无所不用其极"，在《中庸》就叫"无入而不自得"，实际是指在什么环境下，都能够成就个人，他能"无可无不可"，他可以"素富贵，行乎富贵；素贫贱，行乎贫贱；素夷狄，行乎夷狄；素患难，行乎患难"。以上这些表现就叫"无不克"，也可以说是"仁者无敌"。

"莫知其极，可以有国；有国之母，可以长久"，无法明白他力量的究竟，就可以把管理国家的重任交给他；掌握了管理国家的道，就可以一直长久下去。这还是老子的一个比喻，永远是以母亲做比喻。"母"才会生出一切，这里象征事物的根本，象征大道。人掌握了根本，就可以长久维持，千年不倒，生生不息，永续经营。你要是没有掌握住道所表现的奥秘，没有最高的领导统御之道，人是一定不能长久的，也许狂风暴雨一阵子，就过去了。只有解决问题的能量大到没有办法理解，才可以把治理国家的重任交给他。

"是谓深根固柢，长生久视之道"，这就是根子扎得深了，根本坚固了，才是长久生存的道理。"柢"指树根。本固枝荣，根深柢固。《易经·复卦》是"德之本"的象征，其初爻为阳爻处在最下面，就如同"深根固柢"，撑起一切。

有人建议把"长生久视"的"视"改为"事"，其实没有必要，活得长才看得久。确实，有时候人真活得长久了，就把什么事情都看透了。看到那些华而不实、嚣张跋扈、过分得意的人都往生了，到最后就看比谁的气更长。

《三国演义》开篇诗云:"滚滚长江东逝水,浪花淘尽英雄。是非成败转头空,青山依旧在,几度夕阳红。白发渔樵江渚上,惯看秋月春风。一壶浊酒喜相逢。古今多少事,都付笑谈中。"青山、夕阳依旧如斯,白发渔樵看尽人间事。那些风流人物、是非成败皆付诸东流。我们常说的百年老店、千年王朝、万年文化,一定有其"长生久视"的道理。它的根扎得很深,创意的源泉就源源不绝。现在地球上人类的古文明,唯一深根固柢、长生久视的就是华夏文明。这就是其他那些古文明为什么没有保存下来的原因之一。

第六十章

治大国，若烹小鲜。

以道莅天下，其鬼不神；非其鬼不神，其神不伤人；非其神不伤人，圣人亦不伤人。夫两不相伤，故德交归焉。

【白话】

治理大国，就像在煎小鱼。

用道来治理天下，好像表现得不够神乎；不是表现得不神乎，而是神乎到不伤害人的境界；不是神乎到不伤人，圣人也不伤人。道与圣人两不相伤，所以，累积的德就汇总回来了。

【解析】

"治大国，若烹小鲜"，治理大国，就像在煎小鱼。如果不是烹饪高手的话，对于煎一条小鱼，火候稍微把握不好就会煎烂。高手才懂得那个力道和火候。

"以道莅天下，其鬼不神"，用道来治理天下，好像表现得不够神乎。不合乎道的做法，后遗症会产生一堆，或者即使短期好像达到了某种效果，从长期来看，一定出事，因为"善复为妖"。治理者奉守道，来面对天下的一切事情，其心态要像煎烹一条小鱼一样无为而治。

"非其鬼不神，其神不伤人"，不是表现得不神乎，而是神乎到不伤害人的境界。怎样发挥你的本领，都不至于伤害到那个环境，不至于伤害到别人，这样才显示出你的神奇。做到一出招，就可以达到圆满的结果，但是又不会伤害到别人，这才是高手。有时候，我们所做的事情，其结果即便好，却往往没有办法做到无后遗症。

道家都是整体考虑问题的，不强调短期内的锋芒犀利。所以，不会要求华而不实，而是考虑得面面俱到。道家一般用这种比较拙朴的招式，看起来并不花哨。因为不花哨，人家往往都觉得这没有什么了不起。"神"是一种精神，一种神乎其神作用的影响力。"其鬼不神"并非说治理的水平不高，而是其圆融的效果不造成对任何人的伤害。

一般人对这种"治大国，若烹小鲜"的无为而治做法，看不出其中的高妙，觉得这很普通，不够刺激，其政策的影响力好像不神。老子认为，这不是不高超，而是高到一般人都没有办法理解。

战国时期的韩非子，其思想很厉害，但是会伤人。

这是因为韩非子虽然聪明，但他对人性没有做很高的预期。他曾讲，人与人之间不能推心置腹，连父子之间都得用计算之心相对待。这话就说得有点过火了，跟儒家倡导的忠信原则完全背离。韩非这么聪明的人，很懂智谋，他在实际的政治舞台上还没出手表现，最后就下狱被毒死。他的思想基本上还是从他的老师荀子性恶论一路发展来的。所以，韩非子为代表的法家思想立足于用法、用术、用势，可是用法家思想建立的秦王朝，前后也不过十五年就灭亡了。

"非其神不伤人，圣人亦不伤人。夫两不相伤，故德交归焉"，不是这种道神乎到不伤人，圣人也不伤人，道与圣人两不相伤，所以，累积的德就汇总回来了。道家的圣人以"方而不割""廉而不刿"为必要的条件，处理社会、人际、国际关系都是一样。"两不相伤"，没有相互伤害。但是在现实社会中，很多人的实际表现就是"交相害"。你出一招，我还一招克你，对方再寻一招反制，如此冤冤相报，没完没了。看到世人因人事陷入互相倾轧中，老子就希望用平时看着不起眼却又最深奥的智慧去调和人世矛盾，进而治国平天下。

第六十一章

大国者下流,天下之牝,天下之交也。
牝常以静胜牡,以静为下。
故大国以下小国,则取小国;小国以下大国,则取大国。
故或下以取,或下而取。
大国不过欲兼畜人,小国不过欲入事人。夫两者各得所欲,大者宜为下。

【白话】

大国要像居于江河下游那样,使天下江河交汇在这里,处在天下雌柔的位置。

雌柔常常是靠着静定来胜过雄强,这是因为它居于柔下的缘故。

所以,大国能用谦下的态度对待小国,就可以得到小国的拥戴。小国能用谦下的态度对待大国,就可以得到大国的支持。

所以，或者大国对小国谦让能够取得小国的拥戴，或者小国对大国谦让能够见容于大国。

大国不要过分想统治小国，小国不要过分想顺从大国。这两者都可满足愿望，大国应该表现谦下。

【解析】

"大国者下流，天下之牝，天下之交也"，大国要像居于江河下游那样，使天下江河交汇在这里，处在天下雌柔的位置。"下流"，不是骂人的话，而是江河下游，聚集上游的一切。如果人的心胸像大海一样那么开阔，虽处低位，但包容一切，自然就开朗。如果你的心胸如小河、小溪、小沟，与别人之间就容易争斗。庄子就说，这像在蜗牛角上的争斗。

《中庸》上讲"小德川流，大德敦化"，川流发源于高山处，开始往下流的阶段，哗哗的声音很响亮，到最后统统流到大海里面，也就趋于安静了。因为大海吸收一切，最沉静，也特有深度与厚度。老子讲"受国之垢，是谓社稷主；受国不祥，是谓天下王"。什么是大国的气魄？大国的姿态就是善于处低下。这不是谦德吗？《易经·谦卦》称"卑而不可逾"，江河汇海是势所必趋，位置再怎么高、再怎么弯曲的河川，最后统统得流到大海中。这种情况就叫"大德敦化"，也就是老子说的"大国者下流"的意思。

"天下之牝"，如上一章"德交归焉"一样，是《坤》卦的概念，即顺势用柔。"牝"，属于阴性的、包容的。"天下之交"，是天下交汇的意思。大海最后汇集百川，不强迫人家怎么样，而是势所必至。

所谓的"王道"实际就是人心所归往，即使我没有要你来，而你却来了，因为你非来不可。这种情况就是《需》卦第五爻所象征的情景，即"需于酒食，贞吉"。这是《需》卦的君位，只要占据要害位置了，就能吸引人非到这边来不可，因为每个人都需要。处在那个位置也不用急，根本不必汲汲营营去招商，摆出一个姿态在那边等就可以了。看前面人家"需于郊""需于沙""需于泥"，还"需于血"，那真是辛苦死了，而处在第五爻的人就坐在那边等，他就是"天下之交""天下之牝"，懂得守柔、守静，稳坐钓鱼台。

所以，我们做任何事情要设法营造成《需》卦第五爻的情势。换句话说，只要你位置选对了，行业选对了，将来你根本不用急，就在那边等，等到最后人家急急忙忙来报到，这就是《需》卦第六爻讲的"有不速之客三人来"，对方不请自来，且非来不可。这实际上就是大海的优势。

"牝常以静胜牡，以静为下"，雌柔常常是靠着静定来胜过雄强，这是因为它居于柔下的缘故。"牡"为雄，

"牝"为雌。"牝常以静胜牡",其实就是以柔克刚、柔弱胜刚强,老子的思想处处受《易经·坤卦》的启发。我们可以说整部《老子》就是《坤乾易》,也就是《归藏易》。

当然,牝不是永远"以静胜牡",还要看怎么运用。要做到柔弱胜刚强,常常需要懂得"利牝马之贞",这才能成为最后的胜利者。懂得静,不好动,也不好斗,终成为最后的胜利者,即雌的赢了雄的,牝到最后胜牡了。

"以静为下",就是因为静得住,所以能够待在柔下的地方,不跟人家做无谓的争斗。而静不下来的人,对于小利益都是要争的,可是他最后却胜不了。

"故大国以下小国,则取小国;小国以下大国,则取大国",所以,大国能用谦下的态度对待小国,就可以得到小国的拥戴。小国能用谦下的态度对待大国,就可以得到大国的支持。老子以上的观念就运用到当时实际的国际关系了。在国际关系中,真正了不起的大国要对小国很客气,要很谦下,要替小国服务,要济弱扶倾。而实际上,像现代西方的大国是对小国一定颐指气使,把小国的国民作为廉价劳工使用,这实际是在行经济侵略。历史上强大的帝国主义不都是这一套吗?那是"大国以上小国"的观念在作祟。

可是在春秋时代,老子看到这种格局,他主张越是大的国家对小的国家反而要客气,反而要摆出服务的心态，反而要谦卑。"则取小国"的意思，如果那样做，小国就不战而附了，都拥护大国了。也就是说，大国根本不需要去并吞小国，最后小国一定是归往于大国，不需要用战争去消灭对方，这就叫"取小国"，用"取"，而不是攻打。这是多么善意的互动关系，一点儿都不造成伤害。所以，大国要懂得用谦的心态去对待小国，去帮助对方发展经济，而不是把自己的污染工业转移到小国去，或者盘剥对方，更不是去掌控对方的经济命脉。那是帝国主义的思维方式，最后非失败不可。

"小国以下大国，则取大国"，对于小国呢？那更不用讲了，因为你势不如人，对大国当然要低调、客气、亲近。如果小国与大国一天到晚横眉竖目，挑事抗争，那不是找死吗？小国认识到自己实力不如人，就不要没事找事。要对大国客气，以换得对方善意的回馈，就可以在大国那边得到一些发展的支持。大国一旦帮助你了，就等于赢取了大国的信赖，自己也不会有一个强大可怕的敌人，然后是依靠大国的资源支持得以生存发展。

"故或下以取，或下而取"，所以，或者大国对小国谦让能够取得小国的拥戴，或者小国对大国谦让能够见容于大国。"而"是能够的意思；"以"是顺势。大国取小国，就是完全顺着自然的道理。换句话说，不管大国对小国，还是小国对大国，都要保持谦的态度，只要双方都有这种善意，彼此才有前途。

"大国不过欲兼畜人，小国不过欲入事人"，大国不要过分想统治小国，小国不要过分想顺从大国。大国就是要让那些小国来跟自己靠拢，他变成盟主，而不是控制小国。小国呢？如果自己实力小，至少希望换得平安，甚至能够取得资源，而不是做大国的附庸。

"夫两者各得所欲，大者宜为下"，这两者都可满足愿望，大国应该表现谦下。

第六十二章

道者，万物之奥，善人之宝，不善人之所保。

美言可以市，尊行可以加人。人之不善，何弃之有？

故立天子，置三公，虽有拱璧以先驷马，不如坐进此道。

古之所以贵此道者何？不曰：求以得，有罪以免邪？故为天下贵。

【白话】

道是万物最尊贵的，是善人的珍宝，也是不善人的保佑。

美好的言论可以赢得尊重，美好的行为可以帮助他人。人即使有不善的行为，道怎么会放弃他呢？

所以，奉立天子，设置三公的时候，虽然先有拱抱之璧，后有四匹马驾的车作为献礼，但还不如跪着献上大道。

古时候为什么重视道呢？不正是因为求它庇护就可

以得到满足，有了罪过也可以得到赦免吗？所以，道才是全天下最尊贵的东西。

【解析】

"道者，万物之奥，善人之宝，不善人之所保"，道是万物最尊贵的，是善人的珍宝，也是不善人的保佑。"奥"指房屋的西南角，是尊者所处的地方，引申为尊贵。在前面老子已经有类似的观念。道家是没有什么分别心的，一旦善人悟道了，就觉得这个道真是宝贝。善人把道看得太尊贵了，终身信受奉行。

如果一个人的资质不够，或者自己的人生充满了挫折，一旦悟道，他的生活马上不一样了，会被道保护得很周全。这就是老子说的"善者吾善之，不善者吾亦善之"。

"美言可以市，尊行可以加人"，美好的言论可以赢得尊重，美好的行为可以帮助他人。修过道的人就会影响到自己的言与行，以至于渐渐地自己表现出美言与美行。有道者的气质确实不一样。一个人有本领，有实力，对人又那么和善，大家就都会很尊重他。如果你还有善意的布施行为，可以照顾到人家。换句话说，不仅自己修得好，还帮助别人修得好，这才是自觉觉人。我们希望世间很多的言行能够往美的方面走，所以，人一旦悟道的话，就须终身信受奉行。这个道才是"无上甚深微妙法",我们要视若珍宝,同时又要去照顾那些还在痛苦中挣扎的人。

"人之不善,何弃之有",人即使有不善的行为,道怎么会放弃他呢?在道看来,既无弃人,也无弃物。任何事物都有其一定的价值,有其发挥作用的地方,在儒家来说就是"曲成万物而不遗",要具备"曲成"的功夫,很多事情不是直接就能成的,要有耐心,要引导。

"故立天子,置三公,虽有拱璧以先驷马,不如坐进此道",所以,奉立天子,设置三公的时候,虽然先有拱抱之璧,后有四匹马驾的车作为献礼,但还不如跪着献上大道。"天子""三公"都是居高位,富贵荣华,威势赫赫,这是一般人认为要追求的目标。"拱璧",拱抱之贵重的玉;"驷马",四匹马驾的车。古代的献礼,轻物在先,重物在后。

老子认为大道要比那些高位、厚礼要重要得多。高位、厚礼都是有形的,道是无形的。人若真懂得道了,就可以创造无限多的珍宝。所以,人不要被权势、财宝所迷惑。要真悟道了,比拥有那些珍宝要快活得多。所以,富贵者赠人以财,大智慧的人赠人以言。智者给你一句话,终身受用。但是,这个道理,老子讲归讲,实际情况还是"言者谆谆,听者藐藐",很多人真的能看到天子、三公之高位和拱璧、驷马之宝物而不动心吗?

"古之所以贵此道者何？不曰：求以得，有罪以免邪"，古时候为什么重视道呢？不正是因为求它庇护就可以得到满足，有了罪过也可以得到赦免吗？为什么在老子以前，很多人就很重视这个道，而不重视身外之物？因为那是活的智慧。老子觉得当代的人都不珍重此道，而是重视"拱璧、驷马"。

"求以得"，如果你真心求道，你就会得到。孟子说："求则得之，舍则失之。"人要开发自性，要致良知，要成佛，都一样，必须真心去求。要真求，就能得到，道也不会排斥你，就看你真不真心求。如果你欲望那么多，这也想要，那也想要，哪有这种事？

"有罪以免"，当人悟了道，自己原来所犯的所有罪孽都可以得到赦免。如果他本身没有罪，就可以让他的智慧得到提升。古代人为什么重视这个道？因为这个道不排斥每个人，只要你真心求，它一定给你一个回应。

"故为天下贵"，所以，道才是全天下最尊贵的东西。世俗人喜欢追求的拱璧、驷马，还有那些部长、院长的位子，不是一下子就过去了吗？老子讲的这些道理听起来都对，但对当时春秋时代的乱局有没有发挥效力？当然没有。所以，老子讲道的时候，孔子讲道的时候，还有耶稣传道的时候，他们都是给以后无量无边众生讲的。

第六十三章

为无为，事无事，味无味。

大小多少，报怨以德。

图难于其易，为大于其细。天下难事，必作于易；天下大事，必作于细。

是以圣人终不为大，故能成其大。

夫轻诺必寡信，多易必多难。

是以圣人犹难之，故终无难矣。

【白话】

要做不刻意而为的事，要从事不庸人自扰的事，要品尝恬淡的味道。

要把小事当成大事来看，把少的看成多的，用美德去回应初始的怨恨。

解决难事要从容易的地方入手，做大事要从细小的地方开始。天下困难的事，必定是从容易的地方做起；天下的大事，必定是从细微的部分开端。

所以，圣人始终不自以为伟大，反而能成就他的伟大。

太轻易承诺，就一定少守信；把事情看得太容易，必定遭遇更多的困难。

圣人视为困难的事，最终反而没有那么困难了。

【解析】

"为无为，事无事，味无味"，要做不刻意而为的事，要从事不庸人自扰的事，要品尝恬淡的味道。读《道德经》到此章，我们应该清楚明白无为的概念了，就是"为无为，事无事，味无味"，凡事顺势而为，不妄为，不刻意去为。欲望多的人总是把他自己的思维与行为搞成了一锅粥，以至于停不下来。如果懂得无为的道理，就没那么多烦恼事。当然，人生不能没有作为，只是人的作为是希望达到无为的效果。

天下本无事，庸人自扰之。道家不是偷懒，不是散漫，不是不做事。道家当然主张要做事，但做起事来，看起来不会无事找事，好像很轻松，好像没在做什么事。善于行道的老板，哪里需要天天上班，该授权的都授权了，该指导的都指导了。不用一天到晚看报表，盯这个盯那个。老子不是讲"取天下常以无事"吗？有这种态度，人生就轻松了，对顶尖高手来讲，没有什么困难的事情。人生有时往往都是因为自己太想有为，事情才变得那么烦。悟道的高手无为而治，处理两三下就好了，没有反弹，也没有后遗症，事情处理得很圆满。高手就是这样，他做了很多大事，外人看来好像没有做那么多事。

"味无味"，"无味"就是平淡。在一般人看来，很多事情往往因为太平淡、太平凡，所以就觉得不耐烦，不想去追求。可是，够味的往往是会伤人的。在此，老子要我们去品味、体会人生的平淡境界，平淡中自有真味道。

"为无为，事无事，味无味"，这个境界在道家来说确实高，诸葛亮教育后人也说"非澹泊无以明志，非宁静无以致远"，这样的境界懂得顺自然，才是真的高。

"大小多少，报怨以德"，要把小事当成大事来看，把少的看成多的，用美德去回应初始的怨恨。

"报怨以德"，一般人最容易误解。因为我们读《论语》时，就知道孔子反对以德报怨，主张以直报怨，以德报德。孔子认为"以德报怨"这种心态唱高调，不合乎人情义理，而且有后遗症。老子这里到底在讲什么？我们需要看上下文才能更好地理解。

"报怨以德"跟后面接下来讲的有关："图难于其易，为大于其细。天下难事，必作于易；天下大事，必作于细。"老子是讲见微知著的观念，也是"履霜，坚冰至"的观念，即人对任何不利的事情都要有先见之明，看到出现一点儿征兆，马上就要警惕，尽快去处理。

"图难于其易"，解决难事要从容易的地方入手。我们都知道，发生一件大的麻烦事处理起来确实很难，但是，这件事刚开始并没有那么难。如果某件事刚开始只有一点儿征兆时，像刚出现一点儿霜，你马上除霜，那就很容易，成本也很低。所以，你要有见微的智慧，要见事情于未萌。事情还没有发展到不可收拾的地步，只显露一点儿危机，这时要明白这个危机将来一旦发展下去就不得了。如果你认识到了危机，赶快去做危机管控，后续就不会变成不可收拾的局面。

很多人面对此种情形往往会失去警觉，没有先见之明，就不会当机立断。当时总觉得这个简单、那个不难，等到最后简单的、不难的东西变复杂、困难了，想处理时也没法处理了，就像坚冰不容易一下子融化似的。可见，人生的麻烦事皆因事前未发觉征兆，致使小麻烦变成大麻烦，造成不可收拾的局面。千里之堤溃于蚁穴，堤坝上某个蚂蚁小洞，没把它及时堵上，最后却是崩堤的毁灭后果之前提。

"为大于其细"，做大事要从细小的地方开始。做大事的时候，千万不要忽视刚开始出现的一些细节，"魔鬼"都藏在细节里。做任何事情就是要细心，有很多东西刚开始就是很微细的，你稍不注意它就长成很大。如果是正面的机会，你忽略了那个机会，看不懂征兆，就错失良机；如果是危机的征兆，等到危机扩散，就没救了。

"天下难事，必作于易；天下大事，必作于细"，天下困难的事，必定要从容易的地方做起；天下的大事，必定是从细微的部分开端。可见，老子看得够远，心胸够开阔，可以说他目光如炬、知几察微。

"是以圣人终不为大，故能成其大"，所以，圣人始终不自以为伟大，反而能成就他的伟大。圣人从来都保持谦虚的心态，而且谨慎小心，绝对没有自封了不起。一路小心翼翼，懂得知几察微，不忽略细节，才能成就大功业。一般人常常因为贪，看到人家的成功好像很容易，还没有耕耘，就想收获，也就做不到知几察微。

"轻诺必寡信"，太轻易承诺，就一定少守信。其实当人很容易夸口，最后一定很难兑现，因为世事真难。"多易必多难"，把事情看得太容易，必定遭遇到更多困难。"祸莫大于轻敌，轻敌几丧吾宝"，不也是老子讲的吗？人一旦表现出轻慢的心态，最后必定产生困难，因为你太轻敌。

而圣人就不会犯这个毛病，故老子说"圣人犹难之，故终无难矣"，圣人视为困难的事，最终反而没有那么困难了。如果在开始的时候，你把出现的霜看成大的事情来对待，全力以赴用心去处理，最后就不会结成冰。可见，没有一件事情是可以掉以轻心的，见几早，麻烦才少。

第六十四章

其安易持，其未兆易谋；其脆易泮，其微易散。
为之于未有，治之于未乱。
合抱之木，生于毫末；九层之台，起于累土；千里之行，始于足下。
为者败之，执者失之。是以圣人无为，故无败；无执，故无失。
民之从事，常于几成而败之。慎终如始，则无败事。
是以圣人欲不欲，不贵难得之货；学不学，复众人之所过，以辅万物之自然而不敢为。

【白话】

凡安定下来的就容易持守，凡未发生前的就容易图谋；脆弱的东西容易瓦解，细微的东西容易飘散。
在事情没有形成之前就处置它，在祸乱未发生前就管控它。
合抱的大树，是从细如针毫的芽苗长成的，九层的高台，是一点一点累积起来的；千里的行程，是脚下一步步迈出来的。

刻意妄为的必然失败，人为把持的必然落空。所以，圣人无所作为就不会失败，无所把持就不会落空。

世人行事，往往在接近成功时反而失败了。如果一件事情快结束时能像开始时那样慎重，就不会招致失败。

所以圣人想要的是世人不想要的，他不看重稀有的东西；想学的是世人不想学的，他补救世人所犯的过错，这是顺应万物的自然本性而做的辅助，而不敢专擅妄为。

【解析】

"其安易持，其未兆易谋"，凡安定下来的就容易持守，凡未发生前的就容易图谋。一件事情凡是安定下来的时候就容易维持，也就是说，事情的征兆还没显现时，最好早去谋划。这就是人们常说的"人无远虑，必有近忧"。

"其脆易泮，其微易散"，脆弱的东西容易瓦解，细微的东西容易飘散。一件东西会长大，一个危机最后会变成不可收拾，都因为在起始的时候没有把它打散。如果在细微的时候，就注意到可能发生的状况，就不要让其长大。

"为之于未有，治之于未乱"，在事情没有形成之前就处置它，在纷乱未发生前就管控它。一件事情还没有形成的时候，你就得下手处理了；在还没有纷乱如麻的时候，你就要赶快作有效的治理，因为那个时候好处理。老子说过"图难于其易，为大于其细"，那时阻力最小，好处理。

"合抱之木，生于毫末；九层之台，起于累土；千里之行，始于足下"，合抱的大树，是从细如针毫的芽苗长成的；九层的高台，是一点一点累积起来的；千里的行程，是脚下一步步迈出来的。《易经·升卦·大象传》称"君子以顺德，积小以高大"，君子之德，也是如此。

"千里之行，始于足下"，也可以说，人只要抬起腿，一步一步来，最后一定可以达至千里。正如《中庸》所言："行远必自迩，登高必自卑"。

"为者败之，执者失之"，刻意妄为的必然失败，人为把持的必然落空。为什么人常常失败呢？因为什么东西他都要抓到自己手上，不懂得无为，越做越失败。人没有清静无为，就完全是欲望的奴隶。嗜欲越深，天机越浅。"执者失之"，太执着，包袱就越重，抓得越紧，越抓不住。我们看，婴儿一抓就抓住东西了，老子描述为"骨弱筋柔而握固"，因为其心思纯净，够专注。待我们长大成人之后，就握不住了。我们以为可以抓到某些东西，拼命努力，最后还是流失了。

"是以圣人无为故无败,无执故无失",所以,圣人无所作为就不会失败;无所把持就不会落空。清静无为,嗜欲浅,就不会失败。不那么执着,就不会失败。

"民之从事,常于几成而败之",世人行事,往往在接近成功时反而失败了。一般小老百姓做事情,为什么总是功败垂成呢?因为不够敬慎。所以,做任何事情从始到终,都要敬慎,都要小心。人要成功很难,而要搞破坏让人家不成功,就特别容易。

"慎终如始,则无败事",如果一件事情快结束时能像开始时那样慎重,就不会招致失败。

"是以圣人欲不欲,不贵难得之货;学不学,复众人之所过",所以圣人想要的是世人不想要的,他不看重稀有的东西;想学的是世人不想学的,他补救世人所犯的过错。老子是要追求那种不受欲望牵扯的境界。像拱璧、驷马,以及荣华富贵等,老子认为不要看重。这就是说要"不贵难得之货",难得之货不是令人行妨吗?看到某个东西光彩夺目,人人都流口水,那时人的行事就有包袱,就有妨碍了。

现在有些人学《易经》,不愿意花心思和时间去学习经传本身,而是去学那些偏门(当然也不能说是偏门,此处仅是针对《易经》本身来说),譬如今天学八字命理，明天学紫微斗术，后面还学奇门遁甲等，这些都入不了《易经》的门。"复众人之所过"的"复"就是改过，众人都爱犯这类错，他不犯这类错，即使万一犯个错了，他也懂得改过。孔子众多弟子中，就颜回懂得克己复礼。很多人有错，不承认，还推卸责任，而颜回明白自己有时候也会有一些不善的念头和误判，但当他发现不对了，马上就改。因为他懂得大道，勤行大道，知道怎么做才符合中道与正道，最后就不会犯众人的错。

"以辅万物之自然而不敢为"，这是顺应万物的自然本性而做的辅助，而不敢专擅妄为。一般人做什么事情就习惯于要去抓权，好处都要独占，也不想帮忙别人；而圣人不是。所有事物都有自然的趋势，我们不去争，而是在旁边辅助它，这就是"以辅万物之自然而不敢为"。越有为，越没有；越想要，越得不到。如果你能持守谦德，越不想要，最后说不定都是你的。

第六十五章

古之善为道者,非以明民,将以愚之。

民之难治,以其智多。故以智治国,国之贼;不以智治国,国之福。知此两者亦稽式。

常知稽式,是谓玄德。玄德深矣,远矣,与物反矣,然后乃至大顺。

【白话】

古时候善于践行道的人,不是用道来启明百姓的,而是用道来使他们淳朴的。

百姓所以难治,就因为统治者自己智巧太多的缘故。所以,用智巧来治理国家,是国家的祸害;不用智巧治理国家,是国家的福祉。明白了这两种治国方式,如何选择也就成为了法则。

恒久地明白这一法则,可称为神奇的德。这神奇的德既深奥,又久远,与万物相反,循着它而行,就可以到达最顺自然的境地。

【解析】

"古之善为道者,非以明民,将以愚之",古时候善于践行道的人,不是用道来启明百姓的,而是用道来使他们淳朴的。在古代,统治者是不太愿意让老百姓接受教育的,因为百姓的智巧开启之后,反而是大麻烦。这里的"愚"作动词用,不是使之愚蠢,而是让百姓回到淳朴的自然状态,不使他们鬼灵精怪。

道家强调质朴,不主张巧用心机。如果在上位者不这样引导百姓回归质朴,却鼓励互相斗智,到最后谁也没有好结果,因为大家都失去了真诚。像在《老子》第五十八章,就有"其政闷闷,其民淳淳;其政察察,其民缺缺"一说。

"民之难治,以其智多",百姓所以难治,就因为统治者自己智巧太多的缘故。民间的好风气或坏风气,都跟施政者本身是否以身作则有关。如果统治者本身就是惯于耍诈,要期待老百姓永远的淳朴就很困难。

"故以智治国,国之贼;不以智治国,国之福",所以,用智巧来治理国家,是国家的祸害;不用智巧治理国家,是国家的福祉。对社会上层的人物来讲,要严以律己,宽以容众。如果倒过来,上层人物严以待众,宽以待己,这就是最糟糕的领导人。如果上梁不正,还要求别人去正，这是不能治理好国家的。其实，一般来讲，太奸巧的人想有好的福报也是不容易的。按照从刺激到反应的规律，你怎么算计人家，人家就怎么算计你。即使对方再笨，经过几个回合之后，他也清楚你在耍什么玩意儿了。

"知此两者亦稽式"，明白了这两种治国方式，如何选择也就成为了法则。治国有它值得效法的公式，有它的天则。人要尽量养成纯朴的心地，大家真诚相待，这样彼此都省事，反而不需要过多的管理。

"常知稽式，是谓玄德。玄德深矣，远矣，与物反矣，然后乃至大顺"，恒久地明白这一法则，可称为神奇的德。这种神奇的德既深奥又久远，与万物相反。循着它而行，就可以到达最顺于自然的境地。既然已经找到了一个清静无为的治理法则，当然就要运用。如果运用的结果很好，这就变成道家最高深的治国之术。这跟我们一般所看到的常识是相反的，但正因为它相反，反而是治国的正道。其实，这就是懂得顺应自然法则。"德"到了玄的境界，"顺"就到了大顺。但是，这跟社会上一般教导人要争强好胜、要比谁聪明、比谁机巧的道理刚好相反。

第六十六章

江海所以能为百谷王者，以其善下之，故能为百谷王。
是以圣人欲上民，必以言下之；欲先民，必以身后之。
是以圣人处上而民不重，处前而民不害。
是以天下乐推而不厌。
以其不争，故天下莫能与之争。

【白话】

江海之所以能成为百川归往之地，是因为它善于处在低下的位置，故能为百川归往之地。

所以，圣人想要位于万民之上的，必定要言语卑下；想要居万民之前的，必定要靠居后谦退。

因此，圣人虽在上位，可是百姓并不感到有压力；居于前面，百姓并不感到有什么损害。

所以，天下的人民都乐于拥戴他，而不厌弃。

正因为圣人不与任何人相争，所以天下就没人能争得过他。

【解析】

"江海所以能为百谷王者,以其善下之,故能为百谷王",江海之所以能成为百川归往之地,是因为它善于处在低下的位置,故能为百川归往之地。"谷",川的意思。"王",《说文解字》解释为"天下所归往"。"下",是动词,居下的意思。

老子这里是讲人要效法江海的谦卑态度,要跟大海、大江学习容纳的智慧。"善下"就是谦德,《易经·谦卦》称:"谦尊而光,卑而不可逾,君子之终也。"大海的位置低,所有的河川都会流到那里。不管上游、中游、下游的河川,只要是靠近江海的,都会顺流而下,流入大江,最后再汇入大海。

"是以圣人欲上民,必以言下之;欲先民,必以身后之",所以,圣人想要位于万民之上,必定要言语卑下;想要居万民之前,必定要居后谦退。"上、下、先、后"都是动词。想要"上民、先民",当然是要有献身精神,即自己的利益一定是摆在最后。

我们从自然界的小水流汇集到江海的态势,就能悟到很深的智慧。作为领导者,居于民之上,但是,他一定要谦卑客气,他的讲话、政策都要体贴民心、民情,而不是把自己的利益摆在第一位。

"是以圣人处上而民不重，处前而民不害"，因此，圣人虽在上位，可是百姓并不感到有压力；居于前面，百姓并不感到有什么损害。"重"，指心理有压力的意思。领导者有谦的心态，就会产生一个很好的结果。上面有领导，老百姓一点儿都不觉得沉重，不会觉得很有压力，就好像领导不存在一样。这就是，有领导好像没领导一样，即"太上，下知有之"。在《易经·杂卦传》中，对《谦》卦的描述就一个字——轻。说明懂得谦和态度的人，跟他相处，你就不会觉得有压力。作为领导也是一样，没有人愿意一天到晚被人看管着，被人要求缴税、服役。

"是以天下乐推而不厌"，所以，天下的人民都乐于拥戴他，而不厌弃。大家都希望下次再选他，把他推举出来，心甘情愿接受其领导，一点儿都不厌烦。

"以其不争，故天下莫能与之争"，正因为圣人不与任何人相争，所以天下就没人能争得过他。这个道理不难，人到哪里都爱争，在学界争，在产业界争，在政界争，就是在庙里修行还争。只有谦德才是最具竞争力的品格，而且谦本身也能让自己身轻、心轻，让别人轻松，那样彼此的感觉才好。人最怕的，就是上面一直有个老板压着自己，结果天天过沉重日子，让人难受。就像《易经·杂卦传》说"《谦》轻而《豫》怠也"，领导人如果像《豫》卦那样，一天到晚煽情、炫耀，要带动人民跟着他走，最后万一没有成就，人民跟着受累，他自己也累个半死，最后反而容易懈怠。

刘劭写的《人物志》最后一篇就叫"释争"，即把一天到晚跟人家争强好胜的心整个释放掉。这就是他写《人物志》最终的目的——回归谦德。

第六十七章

天下皆谓我道大，似不肖。夫唯大，故似不肖。若肖，久矣其细也夫。

我有三宝，持而保之。一曰慈，二曰俭，三曰不敢为天下先。

慈故能勇，俭故能广，不敢为天下先，故能成器长。

今舍慈且勇，舍俭且广，舍后且先，死矣。

夫慈，以战则胜，以守则固。天将救之，以慈卫之。

【白话】

天下人都说我的道伟大，好像不成样子。正因为道太大，所以看起来不成个样子。如果说看起来像个样子，早就变成细碎的东西了。

我有三样宝贝，一直掌握而能保存它。第一件叫慈爱，第二件叫俭约，第三件叫不敢居于天下人之先。

慈爱才能勇敢，俭约才能增扩，不敢为天下人之先，所以能成为天下人的领袖。

现在如果舍弃慈爱而求取勇敢，舍弃俭约而求取增扩，舍弃退让而求取领先，结果就是死亡。

对于慈爱来说，用于战争就可以获胜，用于守卫就可以巩固。上天要救助他，会让他用慈爱之心护卫自己。

【解析】

"天下皆谓我道大，似不肖"，天下人都说我的道伟大，好像不成样子。"肖"，像样的意思。此时老子可能也闯出一点儿名堂了，大家都觉得他是大宗师，有大智慧。有人说他的道太伟大了，太深远了，太高超了，但是表面看起来不是那样。有的人把"不肖"解释成与"大"相反的意思。这个解释我不同意。实际上，"不肖"就是不成样子的意思。老子这一套思想看着很平实，好像也没有什么了不起，但老子的思想就是有很深刻的智慧，很管用。这就是说，一个看似平凡，没有什么了不起的内容，反而是大道。所以说，平常心就是道，自然就是道。可是，单从内容上看，确实没有什么了不起，如同老生常谈，这些道理连老太婆也知道，所以，一般人都不屑一顾，觉得这个道不成样子，品色一般。

关于"不肖"，旧时人们很尊重自己的父母亲，有时就谦称自己为"不肖子"，意思是，我不像我父母那么伟大。乾隆为什么只做六十年皇帝就退下来做太上皇？因为他非常钦佩祖父康熙。圣祖皇帝康熙在位六十年，乾隆如果多做一年，岂不是要赶超圣祖？这在他来说就是"似不肖"，所以乾隆做了六十年皇帝，只好退下来让儿子继位，自己做太上皇。

"夫唯大，故似不肖"，正因为道太大，所以看起来不成个样子。这就是《易经·系辞上传》所讲的"易简而天下之理得"。换句话说，有一些东西看似很酷、很炫，其实根本没有什么深刻的内涵。但是，一般人都喜欢追逐那些酷炫的。这说明，老子的道光从外表来看不大吸引人，既不装神弄鬼，又不教授神通，但是这样的道才真正了不起。

"若肖，久矣其细也夫"，如果说看起来像个样子，早就变成细碎的东西了。如果道在表面也装得很伟大、很华丽、很高深，甚至耍神通。那么，这个"道"早就行不下去了，就会变成一个很琐细的东西了。正如《论语·子张》子夏曰："虽小道，必有可观者焉；致远恐泥，是以君子不为也。"在民国初年，还有一种人称"细人"，这种人格局不大，看着好像很了不起，但时间一久，就会发现他们鼠目寸光、小肚鸡肠，而不是那种真正意义上的伟大。

接着，老子就开始拍卖了，既然这个大道里面有宝贝，值得人们追求，就不要仅看表面朴实无华就轻易放弃。

"我有三宝，持而保之"，我有三样宝贝，一直掌握而能保存它。

"一曰慈"，第一件叫慈爱。"慈"就是有爱心，像父母爱小孩。"慈"不是母亲的专利，而是上一代对下一代亲子之间的爱，是与生俱来的，发自自然的初心。这是没有条件的爱，而且念兹在兹，随时用心。如果把慈放大来看，就是不独亲其亲。佛教常说慈悲，因众生确实值得悲悯了，所以，佛就起了慈念，发愿减轻众生的痛苦。

当然，这个慈并非一味地宠爱。在《易经》家人卦中，其《象传》称"家人有严君焉，父母之谓也"，意思是一家人有自我要求严正的长上，即父母。旧时父亲也称"家严"，这个"严"不是待人很严，而是律己甚严。只有要求自己，才能够带动子女跟自己学。子女学得不好，就是"不肖"；学得好，就很像样子了。道家里面有一些东西表面虽然很冷，但实质充满了大爱，譬如老子说："天地不仁，以万物为刍狗；圣人不仁，以百姓为刍狗。"老子的思想，看似没有那么容易亲近，其实他是有真爱的。就是因为有真爱，父母就不能娇惯我们，甚至还要对我们更严格地要求。

"二曰俭"，第二件叫俭约。老子的哲学就是低调、节制、内敛，不尚铺张。在第五十九章就说："治人事天，莫若啬。"他不主张挥霍，包括挥霍对人的感情。老子关于"俭"的观念还是来自"慈"，因为慈，所以俭。

"三曰不敢为天下先"，第三件叫不敢居于天下人之先。这是老子的名言。"不敢为天下先",并不是没有能力为天下先。而是就算自己是顶尖高手,本领天下第一,也不跑在前面。人不要争先,争先就造成太多纷争。学过《易经》的,就会明白这个道理,争先就迷失自我。《坤》卦就说"利牝马之贞",母马只需跟随公马而不超过;如果超过,就会造成"龙战于野,其血玄黄"的严重后果。其实,做老大有什么好呢?如果做老大,自己前行的路还不知道在哪里?还要自己去探索。"不敢为天下先"多好!前人走过去了,好的我借鉴,坏的我避让。但是,人在年轻的时候,血气方刚,多数人不喜欢"不敢为天下先",认为那是孬种。试想,如果人都要敢为天下先,最后统统进"忠烈祠","不敢为天下先"的人却成了"元老"。

总之,"一曰慈,二曰俭,三曰不敢为天下先",这三方面是配套的,少一个都不行。如果没有慈,这一套"三宝"哲学,根本就不值得学。老子考虑得很深远,在方法上也非常简约。司马迁也说"老子(之术)深远矣"。要学老子的道,首先要抓住一个大本,即慈,以爱心立本,这个"慈"既非矫揉造作,也非政治拉拢,而是真爱。其次是俭,采用最不会引起别人跟自己抗争的动作,然后还不至于浪费。最后是"不敢为天下先",不要第一个出头。接下来老子就讲这个"三宝"的好处了。

"慈故能勇,俭故能广,不敢为天下先,故能成器长",

慈爱才能勇敢，俭约才能增扩，不敢为天下人之先，所以能成为天下人的领袖。

"慈故能勇"，真爱生大勇。我们常看到，老鹰从空中扑下来时，母鸡奋不顾身地保护小鸡，这也是真爱生大勇。世间诸多先烈见义勇为，都是因为他们心中有慈，有其所真爱的对象，包括救众生或者救国救民。那些不畏危难选择身死的人，譬如文天祥、谭嗣同、林觉民，他们的"慈"已经扩大至为国为民。还有，女人在体力上虽是弱者，但为母则刚，等她做妈妈了，保护起小孩来，非常勇敢，这也是"慈故能勇"。

"俭故能广"，老子就是告诉人们，要养俭德，别浪费，积少成多，最后才能真正扩增。看起来，节俭的数量好像很窄，但是时间久了，就能增多。如果我们的人生每一步都很踏实，时日已久，那将是很了不起的成就。

"不敢为天下先，故能成器长"，这个"器"前面已提及，就是解决问题的工具。"形而上者谓之道，形而下者谓之器"，老子就说过"国之利器不可以示人""民多利器，国家滋昏"。世间种种，多是器，孔子说"君子不器"，不然，人的识量就有限。人们难免要使用"工具"，然而，很多只懂技术却没有任何人文思想的人，只是"工具"而已。只有一技之长的人就是"器"。如果你想做王者，想做领导人，就要"不敢为天下先"，要"先天下之忧而忧，后天下之乐而乐"，把百姓的利益摆在前面，即

"以其善下之"，这样你才能自然而然地成为领袖。不跟那些"器"去争，你才会成为众器之长。

做领导的人，不见得是哪方面的专家，但他要知识广博，还要善于待人，不可以自私自利。在第二十八章中，老子说："朴散则为器，圣人用之，则为官长。"这说明，散了才叫"器"，整全的状况不叫器，领导人是要有那种整全功能的。

老子正面叙述"三宝"的处世哲学，似乎百用百灵，但是他要说服人很困难。接下来老子又说，我的三宝讲完了，但是一般人又做不到。一般人是什么情况呢？

"今舍慈且勇，舍俭且广，舍后且先，死矣"，现在如果舍弃慈爱而求取勇敢，舍弃俭约而求取增扩，舍弃退让而求取领先，结果就是死亡。这里的"且"，王弼注解说，是取的意思。一般人总是想表现他的勇敢，表现他的壮盛，纵然他勇冠三军，最后他也可能是死冠三军，因为他的勇少了慈，只是匹夫之勇、血气之勇。有人想在异性面前表现自己的勇，可是这种勇与"慈"无关。所谓的"慈"，就是对自己所爱的对象拥有真正的爱心，而不会因一朝之愤让很多人跟着倒霉。

谁都希望路子越走越宽，能够成就大事业，可是，该省的不省，你怎么会有广呢？实际上，你只需一直俭约、低调，谨小慎微，慢慢地，事业就做大了。正所谓"合抱之木，生于毫末；九层之台，起于累土；千里之行，始于足下"。我们发现，有些人之所以有钱，恰恰因为他真小气。我们为什么一直没钱呢？因为太会花钱。这也就是"舍俭且广"。

"舍慈且勇，舍俭且广，舍后且先"，都属于没有源头，属于才种一年田，就想要三年收获的想法。老子说，人人都向往一步登天，结果只有"死矣"一途。把"且"解释成"取"是对的，但老子用"且"而不用"取"，当然还有"且"的韵味。老子告诉人们，世间的勇、广、先，其根基分别是在慈、俭、后，这是不能分开的。"且"就是把其前跟其后的意思连在一起。譬如，《易经·坎卦》称"险且枕"，就表明险跟枕是连在一起不能分割的。如果只有最危险的地方让你睡，你便不能挑剔，就必须将就，因为现实就是这样。所以，人的"慈"跟"勇"也不能分割，一分割就不会有好的结果。一般人都向往勇敢，然而有勇无慈，能有好结果吗？人如果舍弃了俭，却希望能广，这也不可能。如果"舍后且先"，也只有死亡一途。有些人退一步，正是为了要前进两步。人生有很多迂回，似河流所向，时而居后，时而前进。凡是一心只想往前冲，打死都不退的，最后的结果一定很难看。

在老子的"三宝"中，"慈"还是根本，有"慈"才有"俭"和"不敢为天下先"。"慈"是先决条件，可以说是"元宝"，人生一切的处世智慧都从"慈"来。而对慈最好的注解，莫过于《易经·中孚卦》的"孚"，其内涵就是信、望、爱。譬如亲子之爱，它一方面极其自然，一方面又念兹在兹，无所不在。"慈"是"元宝"，如果缺失了，其他的恐怕都是假的，都不会有长久的力量。人有真爱，才能奋不顾身，用尽一切办法去守护自己所爱。如果人认为一般人不敢做的，他敢做；一想到广，想到先，他就勇不可当，他的结果一定不好。人都有领袖欲，都想成"器长"，"舍慈且勇，舍俭且广，舍后且先"，最后往往步入死途。老子说"人之迷，其日固久"。佛教说众生久已颠倒。庄子也说："人之生也，固若是芒乎？"（《庄子·齐物论》）这些其实都有宗教家的悲情。他们看着众生实际的作为，离真理与人生的圆满愈来愈远。结果是，他们越想要的越得不到。

"夫慈，以战则胜，以守则固。天将救之，以慈卫之"，对于慈爱来说，用于战争就可以获胜，用于守卫就可以巩固。上天要救助他，会让他用慈爱之心护卫自己。人生非战即守、非攻即防。所以，人生即是攻防。大部分知攻而不善守的人，一旦失去重心，最后就都死了。对此，老子很痛心。所以，他把"慈"从"三宝"中单独拈出来，强调其重要性。唯有"慈"，才汇聚了人真正的力量。

"夫慈，以战则胜，以守则固"，人如能做到这样，兵法要求的都达到了，方能不战而屈人之兵，让自己立于不败之地。进可攻胜，退可固守。人一旦完全做到这个慈，就能与天地合其德，到达《易经》所谓的"大人"境界。"大人"就是凡事皆依天道而行，自然无往不利。这里的"慈"有两层含义：一是好像老天对自己也存着慈爱，因为你所行完全合乎大道；二是天助自助，人一旦有了慈，就可以自己照顾自己，也就会"自天佑之，吉无不利"了。

　　"慈"实际上就是人的善性，是众生都有的天赋。可是，随着人的逐渐长大，受到习染的缘故，渐渐失去了"元"，就变得蒙昧了。人一旦嗜欲渐深，天机就会变浅，而人与生俱来的良知良能，渐渐为自己所抛弃。如果人要挽回自己的"慈"，就只有"复元"，要把那个本真的爱心找出来。人不要等到自己闯了祸，才去烧香拜佛，希望天救自己。那是绝不可能的事！人要自救，就要问自己的慈、自己的"元宝"是否尚在。如果善良还在，你也就不用担心，就可用"慈"疗伤止痛，反败为胜。"慈"是本钱，固本才有利息，才有善的循环。如果人连内心的慈都没有了，还有什么可谈的呢？

第六十八章

善为士者，不武；善战者，不怒；善胜敌者，不与；善用人者，为之下。

是谓不争之德，是谓用人之力，是谓配天，古之极。

【白话】

善于带兵打仗的人，不以武力至上；善于作战的人，不轻易发怒；善于克敌制胜的人，不同敌人交锋；善于任用人的人，对人态度谦下。

这叫作不与人争的禀赋，这叫作利用别人的能力，这便是符合天道的规律，是自古以来的最高原则。

【解析】

"善为士者，不武；善战者，不怒"，善于带兵打仗的人，不以武力至上；善于作战的人，不轻易发怒。"不武"代表有文德，有和平解决问题的谋略。"士"不是指所谓的知识分子，而是指武士，是率兵打仗的将帅。在《孙子兵法》中，争胜趋利是为将的大忌，将帅不仅不要表现勇武，还要表现柔弱。孙子说："能而示之不能，用而示之不用。"我们知道，政治领袖跟军事领袖是绝对不能感情用事的，他们需要有极好的情绪管理。《孙子兵法·火攻》称："主不可以怒而兴师，将不可以愠而致战。"人的情绪容易波动，而为帅者千万不能轻易被他人激怒，以至于在愤怒的情况下做出影响千万人生死的决策。"善战者"的头脑非得超级冷静不可。

"善胜敌者，不与"，善于克敌制胜的人，不同敌人交锋。"与"，是指跟敌人接触、交锋。虽然不在表面上同敌人相争，但是最后的赢家还是自己。从长时间来看，不争的人往往"先号咷而后笑"（《易经·同人卦》）；而什么都要抢先的人，却往往"先笑而后号咷"（《易经·旅卦》）。我们说，一个人不好对付，就叫"不好相与"。真正的高手，是不会随便跟人过招的，如果他真要出手，对方尚未察觉就输定了。我们看，武侠小说中的真正高手，都是看似不起眼的人，他们反而是高手中的高手，反倒是那种虎背熊腰的大汉，往往一出场就死了。

"善用人者，为之下"，善于任用人的人，对人态度谦下。这是《易经·谦卦》的智慧。如果你要做领导，就得用形形色色的人，所以要懂得谦虚，这样才能海纳百川。

"是谓不争之德，是谓用人之力"，这叫作不与人争的禀赋，这叫作利用别人的力量。"用人之力"，用人家的力量，来为自己或者为组织奋斗，这固然划算，但是你一定要谦下为怀，要礼贤下士。虽不必卑躬屈膝，但至少要尊贤、尚贤、养贤。

"是谓配天，古之极"，这便是符合天道的规律，是自古以来的最高原则。"配"是配比之意，就像调酒一样，比例和成分一定要恰到好处，多一点儿或少一点儿，味道就不对。人之于形势，须懂得谦和，懂得不争，多用人家的力量，少作无谓的计较，不要为情绪所左右。能够理解《易经·谦卦》的力道，老子的道理至少能够通一半了。如果再体悟《坤》卦、《复》卦，老子的东西就全懂了。

本章谈及打仗的策略，打仗就要讲兵法，譬如"用人之力"，兵法之中一直在讲。《孙子兵法》中就有"因粮于敌"的概念。供给线拉长了，后勤方面就容易供应不足，所以要就地筹措粮草。还有对于间谍，有时无须重新训练，可以通过"反间"的手段，利用敌人培养的优秀情报员为自己服务。像现代企业间的挖墙脚、跳槽，不也是"用人之力"吗？而要做到这一点，就要有一个非常好的态度，这个态度就是谦下不争。

还有就是要懂得配合。我们讲佳偶叫"配"，怨偶则叫"仇"。怨偶还是偶，只是家人之间生怨造成的。"配"是大学问，失之毫厘，就会差之千里。

第六十九章

用兵有言:"吾不敢为主,而为客;不敢进寸,而退尺。"

是谓行无行,攘无臂,扔无敌,执无兵。

祸莫大于轻敌,轻敌几丧吾宝。

故抗兵相加,哀者胜矣。

【白话】

用兵的人立下的言论有:"我不敢主动进攻,而要采取守势;不敢冒进一寸,却要退后一尺。"

这就是,虽然要排列行阵,却像没有行阵可摆;虽然要奋力举起,却像没有臂膀一样;虽然要擒拿敌人,却像没有敌人一样;虽然要持守兵器,却像没有兵器一样。

最大的祸害是轻敌,轻敌将会丧失我的"三宝"。

所以,两军对峙,若旗鼓相当,充满哀怜心的一方可以获胜。

【解析】

本章还是讲打仗，这个不难理解。过去有人说《老子》是一部兵书，从一定意义上讲，也没错，老子讲用兵的智慧太多了。

"用兵有言：'吾不敢为主，而为客；不敢进寸，而退尺。'"用兵的人立下的言论有："我不敢主动进攻，而要采取守势；不敢冒进一寸，却要退后一尺。""为主"，主动发兵攻打别人。《易经·蒙卦》上爻说："不利为寇，利御寇。"即不宜挑衅侵略，宜正当防守。在《孙子兵法·形篇》说："昔之善战者，先为不可胜，以待敌之可胜。"也是不采取主动的方式。兵凶战危，懂得用兵的人都坚持这样的观念，不愿意主动挑起战端去攻击人家，因为那属于侵略行为。

"为客"，是说如果自己挨打之后，要起兵还击。不打第一枪是积极防御的主张，这也是中国军队一直主张的"积极防御"战略。《易经·师卦》称"贞，丈人吉，无咎"，而没有说"征，丈人吉，无咎"，意思非常明确，就是坚持正当的原则，而不是上门侵略别人。这个观念，不但是中华文化典型的行为方式，也符合国际通行的规范，即"人不犯我，我不犯人；人若犯我，我必犯人"。主动去打人家，这是善于用兵的人绝对不会去做的事情。《师》卦第五爻说："田有禽，利执言，无咎。"有了正当的理由，才可以出兵攻击对方，那样就没有什么可担心的了。从这个角度来说，"为客"也说明只要我禁得住第一次打击，下面我的还击就没有任何的限制，而且绝对在理，因为这是正当防御。

可见，老子的态度是，要先准备挨第一次打击，不主动去攻人家。对方打我第一枪，而我不进攻，反而退守。我懂得谦让，甚至装可怜，让大家同情我。我们看足球比赛中，许多球员常常假摔以博得裁判的同情，进而造成削弱对手的效果。这就叫"不敢进寸，而退尺"。第二次世界大战中，纳粹德国刚开始进攻苏联时，像秋风扫落叶一样，逼近莫斯科；但是德军在莫斯科遭受重挫，正因为苏联发动全体国民以进行卫国战争。

"是谓行无行，攘无臂，扔无敌，执无兵"，这就是虽然要排列军阵，却像没有行阵可摆；虽然要奋力举起，却像没有臂膀一样；虽然要擒拿敌人，却像没有敌人一样；虽然要持守兵器，却像没有兵器一样。

"行无行"，第一个"行"为动词，意思是排列行阵；第二个"行"是名词，"行阵"的意思。"攘"，举；"扔"，擒拿；"执"，持守；"兵"，兵器。

"攘无臂"，一般情况下，一个人要"攘"，一定需要手臂的配合，但是，老子的做法有时是无形无象的。他不让你清楚看到，然而奋激士气，决心抗敌的心于此尽矣。关于"扔无敌",这句话过去解释很多,意思是一般人要打架的时候,总是卷袖子,用什么武器向对方投掷。但这是一般好勇斗狠的行为,老子却不是这样。老子没有火气,也没有咬牙切齿的莽汉之态,但是,他总是能达到克敌制胜的效果。作为被欺负者,他最后反而把人家收拾得服服帖帖。关于"执无兵",一般人打仗,手上一定要拿兵器,但是,老子不主张依靠兵器,他用智慧就对付你了。

"祸莫大于轻敌,轻敌几丧吾宝",最大的祸害是轻敌,轻敌将会丧失我的"三宝"。轻敌是一般人常有的心态,人在一切都很盛壮的时候,最容易轻敌,因为,常常感情用事。所谓"量敌从宽",自己有多少实力,要保守估算;然而敌人的数量不管是多少,要给他乘上一个倍数来估量。这样做的目的,就是叫人不要轻敌。

所以,在任何时候不管你的实力比人家强多少,你永远都要敬敌,而非轻敌。面对敌人,要有敬慎不败之心。不管对手比自己差多少,他既然敢跟你叫板,你就要重视他。《荀子》有《议兵》篇,其中所述非常精彩。对敌人要敬,这种智慧从《易经·需卦》中可见端倪。《需》卦第三爻说"需于泥,致寇至",敌人既然来了,那就要"敬慎不败"。《需》卦上爻说"不速之客,三人来;敬之,终吉"。第三爻时,作者强调敌对关系都要敬,而到了上爻，已化敌为友，变成主客关系了，还是要敬。

"故抗兵相加，哀者胜矣"，所以，两军对峙，若旗鼓相当，充满哀怜心的一方可以获胜。哀有很多好处，你要太强悍了，容易得罪人。故人常说"骄兵必败，哀兵必胜"。

第七十章

吾言甚易知，甚易行。天下莫能知，莫能行。
言有宗，事有君。夫唯无知，是以不我知。
知我者希，则我者贵。是以圣人被褐怀玉。

【白话】

我的言论很容易理解，也很容易实践。天下人却不能明白，不能实行。

言论有主旨，行事有根据。就因为无知，所以，就不真正了解我。

真正了解我的人太少，效法我的人就可贵。因此，圣人外面穿着粗布衣服，里面却藏着美玉。

【解析】

"吾言甚易知，甚易行。天下莫能知，莫能行"，我的言论很容易理解，也很容易实践。天下人却不能明白，不能实行。老子觉得他的道理其实很容易理解，很容易实践，但是并不受欢迎。看来，老子并没有迎合大众的趣味。芸芸众生之所以听不进去，也不愿意采用老子那一套主张，皆因众人不愿意吃亏，也不愿意退后。

"言有宗，事有君"，言论有主旨，行事有根据。"宗"，主旨；"君"，主宰。老子怎么不讲"言有祖"呢？从这里可以看出老子的思想确实是对坤卦的发扬光大，"宗"代表的是女性祭祀，而《坤》卦象征母亲。所以，老子的思想从言到行，不是散漫的，是有纲、有目、有中心思想一以贯之的。

"夫唯无知，是以不我知"，就因为群众无知，所以，不真正了解我。群众的迷惑实在是太深了，业障和嗜欲重重，所以根本没有办法真正了解他的主张。老子要救世，有慈悲心，但是没人听进去。

"知我者希，则我者贵。是以圣人被褐怀玉"，真正明白我的人太少，效法我的人可贵。因此，圣人外面穿着粗布衣服，里面却藏着美玉。"则"，法则，此处名词作动词用，效法的意思。"希"同"稀"，稀少；"被"同"披"，穿着；"褐"，粗布衣服。

老子深藏很多"宝贝"，但是，外面看起来是破衣烂衫，别人看不到内涵。因而，世俗人不屑一顾，与道失之交臂，错过了这么多的宝藏。可见，老子纵然有内在美、有大智慧，可是别人看到的是外面破旧的包装。看来，圣人都一个样，不重视表面的虚浮，怀揣着宝玉不为人知。而且，圣人们就像老子讲的，不愿意因为大家不信服，就轻易改变包装而穿上锦绣衣服。

"则我者贵"，"我"是"大我"，即一个人自我的主宰，即人的自性。我们人生要启蒙学习，就是要追求"我"。《易经·蒙卦》称"匪我求童蒙，童蒙求我"，目的是找到自我，也就是《大学》所说的"明明德"。所以，人的自性是最宝贵的，也叫"灵龟"，《颐》卦初爻称"舍尔灵龟，观我朵颐，凶"，《小象传》则说，假如你放弃"灵龟"，即放弃真正的自我，"亦不足贵也"。有些人混了一辈子，也不理解"自我"。故老子强调"则我者贵"，要我们以自性为法则，品位才会提高。人的"自性"是与生俱来的，可是大部分人都丧失了。因此，老子不愿意迎合俗人，争取那些无聊的掌声，最后他还是"被褐怀玉"。如果他去迎合众人，也穿了一件锦衣，从教化的效果来讲，反而是害人。

过去，中国不光是那些贵族喜欢佩玉，知识分子也喜欢佩玉。换句话说，玉是永远随身的。三国时期的周瑜，字"公瑾"，名与字都和"玉"有关系。"瑾"是一种玉，"公瑾"指公家的宝贝，这就叫"怀瑾握瑜"。

"被褐怀玉"在《诗经》上讲就是"衣锦尚絅"，意思是，如果一个人穿锦衣，会在外面再加一个罩衫，不让锦衣太露，这样做，人就显得收敛一点儿。

《史记·项羽本纪》记载："项羽引兵西屠咸阳，杀秦降王子婴，烧秦宫室，火三月不灭；收其货宝妇女而东。人或说项王曰：'关中阻山河四塞，地肥饶，可都以霸。'项王见秦宫皆以烧残破，又心怀思欲东归，曰：'富贵不归故乡，如衣绣夜行，谁知之者！'说者曰：'人言楚人沐猴而冠耳，果然。'项王闻之，烹说者。"项羽在其事业达到巅峰时，想要回老家炫耀一番。下属劝说目前形势比较重要，他却说，如果人富贵而不归故乡就像锦衣夜行。这样的炫耀太直露，不思巩固胜利的果实，给对手可乘之机，最终难免失败。当然，楚汉之争胜利的一方刘邦也有类似的炫耀。刘邦搞定关中之后，回到沛县老家，跟父老喝酒，唱《大风歌》："大风起兮云飞扬，威加海内兮归故乡，安得猛士兮守四方！"也有其炫耀之心情流露。

第七十一章

知不知，尚矣；不知知，病也。
圣人不病，以其病病。夫唯病病，是以不病。

【白话】

知道而不自以为知道，最好；不知道却自以为知道，是毛病。

圣人没有毛病，因为他把毛病当作毛病。就因为他把毛病当作毛病来看，所以没有毛病。

【解析】

"知不知，尚矣；不知知，病也"，知道而不自以为知道，最好；不知道却自以为知道，是毛病。如果你有满肚子学问，对人事、对天道了解太深刻了，那么不要把你的所知都表现出来，而是要谦和一点儿。知也要装作不知的样子，大智若愚是最好的。古希腊哲学家苏格拉底说："我只知道一件事，就是我一无所知。"一般人常犯的毛病是什么？他根本就不真正知道，他却假装知道，强不知以为知。所以，孔子对子路说："知之为知之，不知为不知，是知（智）也。"（《论语·为政》）

"圣人不病，以其病病。夫唯病病，是以不病"，圣人没有毛病，因为他把毛病当作毛病；就因为他把毛病当作毛病来看，所以没有毛病。

"以其病病"，第一个"病"是动词，第二个"病"是名词，指不知强以为知，且拼命表现的毛病。圣人把这个不知道却强以为知道的毛病，当成自己容易犯的毛病，平时就能戒慎恐惧，经常反省并改过。所以，最后圣人就不会有这个毛病。换言之，不懂就不要装懂，自己明明没有到那个境界，还要给自己贴标签，要大家承认他，要别人吹捧，结果他还是没有。面对大千世界，我们真知道的确实很有限，难怪庄子说："吾生也有涯，而知也无涯。以有涯随无涯，殆已！"（《庄子·养生主》）

第七十二章

民不畏威，则大威至。

无狎其所居，无厌其所生。夫唯不厌，是以不厌。

是以圣人自知不自见，自爱不自贵。故去彼取此。

【白话】

百姓不害怕威权的时候，那么大的威逼就来了。

不要辱没百姓的心，不要压制百姓的生命。只有不压制人民，才不会让人民厌烦。

因此，圣人但求自知而不自我表现，但求自爱而不抬高自己。所以，要舍弃后者而保持前者。

【解析】

"民不畏威，则大威至"，百姓不害怕威权的时候，那么大的威逼就来了。第一个"威"有威权的意思，第二个"威"有威逼的意思。这一章老子是在讲政治的有效管理。一般来讲处于下层的人是逆来顺受的，但是，在上位者不要把在下位者逼急了，否则，下位者就会造反。等到老百姓对上位者不再信赖而反抗的时候，镇压是没有用的，造反者会拼命。像秦朝的政权只维持了十五年，秦朝的法律虽然严酷到极点，但是，陈胜、吴广揭竿而起，天下就乱成一锅粥了，这时的老百姓都不怕死了，这就是"民不畏威，则大威至"。所以，一个治国的人，或者管理者，一定要晓得千万不要影响到基层的生计，不能一味使用威权。一旦让他们求生不得、求死不能，他们就会豁出自家性命，与上位者拼个你死我活。

"无狎其所居，无厌其所生"，不要辱没百姓的心，不要压制百姓的生命。"狎"，轻忽、辱没；"厌"同"压"，压制的意思。

"狎"是一个很烂的态度，不把对方当人看的。佛经里也常讲，由"狎"引申出来的态度很不好，净空法师就说"慈悲多祸害，方便出下流"。

"夫唯不厌，是以不厌"，只有不压制人民，才不会让人民厌烦。统治者不压榨人民的生活，人民才不会产生厌烦。所以，人都是互相干扰、互相回应的，如果在上位者对百姓有善意，即使犯有无心之过，百姓也能原谅。相反，如果上位者如《益》卦上九爻辞所说"莫益之，或击之"，不但不给予百姓好处，还不时地打击百姓，民不聊生，就麻烦了。

"是以圣人自知不自见，自爱不自贵。故去彼取此"，因此，圣人只求自知而不自我表现，但求自爱而不抬高自己。所以，要舍弃后者而保持前者。这里的后者是指"自见、自贵"，前者是"自知、自爱"。看来，老子还是强调人要有谦德，千万不要骄傲，而且还要有自知之明。尤其位于万民之上的领导者更要有自知之明，千万不要喜欢自我表现，不要自认为了不起。"去彼取此"在《道德经》一书里出现过三次，"彼"和"此"就是两个选项，一般人常选的是重视表面的、欺负人的、占便宜的那种；而智者选择比较朴实的、善意的那种。

第七十三章

勇于敢则杀,勇于不敢则活。此两者,或利或害。天之所恶,孰知其故?

天之道,不争而善胜,不言而善应,不召而自来,绰然而善谋。

天网恢恢,疏而不失。

【白话】

勇于表现刚强,就会丧命;勇于表现柔弱,就会存活。这两者同样是勇敢,但勇于柔弱就有利,勇于刚强就有害。上天所厌恶的,谁知道其中的缘故?

自然法则的运作规律是,不去争的能善于获胜,不言说的能善于回应,不召唤的能自动到来,虽然舒缓却善于谋划。

自然的罗网漫无边际,虽然疏松,却从不漏失。

【解析】

"勇于敢则杀,勇于不敢则活。此两者,或利或害",勇于表现刚强,就会丧命;勇于表现柔弱,就会存活。这两者同样是勇敢,但勇于柔弱就有利,勇于刚强就有害。老子的这段话虽然很白话,但里面有很实在的处世道理。

"此两者,或利或害",这两种处世态度好像都要表示人生的一种勇气,但是,结果不一样,一个是得利,一个是受害。存活当然就得利,丧命就受害了。那种好勇斗狠的人所表现的行为特质,在《易经》中就表现在《大壮》卦与《归妹》卦这两卦上。前者像发情的公羊,血气方刚,一直往前冲;后者则表现出轻举妄动。老子对这类人的做法是持否定态度的。他认为血气之勇与匹夫之勇是不可能有好结果的,这都不是真正的大勇。真正的大勇,应该如老子前面所说"三宝"中的"慈",像母鸡对小鸡的那种"孚",这里面有信、望、爱,即"慈故能勇"。真正的大勇是从爱心里面生发出来的。"慈"与"勇"是相关联的,没有内在的爱就不会有勇。所以,如果一个人舍慈且勇,就不算是真正的勇敢。心有大爱的人可以为了自己的理想与信仰而去牺牲,而一般人就不易做到。那些敢于英勇牺牲自我的人,心中有大慈有真爱,为了自己的所爱,勇于拼搏和奉献。像"俭且广""后且先",看似前后矛盾,世俗人也不会这么做事,但是,老子从长远的观点看,认为前者恰恰是造成后者的原因。

一般人的勇气，常常表现在这也敢做，那也敢做，其实这都是肤浅的勇敢。因为，那种勇敢的结果，常常是让自己丧了命，完全做了无谓的牺牲。而"勇于不敢则活"的人，他的勇气就表现在自己面对问题时的退让、忍耐与包羞上。尽管有人可能会说这是"孬种"的表现，但是一个人能做到那样，确实需要勇气。那种勇气就表现在敢于不逞强，这种情况实际上就如俗语常说的"留得青山在，不怕没柴烧"。这都是为了图谋长久而能忍耐于一时。只有这样，才可能取得最后的胜利。在历史上，像张良、韩信、德川家康等，他们的勇气都表现在一时不冲动，最后不仅存活了，还取得了胜利。

"天之所恶，孰知其故"，上天所厌恶的，谁知道其中的缘故？老子又把天道给拉出来了，而且把天道拟人化。老子认为，对于这种勇于敢的人，显然不讨老天爷的欢心，所以，这种人就不会有好结果。仅从结果看，一般人不容易了解其中的缘故。那些看起来是懦夫行为的人，最后怎么会有好结果呢？而那些勇冠三军、一步也不让的人，怎么反而没有得好呢？因为上天好像很厌恶那种冲动、逞一时之勇的人，这不是真正的强者。真正的强者是退让精进型、忍辱包羞型的，是顾大局而不做无谓牺牲的人。尤其是那种有使命感的人，他绝对不会为一个小小的意外而把自己给报销了，孟子说："知命者，不立乎岩墙之下。"（《孟子·尽心上》）知道自己使命的人，

是不会站在危险的岩墙下的。孔子也说:"危邦不入,乱邦不居。"(《论语·泰伯》)

"天之道,不争而善胜",自然法则的运作规律是,不去争的能善于获胜。老子说过:"夫唯不争,故天下莫能与之争"。不争的人是不去跟人计较一些小的利益,也不去跟人计较短期的得失。他有时候宁愿谦让,但是最后他获得的好处比别人多。相反,什么都去跟人家争抢的人,最后都不知道自己输到哪里去了!对于好争的人,即使有时候他争赢了,可能得到的成果还会被夺去。就如《易经·讼卦》上爻所言:"或锡之鞶带,终朝三褫之。"虽集荣宠于一身,但是一天之内被剥夺三次权力。你看,刚到手的东西随时可能被没收。这大概就是《易经》描绘的"先笑而后号咷"。

"不言而善应",不言说能善于回应。孔子说:"天何言哉?四时行焉,百物生焉。"这就是不言之教。所以,我们说人行善或者行恶,组织行善或者行恶,老天对此会完全不知道吗?

"不召而自来",不召唤的能自动到来。不争、不言、不召,但是结果常常是善胜、善应、自来,万物都自有所归。这跟我们一般人的做法完全不一样。一般情况下,我们常常要拼命召唤,拼命宣传,拼命争抢,拼命言说。而老子好像完全沉默,但是,最后的验证都是他做对了。

在《论语》中，孔子就把这个道理讲出来了："无欲速，无见小利；欲速则不达，见小利则大事不成。"

"繟（chǎn）然而善谋"，虽然舒缓却善于谋划。"繟"，宽阔、舒缓。天道不逼人太紧，好像给人很大的空间。假定我们要召唤、要言说，要强迫人家一定走什么路，给人家的选项就很少，难免会逼着人家一定要怎么样。圣人效法天道考虑事情，会给我们很大的空间，看着好像很宽松舒缓，但是，他最后什么都算到了。

"天网恢恢，疏而不失"，自然的罗网漫无边际，虽然疏松却从不漏失。"恢恢"，很宽阔的样子。我们一般人常讲的一句话是"天网恢恢，疏而不漏"，即一个都跑不掉，全部在因果网络中。善恶到头终有报，说的也是这种情形。

在《易经》中，《离》卦就是一个网络的象。那个网绝对是无所不在的，如果你是孙猴子，你就蹦不出如来佛的手掌心。所以，圣人对这个天道有信心，自然规律所形成的罗网是无可逃脱的。任何作用都会产生反作用，说一句好话，心中会产生一种善良的助力；说一句坏话，心中就会产生一股邪恶的魔力。从这个方面说，伤害别人其实就是伤害自己，因为自己先存着坏心眼，坏心眼使别人直接受伤害，自己则间接受到内伤。这也是因果之网络的报应。

第七十四章

民不畏死,奈何以死惧之?

若使民常畏死,而为奇者,吾将得而杀之,孰敢?

常有司杀者杀。夫代司杀者杀,是谓代大匠斫;夫代大匠斫者,希有不伤其手矣。

【白话】

百姓到了以死相反抗的地步,执政者怎能用死来威胁呢?

如果让老百姓真怕死的话,对做坏事的人,我就抓来杀掉,谁还敢再做坏事?

总有行刑官去执行杀人。代替行刑官去执行杀人的,就好像代替木匠去砍木头;代替木匠去砍木头的,很少有不伤着自己手的。

【解析】

"民不畏死,奈何以死惧之",百姓到了以死相反抗的地步，执政者怎能用死来威胁呢？对于一般的威权，百姓都可以忍耐，但是，如果苛政达到忍无可忍的程度，执政者的威逼就要来临了，百姓将以死相抗。这时，当政者怎么压都压不住，即使是杀一儆百，也没有任何效果，因为百姓要跟当政者玩命了。

"若使民常畏死，而为奇者，吾将得而杀之，孰敢"，如果让老百姓真怕死的话，对做坏事的人，我就抓来杀掉，谁还敢再做坏事？"奇"和"正"相对，解释为"邪"。"为奇者"，解释为做坏事的人。

如果老百姓像平常一样安居乐业，和乐幸福，他们自然就畏惧死亡。在一个有效的社会管理里面，"为奇者"就是那些不肯做安善良民者，执政者会马上把他们抓来杀掉。如此，以儆效尤，别人就不敢再做坏事。如果问题不是这样，执政者反而过度压迫百姓，使得百姓不怕死了，到那时，什么高压手段统统没用。这就像《易经》中的《大过》卦，处于常态的时候，统治者还可以使用一般镇压的办法。一旦在非常态的时候，任何手段都会失效。换句话说，作为执政者，还是要以富国安民为出发点，严刑峻法是不可能达到最终治理效果的。

老子在写《道德经》的时候，那时正值春秋末期，当时各诸侯国为维持政权的稳定，对老百姓实行高压统治。统治者对于敢于造反的人，只有杀无赦这个手段。所以，老子这里等于在替老百姓讲话。他认为这样的严刑峻法是没有用的，一旦被管理的对象超越了对死亡的恐惧，统治者用什么死刑相威胁都没有用。

"常有司杀者杀。夫代司杀者杀，是谓代大匠斫"，总有行刑官去执行杀人。代替行刑官去执行杀人的，就好像代替木匠去砍木头。"斫"，砍伐。"司杀者"，掌管生杀大权的人，这里暗指天道。

按说，只有老天爷才掌握天地间最后的生杀大权，这就如《易经·坤卦》的《文言传》所说："积善之家，必有余庆；积不善之家，必有余殃。"积善就成德，积恶就灭身。凡事日积月累，最后天地不容，神鬼也会追魂索命。在这样的过程中，如果为政者仅从对自己有利的角度，擅自制定一些杀人的规矩，这就不合乎自然之道。换句话说，当统治者代替上天实行生杀予夺大权的时候，相应的风险就来了。

"夫代大匠斫者，希有不伤其手矣"，代替木匠去砍木头的人，很少有不伤着自己手的。上天才是真正的"大匠"，而且还很艺术化，也让人服气。现实中，有些人为了打击反对自己的人，常常捏造一个罪名就想把对方干掉。这就是妄行生杀的作为，其行为往往显得很笨拙，其结果最后还伤害了自己。美国就常常自认为自己能够代天行道，去干预别国内政，但是，上天也没有承认他啊，上帝也没有说选择他呀。

第七十四章

第七十五章

民之饥,以其上食税之多,是以饥。
民之难治,以其上之有为,是以难治。
民之轻死,以其上求生之厚,是以轻死。
夫唯无以生为者,是贤于贵生。

【白话】

百姓有饥饿之苦,因为在上位的收税太多,因此会挨饿。

百姓难管,因为统治者强作妄为,所以会难管。

百姓不在乎死亡,因为统治者为求奢华享受搜刮太甚,因此,才会轻易冒险犯难而死。

只有不刻意求生的人,才比特别重视自己的人更有德行。

【解析】

"民之饥,以其上食税之多,是以饥",百姓有饥饿之苦，因为在上位的收税太多，因此会挨饿。"食税"，收取租税供生活的意思。老百姓为什么常常没饭吃呢？因为政府的税负太重。在以前农业为主的社会，国家要打仗，贵族要享受，都要向百姓征收捐税。所以，老百姓劳苦终生可能都很难维持温饱，而统治者压榨过度，就会逼民造反。在《论语》中，由于孔子的学生冉有帮助季氏向百姓征收重税，遭到孔子的声讨，孔子就说"小子鸣鼓而攻之可也"。孟子也骂收重税的国君为桀纣。可见，儒、道两家对于统治者的横征暴敛都是深恶痛绝的。

"民之难治，以其上之有为，是以难治"，百姓难管，因为统治者强作妄为，所以才难管。老百姓怎么那么难管理呢？因为，统治者朝令夕改，妄动乱作，不懂得清静无为。不该统治者做的事，他平时也要抢着做，最后越做越糟。老子说："损之又损，以至于无为。"《易经·损卦》讲"惩忿窒欲"，其初爻说："已事遄往，无咎。酌损之。"事情做完就迅速离去，不居其功，就没有灾难。应当考虑减损自己，以利别人。

"民之轻死，以其上求生之厚，是以轻死"，百姓不在乎死亡，因为统治者为求奢华享受搜刮太甚，因此才会轻易冒险犯难而死。在上位的统治者过得太舒服了，太奢侈了，所以老百姓就没得吃。老百姓没的吃，就干脆跟上位者拼了，就不怕死了。

"夫唯无以生为者，是贤于贵生"，只有不刻意求生的人，才比特别重视自己生命的人更有德行。其实一个人一辈子尽量吃、尽量喝，又能够花多少呢？但是，如果他重视个人的享受太过火了，根本不懂得清心寡欲、恬淡生活，就没法做一个有德行的人。"贵生"，有负面的含义，意思是太自私，只重视自己的奢华享受。

在《易经》中，损下益上就叫"损"；损上益下，就叫"益"。减损下位者的好处，来增加上位者的利益，就是损害；减损上位者的好处，来帮助下位者，就是增益。所以，"损益盈虚，与时偕行"，这就是天道。

第七十六章

人之生也柔弱,其死也坚强。
草木之生也柔脆,其死也枯槁。
故坚强者死之徒,柔弱者生之徒。
是以兵强则灭,木强则折。
强大处下,柔弱处上。

【白话】

人活着的时候,身体是柔软的;死的时候就变僵硬了。

草木生长的时候,性质是柔脆的;死的时候,就变干枯了。

所以,凡是坚强的东西,都属于死亡的一类;凡是柔弱的东西,都属于生存的一类。

因此,用兵逞强就会遭受灭亡,树木强大了就会遭受砍伐。

强大的处于劣势,柔弱的处于优势。

【解析】

"人之生也柔弱,其死也坚强。草木之生也柔脆,其死也枯槁",人活着的时候,身体是柔软的,死的时候就变僵硬了。草木生长的时候,性质是柔脆的,死的时候,就变干枯了。《道德经》尚柔,这里老子又提出一个论证。

我们看新出生的婴儿身子骨都是柔软的,等人后来死了,就变得很僵硬。换句话说,人的生命刚开始处于柔软的时候,就充满着无限生机,没有人想到要去欺负他;等到他将来长大成人,变成僵硬不屈的时候,就离死不远了。

"故坚强者死之徒,柔弱者生之徒",所以,凡是坚强的东西,都属于死亡的一类;凡是柔弱的东西,都属于生存的一类。"徒"是类的意思。《易经·屯卦》是初生幼苗的象,象征着生命有无限的生机,这就是"人之生也柔弱"。这里告诫我们,人的处世态度要切忌逞强,而应处于柔弱。一个人的性格如果太刚强,喜欢硬碰硬,恐怕容易受内伤,甚至于死亡。

"是以兵强则灭,木强则折",因此,用兵逞强就会遭受灭亡,树木强大了就会遭受砍伐。如果一个国家靠着霸权逞强去攻打人家,最后往往会遭灭顶之灾的。"木强则折"就是《庄子》里面"山木自寇"的观念。庄子说,一棵树因为长得很高大,人就拿着刀斧来砍伐了,因为这是有用的材料。所以，庄子说："坚则毁矣，锐则挫矣。"（《庄子·天下》）历史上那些霸权主义国家，无一不像狂风暴雨一样，暴政过后，很快就走向灭亡。

"强大处下，柔弱处上"，强大的处于劣势，柔弱的处于优势。老子实际上是告诫我们，在处世态度上，人应该采取柔弱而力戒坚强。在《易经》的"十二消息卦"中，《泰》卦就属于"强大处下"的情况，即三个阳爻处下，三个阴爻处上。所有阳长阴消的卦都属于"强大处下，柔弱处上"的状态，所以是不断往上增长的。这说明，居上卦的领导阶层要柔弱，要"黄裳元吉"，要懂得柔性管理、充分授权，给老百姓留空间，而不是逼迫基层百姓，这样的统治才会长久。

第七十七章

天之道，其犹张弓与？高者抑之，下者举之；有余者损之，不足者补之。

天之道，损有余而补不足。人之道则不然，损不足以奉有余。

孰能有余以奉天下？唯有道者。

是以圣人为而不恃，功成而不处，其不欲见贤。

【白话】

天道的作用，不是像拉开弓弦的弓一样吗？弦高了就压低它，弦低了就抬高它；弦长了就减短它，弦短了就加长它。

天道的运作，是减损有余的进而能弥补不足的。人间的规则却不是这样，反而减损不足的，用来供奉有余的。

谁能把有余的供奉给天下的不足呢？只有有道者才能做到。

所以，悟道的圣人做好了却不仗恃己力，大功告成却不自以为功，自己不愿意显摆自己的贤能。

【解析】

"天之道，其犹张弓与"，天道的作用，不就像拉开弓弦的弓一样吗？

"高者抑之，下者举之；有余者损之，不足者补之"，弦高了就压低它，弦低了就抬高它；弦长了就减短它，弦短了就加长它。为了把箭射得准、射得远，弓的弦不能拉得太高。如果拉太高，就会让弦崩断了；如果太低了，弹力就不够。其实，这是要求拉弓者寻求一个最佳平衡，一切都要恰到好处。这就是损益要平衡的观念。

这个理论对于一切事情都是通行适用的。损益之道，就是为做到最佳平衡，多一点儿不行，少一点儿不行。在《易经》中，对于天道的运作，可以用《谦》卦或者《丰》卦来说明，这两个卦都涵括了天地人鬼神的方面，都讲究平衡，即"称物平施"，而且这种平衡都是动态的平衡，不是静态的平衡。

"天之道，损有余而补不足。人之道则不然，损不足以奉有余"，天道的运作是减损有余的，进而能弥补不足的。人间的规则却不是这样，反而减损不足的，用来供奉有余的。从长期来看，天道一定是公道、公正的。而人是有欲望、有私心的，一旦自己得意了，想享尽天下福，

第七十七章 | 369

就要欺负、剥削人家。换句话说，在人与人之间常见的现象，往往是雪中送炭的少，锦上添花的多。国与国之间也是如此。过去那些贫穷的国家，到目前还一直是那么贫穷，而那些富有的国家就宰制弱国的一切。这是客观存在的"人之道"。这就是《中庸》所说："人之为道而远人，不可以为道。"

"孰能有余以奉天下？唯有道者"，谁能把有余的供奉给天下的不足呢？只有有道者才能做到。老子的意思是说，既然发现社会财富像这样严重的不均，谁能够实现天道去"劫富济贫"呢？在《易经》中，悟道的统治者如果具备谦卦的德行，就能产生最好的结果。《谦卦·大象传》说："君子以裒多益寡，称物平施。"君子要聚集更多财富，来增加给不足的，以使事物相称，且能公平给予。而且，"裒多"不会影响生产，不是直接把富人多的东西拿来去给予财富少的，这不利于鼓励公平，而是要让社会想办法聚财，而且还生产出更多。等实行再分配的时候，一定要相称又公平地施予。这就叫大河有水小河满。如果说整个饼没有做大，直接把多的拿给少的，这也不是真正公平。

"是以圣人为而不恃，功成而不处，其不欲见贤"，所以，悟道的圣人做好了，却不仗恃己力，大功告成却不自以为功，自己不愿意显摆自己的贤能。老子说："长而不宰，是谓玄德。"这种"功成而不居"，是老子一贯强调的观念。

　　老子这里实际上在告诫我们，要善于斟酌损益。损与益是很精致的动态平衡，兼顾生产与分配，包括税收的合理性，但是重点一定是要损上益下，即减损上层的来增益基层的。

第七十八章

天下莫柔弱于水，而攻坚强者莫之能胜，以其无以易之。

弱之胜强，柔之胜刚；天下莫不知，莫能行。

是以圣人云："受国之垢，是谓社稷主；受国不祥，是谓天下王。"

正言若反。

【白话】

天下万物中没有比水更柔弱的了，但要对付坚强的东西，却没有能胜过水的，因为水柔弱得没有什么能改变它。

弱可以胜强，柔可以胜刚；天下没有人不知道，没有人做得到。

所以圣人说："能够承受全国的屈辱，才算是国家的君王；能够承受全国的灾殃，才算得上天下的君王。"

符合正道的言论，看起来像是现实的反面。

【解析】

"天下莫柔弱于水，而攻坚强者莫之能胜，以其无以易之"，天下万物中没有比水更柔弱的了，但要对付坚强的东西，却没有能胜过水的，因为水柔弱得没有什么能改变它。水看起来是很柔弱的，它实际产生的力量，一点儿都不柔弱。

以前，我们讲女孩子漂亮，闽南话就说，她很水。也有说，江南的女孩子就像水一样秀气。可是，等到女孩子结婚之后，有些女子外面水的秀气很快就不见了，内心强悍的一面就显现出来了。

我们都知道水滴石穿的情形，就晓得水的力量是很可怕的。还有水可以怀山襄陵，即使是坚固的大坝，强大的水流也能把它冲垮。

"弱之胜强，柔之胜刚；天下莫不知，莫能行"，弱可以胜强，柔可以胜刚；天下没有人不知道，没有人做得到。讲起来，好像大家都知道弱可以胜强，柔可以胜刚，可在现实中，却没有人愿意表现柔弱，反而什么都想表现刚强，干什么都想赢在起点。

我们说水滴石穿，是说水的渗透力很强大，因为它的作用不断在进行。渐渐地，水就能颠覆一切，因为它能"以无有入无间"。所以，一般人眼光都很短浅，看不到长期下来柔弱所显示出的厉害。

"是以圣人云：'受国之垢，是谓社稷主；受国不祥，是谓天下王'"，所以圣人说："能够承受全国的屈辱，才算是国家的君王；能够承受全国的灾殃，才算得上天下的君王。"这是说当领导的要有强大的包容之心。他要能把整个国家的屈辱统统包容承受。就像江海一样总能够承受各种污垢并且统统化解掉。作为"社稷主"，心胸要宽广，要能够包容，就像母亲爱小孩一样，如此才能"含弘光大，品物咸亨"。

"正言若反"，符合正道的言论，看起来像是现实的反面。不光是这一章的观念，老子所有讲出来的合于正道、合于天道的言论，看起来好像都跟世俗的想法相反。老子讲的明明是正言，可是一般人不能接受，因为往往跟常情不同。所以，天下愿意接受他的观念并愿意做的人很少。但是，最后的结果都证明老子才是对的。

这个世界本来就是红尘浊世，实际的情况肯定是浊的比清的多。对于伟大的教育家或者思想家来说，即使是再怎么不善的人，他都能够造就你。地藏王菩萨能长住地狱，莲花都是出淤泥而不染的。常有人说，人这一辈子，凡是跟自己关系亲近的人，尽管有时是来找自己的麻烦，或者惹自己生气，其实他们都是来帮助自己修行的。所以，人要包容别人，自己就要有这种无限的心量，绝对不能挑剔，因为这都是在试练你的本领。

第七十九章

和大怨，必有余怨，安可以为善？
是以圣人执左契，而不责于人。
有德司契，无德司彻。
天道无亲，常与善人。

【白话】

深重的怨恨经过调解，一定还存有余留的怨恨，这怎么算是好事呢？

因此，圣人就像拿着左契，只施与人而不向人索取。

有德的人就像持有借据那样宽裕，无德的人就像掌管收税那样索取。

自然界的规律没有偏私，总是站在善人的一边。

【解析】

"和大怨，必有余怨，安可以为善"，"和"，调和。深重的怨恨经过调解，一定还存有余留的怨恨，这怎么算是好事呢？人生难免会与别人结怨，有时候甚至还会与人积成大怨。老子就说过"大小多少，报怨以德"。如果在与别人刚刚结成小怨的时候，没有及时把怨化解掉，渐渐地，让小怨变成了大怨，将来和解的难度就更大了。即使是后来双方勉强和了，那也不是真的和解，必定存有余怨，因为当初所结的怨恨太深了。这就是常言所道的"好的刀口药不如不拉口"，人际关系一旦有了伤痕，无论如何都不可能完全恢复原状。成语"破镜重圆"，看起来好，但破镜即使重圆，上面不是还存在很多裂痕吗？像十字军战争，就永远没有和解的机会。这就是冤冤相报。还有，中国与日本，这个大怨也没有办法和解，日本政府至今不道歉，那就没有办法"赦过宥罪"(《易经·解卦》)。

"是以圣人执左契，而不责于人"，因此，圣人就像拿着左契，只施与人而不向人索取。"契"，古代的契券，相当于现在的借款合同。在竹简上刻写完毕，剖开，双方各执一半，以便将来核对。在古代，左为尊上，所以"左契"为贷方，就相当于索要借款的存根依据。"责"是责求、索取的意思。有德行、有智慧的圣人愿意处在吃亏一方，甚至施而不望报，因为，他相信施比受有福。如果没有一天到晚向人家要东西，怨恨就很不容易产生；没有积怨，也就不需要和解。

"有德司契,无德司彻",有德的人就像持有借据那样宽裕,无德的人就像掌管收税那样索取。"彻",古代的一种赋税的名称,抽取百分之十。

"天道无亲,常与善人",自然界的规律没有偏私,总是站在善人的一边。照讲自然界的规律是"大公无私"的,但是,如果从长久去观察,发现"天道"还是比较偏向照顾善人。即使有些人这一辈子付出了,没有得到及时的回报,可能会报在后世。

第八十章

小国寡民。

使有什伯之器而不用，使民重死而不远徙。

虽有舟舆，无所乘之；虽有甲兵，无所陈之。使民复结绳而用之。

甘其食，美其服，安其居，乐其俗。

邻国相望，鸡犬之声相闻，民至老死不相往来。

【白话】

让国土小些，人口少些。

即使有什么器具也有意不使用，让百姓爱惜生命而不向远方迁徙。

虽有车船，却没有必要乘坐；虽有武器装备，却没有地方部署。让人们回复到结绳记事的状态。

在这样的家园里，百姓甜美地享受食物，穿着漂亮的衣服，安享自己的住家，乐享自己的习俗。

邻国之间彼此可以看见，鸡鸣狗叫声也可以相互听到，但百姓从生到死，却不相互往来。

【解析】

本章是《老子道德经》的倒数第二章，提出"小国寡民"的避世思想。但是人类文明一定是往前演进的，绝不可能回返这样的状态，就算是老子当时的一些感叹和主观愿想吧！无须认真看待。

第八十一章

信言不美,美言不信。善者不辩,辩者不善。知者不博,博者不知。

圣人不积,既以为人己愈有,既以与人己愈多。

天之道,利而不害;圣人之道,为而不争。

【白话】

真实的话不动听,动听的话不真实。善良的人不巧辩,巧辩的人不善良。真明白的人不卖弄广博,卖弄广博的人并不真明白。

圣人不为自己积攒保留什么,他愈是帮助人,自己反而愈是充足。

自然的法则是有利于万物,而不加以损害;圣人的作风是给予,而不争夺。

【解析】

"信言不美,美言不信。善者不辩,辩者不善",真实的话不动听，动听的话不真实。善良的人不巧辩，巧辩的人不善良。事实上真是如此。商业上很多刺激你的营销宣传不都是这样吗？真正有善意而善良的人，他是不要嘴皮子的。那些口若悬河天天上电视蛊惑人心的，绝非善类。

"知者不博，博者不知"，真明白的人不卖弄广博，卖弄广博的人并不真明白。有时候一些人是样样通，样样松。真正有大智慧的人，求到究竟的智慧就可以了，他不需要炫耀，可是他什么都懂。

我们看《易传》强调要积善，儒家强调要积德，可是老子提出了一个反论，他说不要积。我们有时候要存钱，有时候要收藏宝物，老子说统统不要积累，因为到最后这都是身外之物。那老子下面要我们做什么呢？他说，要尽量行善，要奉献自己精神方面的东西，即要把自己的正能量尽量发挥出去。

"圣人不积，既以为人己愈有，既以与人己愈多"，圣人不为自己积攒什么，他愈是帮助人，自己反而愈是充足。这里老子所讲的"积"不是积累财货等物质的东西，而是智慧、德行等精神方面的东西。

"天之道，利而不害；圣人之道，为而不争"，自然的法则是有利于万物，而不加以损害；圣人的作风是给予，而不争夺。《易经·乾卦·文言传》说："利物足以和义，贞固足以干事。"圣人之道是为而不争的，是布施的，是利益众生的。老子讲起来都是对的，可一般人就是做不到。好在老子最后完稿的时候，他就留下这段遗言，但是看起来这段遗言也落空了，因为人太难懂他真实的意思，正如其"正言若反"。

在道善学苑读懂中华文化
品赏古典音乐之美

会员加入接口

　　欢迎您加入道善会员，入会后您将尊享这张清单所列的所有音频、视频课的学习以及所有电子书的阅读，同时可获得道善学苑店铺图书折上 9.5 折优惠。

我们是谁

　　道善文化传媒（北京）有限公司的前身，为成立于 2004 年的北京爱智达人教育科技有限公司，公司自成立以来一直从事传统文化类图书的出版发行与音视频课制作，尤其深耕中华传统文化经典的优质讲解内容，用心遴选明家、大家，注重讲解经典的今用价值与正本清源，突出用古人的智慧启发今人的智慧。已经出版了海内外数十位知名学者与作家的近 200 种作品，其中百分之九十以上的图书作者为台湾学术界著名专家学者。

我们能为会员提供什么

一、名家音视频课程

吴怡老师课程：
吴怡：《碧岩录》上下部（视频课）
吴怡：周易本义通讲（视频 43 期）
吴怡：孔子学易心得——易经系辞传细讲（视频课）
吴怡：老子哲学的道与理　专栏回放（视频课）
吴怡：禅与人生（视频课）
吴怡：假如我遇到荣格（视频课）
吴怡：读懂易经（视频课）

吴怡：孔子学易心得——易经系辞传细讲（音频39期）
吴怡：《老子》新说——我在美国讲老子（音频课）
吴怡：易经入门与处变哲学（音频课）
吴怡：觉醒与转化——坛经的生活智慧（音频20期）
吴怡：《庄子》新说——我在美国讲庄子（音频课）

刘君祖老师课程：
刘君祖：易经与智慧人生（视频课）
刘君祖：《五经道贯》直播回放（视频）
刘君祖：讲透《孙子兵法》（视频85期）
刘君祖：演示大衍之术（视频）
刘君祖：学懂易经64卦
刘君祖：逐字逐爻详解易经六十四卦（音频128期）
刘君祖：易解《心经》（视频）
刘君祖：易经入门6小时（音频）
刘君祖：讲鬼谷子（音频31期）

袁保新：如何进入孟子的精神世界
林义正：贯通群经解论语（视频25期）
林义正：《论语》原来这么深刻（视频36期）
高柏园：精讲韩非子（视频74期）
刘少雄：唐宋词的情感世界（音频60期）
沈鸿元：听得懂的爵士乐（音频102期）
王令樾：史记100讲（音频100期）
严定暨：孙子兵法细讲（音频72期）
甘怀真：中国通史——王权激荡五千年（音频105期）
朱　琦：青春李白 | 硅谷华人最喜爱的诗词课（音频33期）
叶思芬：《金瓶梅》私房笔记（音频107期）
叶思芬：成住坏空看红楼梦（音频124期）
欧丽娟：醉美古诗词（音频60期）
彭广林：30天听懂古典音乐（视频12期）
彭广林：古典音乐的奇幻之旅—从入门到上瘾的108堂课（音频216期）

刘岠渭深度导聆古典音乐视频课程

莫扎特歌剧《魔笛》（上下）
莫扎特歌剧《费加洛婚礼》（上下）
马勒第五号交响曲（上下）
贝多芬 D 大调小提琴协奏曲
贝多芬第五号交响曲《命运》
贝多芬第三号交响曲《英雄》
威尔第歌剧《茶花女》（上下）
勃拉姆斯 D 大调小提琴协奏曲
舒伯特磨坊少女（上下）
舒伯特 Arpeggione 大提琴奏鸣曲
普契尼歌剧《杜兰朵公主》（上下）
巴赫郭德堡变奏曲（上下）
柴可夫斯基第一号钢琴协奏曲
柴可夫斯基小提琴协奏曲
门德尔松小提琴协奏曲
门德尔松仲夏夜之梦
舒曼 A 小调大提琴协奏曲，Op.129
布鲁赫第一号小提琴协奏曲
西贝柳司小提琴协奏曲
韦瓦尔第小提琴协奏曲《四季》
梁祝小提琴协奏曲
德沃夏克　大提琴协奏曲，Op.104
萧邦第二号钢琴协奏曲

二、道善人与经典文库纸质书与电子书书目

文　运著《大学今用：开启生命成长之路》
高怀民著《易学史》（全三卷）
林素玟著《礼记的读法》
林义正著《论语约讲：感通孔子心志的新诠释》
刘君祖著《道德经通讲》

刘君祖著《庄子通讲》
刘君祖著《黄帝阴符经通讲》
刘君祖著《春秋繁露的读法》
刘君祖著《人物志的读法》
吴　怡著《周易本义通讲》
刘岠渭著《一生必听的100首经典名曲》
刘岠渭著《默观无限美——西方古典音乐讲座》

毓　鋆著《毓老师说老子》
毓　鋆著《毓老师说庄子》
毓　鋆著《毓老师说大学》
毓　鋆著《毓老师说论语》
毓　鋆著《毓老师说人物志》
毓　鋆著《毓老师说孙子兵法》
毓　鋆著《毓老师说易传》
毓　鋆著《毓老师说易经》（全3册）
毓　鋆著《毓老师说中庸》
毓　鋆著《毓老师说春秋繁露》
毓　鋆著《毓老师说公羊》
毓　鋆著《毓老师说管子》
毓　鋆著《毓老师说吴起太公兵法》
毓　鋆著《毓老师说孟子》
毓　鋆著《毓老师说诗书礼》
毓　鋆著《毓老师说》

刘君祖著《系辞传全译全解》
刘君祖著《刘君祖经典讲堂》（全十卷）
刘君祖著《刘君祖完全破解易经密码（全九册）》
刘君祖著《刘君祖易断全书（上下）》
刘君祖著《易经与现代生活》
刘君祖著《易经说什么》
刘君祖著《孙子兵法新解》

刘君祖著《新解冰鉴》
刘君祖著《鬼谷子新解》
刘君祖著《新解黄帝阴符经》
刘君祖著《新解论语》
刘君祖著《新解鬼谷子》
刘君祖著《忧患：刘君祖讲易经忧患九卦》
刘君祖著《乾坤：刘君祖讲乾坤大智慧》

吴　怡著《庄子的读法》
吴　怡著《老子新说：我在美国讲老子》
吴　怡著《易经新说：我在美国讲易经》
吴　怡著《庄子新说：我在美国讲庄子》
吴　怡著《易经应该这样用》
吴　怡著《中国哲学关键词50讲（汉英对照）》
吴　怡著《中国哲学史》

吴　怡著《人与经典·老子》
吴　怡著《人与经典·易经系辞传》
高柏园著《人与经典·韩非子》
王令樾著《人与经典·史记》
吴宏一著《人与经典·说文解字》
毓　鋆著《人与经典·大学》
毓　鋆著《人与经典·中庸》
张高评著《人与经典·左传》

叶思芬著《叶思芬说金瓶梅》
叶思芬著《金瓶梅的读法（全二册）》
欧丽娟著《欧丽娟品读古诗词》
阮芝生著《史记的读法》
袁保新著《孟子的读法》
刘龙勋著《诗经的读法》
叶思芬著《红楼梦的读法》

高怀民著《易经哲学精讲》
高华民著《东道西理：先秦哲学与希腊哲学通讲》
朱　琦著《唐诗之巅》（全三册）
张　元著《读史与观心——从心读〈资治通鉴〉》
林　乾著《柄国宰相张居正》
黄绍祖著《易经与中医学》
徐芹庭著《细说易经》（上下册）
刘少雄著《伤离别与共春风：至情至性唐宋词》（套装共2册）
张　源著《把大学彻底说明白》
下村湖人《论语故事》
陈文德著《数位易经》（全二册）
刘思白著《周易话解》
辛意云著《论语大义》（上下）
史瑞华　林左鸣著《不得不说的事——外星代言的传奇经历》
王式智著《中国历史评鉴录》

注：最终解释权归道善文化传媒（北京）有限公司所有